巴什拉文集 第12卷

杜小真 主编

LA TERRE ET LES RÊVERIES DU REPOS

Gaston Bachelard

土地与憩息的遐想
——论内在性形象

冬一 译

商务印书馆
The Commercial Press

Gaston Bachelard

La Terre et les rêveries du repos

Essai sur les images de l'intimité

本书根据 Librairie José Corti 出版社 1948 年版译出

总　　序

　　加斯东·巴什拉是法国新认识论的奠基人,在20世纪法国哲学家中,是非常特殊的一位。这位大器晚成的纯粹学者,博学广识、睿智多才,他横跨科学、哲学、文学批评、诗学、精神分析、艺术理论等诸多学科的独特见解和精彩解析,魅力无穷,令人倾倒,也使他的解释者、研讨者常常感到面临着某种挑战,又同时在阅读和思考中获得精神上的享受和愉悦。

　　巴什拉的思想沿着两条道路推进,一条是认识论的道路,另一条是诗学的道路。认识论道路体现在以《论近似的知识》《新科学精神》《科学精神的形成》为代表的著作中。诗学的道路体现在以《火的精神分析》《空间的诗学》《梦想的诗学》为代表的著作中。

　　巴什拉的严格的科学哲学和情感的诗学这两个理论研究方向具有不同的特点,但二者都是建立在他的科学精神之上的。巴什拉的科学哲学是有生命的,运动的,也是断裂的:按照他的说法,应该解释的是诞生,而不是生命的连续性。这就涉及巴什拉的一个关键思考:在科学领域里,诞生意味着发现,而在艺术领域中,诞生意味着创造。可以说,巴什拉在这两个方向上的研究都极富创造性。从哲学角度看,巴什拉变异地继承了柏格森、詹姆士和法国科学哲学重要代表、数学家彭加勒、布伦茨维格等的思想,追求一种真正的新科学精神,其思想影响了后来的康基莱姆、福柯、布尔迪厄等。从诗学批评角度看,巴什拉受到了德国的诺瓦利斯、法国的雨果、斯塔尔夫人和英国的柯勒律治等人的影响,而他又影响了后来的普莱、斯塔罗宾斯基、理查等。

汉语学术界引入巴什拉的作品始于30多年前。21世纪以来,随着汉语法国哲学的翻译和研究不断深入发展,巴什拉思想的译介和研究在汉语学术界取得了较大的进步。巴什拉作品的翻译和研究队伍由于许多年轻学者,特别是一些接受过法国系统哲学训练和深受法国科学哲学思想熏陶和影响的学术新人的加入而逐渐壮大起来,也取得了可喜的成果。不过,这些与巴什拉的认识论和诗学思想在西方思想史中的重要地位及其特殊的学术价值还是很不相称的,离准确把握和认识巴什拉思想内涵和现实意义还有不小的差距。而理解和研究一位思想大家的最正确的途径,就是认真读他的作品。期望《巴什拉文集》中文版能为巴什拉的研究者和读者提供必要和可信的基础文本。

现在收入本文集的译作包括巴什拉认识论和诗学理论著作12部,其中有3种是新译,并进行了适当的统筹和调整。虽然这项工程还存在着一些难以令人完全满意之处,但总体来说,这些译作基本反映了巴什拉在这两个方向上思考的基本内容。我们也希望国内巴什拉研读者和法国哲学领域的专家学者提出批评和建议,使这套文集能够不断得到充实和完善,为汉语当代法国哲学研究和普及尽绵薄之力。

杜小真

2018年9月1日于北京

目　　录

前言 ·· 1

第一部分

第一章　物质内在性的遐想 ························· 9
第二章　喧嚷的内在 ······························· 54
第三章　质的想象：生命律动分析与情调化 ········ 72

第二部分

第四章　故居与梦想之居 ·························· 87
第五章　约拿情结 ································ 118
第六章　岩洞 ···································· 163
第七章　迷宫 ···································· 189

第三部分

第八章　蛇 ······································ 235
第九章　根 ······································ 260
第十章　酒与炼金士的葡萄树 ···················· 290

人名索引 …………………………………………………… 299
附录　巴什拉研究主要参考文献（法文）…………………… 306
译后记 ……………………………………………………… 320

前　　言

　　"土作为一种元素，极擅于将交付它的东西隐匿或彰显出来。"

——《宇宙人》*

一

　　《土地与意志的遐想》已经开始了对属土元素物质想象的研究，我们着重考察了属土物质形象形成过程中物的能动恳求，即人身上被唤醒的能动感受。实际上，属土质料一旦被勇敢好奇的手握住，希望劳作的意志就开始刺激我们。我们从而以一种积极想象作为讨论对象，举出不少例证，考察了会梦想的意志，这种意志在梦想的同时也能保证自己的行为。

---

　　*　应指《宇宙人或炼金新发现——三大自然原则阐述：〈论水银〉、〈论硫〉、〈论真正的哲学盐〉》(Le Cosmopolite ou Nouvelle lumière chymique, pour servir d'éclaircissement aux trois Principes de la Nature exactement décrits dans les trois traités suivants : Le traité du Mercure, Le traité du Soufre, Le traité du vray sel des Philosophes)，有兴趣者可浏览"法国国家图书馆"公开网页该书藏本：https://gallica.bnf.fr/ark:/12148/bpt6k5754 7296. texteImage。Michel Sendivogius（Michał Sędziwój）(1566-1636) 为该书作者之一，"Le Cosmopolite"（宇宙人）是他的自称，该书另一位作者 Alexandre Seton（死于1603）是他的师傅。——译注

如果能将这些从物之质料而来的请求系统化，似乎就可藉此纠正意图心理学那些过于程式化的内容。工匠的意图与劳作者的意图不同。劳作之人不是一个简单的装配工，他/她也是塑型者、熔炼工或铁匠。劳作之人在精确形式下寻求合适的质料，一种能真正支撑形式的质料。他/她凭藉想象，活在这种支撑中；他/她热爱物质的坚固，唯此坚固，才可保证形式的长久。人仿佛被对峙行为唤醒，它敦促人，预见质料的抵抗。前置对立心理学从而得以成立，它从迅即、静滞、冷漠的对立感受转化为内在对立感受，带有多重防御，做着无尽反抗。上本论著中对于对立心理的考察，开启了深在形象的研究。

深在形象并不仅有敌意印记；它们也有友善好客的一面，也有魅力、吸引力与呼唤力，只是这些都多少被属土形象巨大的反抗力禁锢住了。属土想象的初步研究，以前置对立为标志，接下来需对以前置内在为标志的形象做进一步考察，以为补充。

本书是上本论著（《土地与意志的遐想》）的续篇，以前置内在形象为考察对象。

二

要知道，我们写这两本书的时候，并没有刻意要将上两种视角完全分开。形象不是概念。它们不于意义中孤立存在。确切说来，它们希望超越意义。想象是多功能的。为了仅从上文区分的两个角度来考察，须先将两者融合起来。实际上，在众多属土物质形象中，我们可感受到有一种双重综合性在起作用，它将对立与内在辩证地联合起来，彰显出外倾与内倾间不可否认的协作性。从《土地和意志的遐想》最初几章开始，我们就展示了想象渴望钻研质料的激情。人类所有的伟大力量，若彰显为外在形式，均先被内在想象。

上本书凡遇到相关形象，我们都不出意料地指出了彰显质料内在性的内容，本书也不会忘记那些能彰显出质料敌意想象的层面。

有人批评说，内倾与外倾须以主体为前提，我们的答复如下：想象不是别的，正是迁移到物中的主体。形象带有主体印记。这道印记是如此鲜明，以至我们最终可以通过形象，获得最可靠的主体性情考察。

三

这篇简短的序言，仅想让读者注意到本书考察的主要层面，特殊问题的讨论，仅在行文中遇到相关形象时，才会涉及。下面我们将简单讲讲，被想象、被沉思的质料如何立即就能成为内在形象。人们往往觉得这种内在性遥不可及；哲学家们说，它永远隐匿，一层面纱尚未揭去，另一层面纱马上就来遮蔽质化本体的奥秘。然而想象不会终止在这些好听的理智上。想象能立即让质料有意义。物质形象能马上超越感官。形式形象与色彩形象，完全可以是被转化的感受。物质形象将我们带到更深在的感性层面，这就是为什么物质形象能在潜意识最深层扎根的原因。物质形象将兴趣（intérêt）实存化。

这种实存化凝缩了众多不同的形象，它们通常在远离当下现实的感受中诞生，仿佛整个感性宇宙都内化在被想象的质料中。那么,大宇宙(Cosmos)与小宇宙(Microcosme)*,天地万物(l'univers)与人(l'homme),这些二元对立旧说,就远不足以给出所有触及外在世界的遐想辩证了。后者涉及的是一个超大宇宙(Ultracosmos),一个超小宇宙(Ultramicrocosme)。人在世界之上,在被更好定义的人类现实之中,梦想。

质料吸引着我们,去了解它的微细深处,它的种子内部,甚至萌芽的原则,这难道不让人惊奇?我们会理解为何炼金士都昂(Gérard Dorn)如此写道:"[质料]中心没有任何限制,中心的品性与奥秘,仿若深渊,无穷无尽。"① 因为质料中心成为兴趣中心,已进

---

* 参"法国文献与词汇资源国家中心"(CNRTL : Centre National des Ressources Textuelles et Lexicales)解释(https://www.cnrtl.fr/images/css/bandeau.jpg): Microcosme,人类存在或人的身体,可被看成一个微缩世界,其每一部分都代表了宇宙的一部分,与之相应。比如,"圣托马斯·阿奎那将人置于天使与动物之间,人因智性的臻熟而与天使相近,人因身体的无能而与动物相近。正是在这个意义上,人是一个'小宇宙',也就是说,人是某种微缩层面的宇宙……",见吉尔松的《中世纪哲学精神》(Gilson, *Espr. philos. médiév.*),卷2,1932,第11页。——译注

① 转引自荣格(C. G. Jung):《帕拉塞勒斯》(*Paracelsica*),第92页。[译按]荣格此篇演讲很有趣,中译本可参考"荣格精选集"丛书《精灵墨丘利》相关内容(杨韶钢译,南京:译林出版社,2019)。《帕拉塞勒斯》,乃荣格1929年6月应苏黎世文学俱乐部之邀,于瑞士艾恩斯德伦(Einsiedeln)附近,帕氏故居前的魔鬼桥上所做的演讲。载于期刊《阅读圈》(*Der Lesezirkel*), Zurich, 1929年9月10日,后收入荣格论著《灵魂的真相》(*Wirklichkeit der Seele*), Zurich, 1934;而后收入《书》(*der Bogen*)系列第25册, Tschudy, Saint-Gall, 1952。荣格关于帕拉塞勒斯另有两篇重要演讲,一为1941年9月7日,值帕氏逝世四百周年之际,受瑞士医学与自然科学史协会所邀,在自然研究协会巴塞尔年会上所做的《作为一种精神现象的帕拉塞勒斯》,及同年10月5日在艾恩斯德伦的演讲《作为医生的帕拉赛尔斯》(*Paracelsus als Arzt*),经补充修改后,一并收入《帕拉塞勒斯:关于医生与哲人狄奥夫拉斯托的两篇演讲》(*Paracelsica. Zwei Vorlesungen über den Arzt und Philosophen Theophrastus*)。见法文版荣格:《共时性与帕拉赛尔斯》(*Synchronicité et Paracelsica*), Claude Maillard & Christine Pflieger-Maillard译, Paris, Albin Michel, 1988,第134页注1,第154页注1,第239页。帕拉塞勒斯(Paracelsus,约1493-1541),中世纪重要的炼金士、占星师、医生、哲人,荣

入意义领域。

当然，在无尽微细的物质实存的沉浸过程中，我们的想象不得不将自己交托给那些最不可信任的感受。正是在这个意义上，那些有头脑的理性之人，通常将物质形象看成是虚幻的。我们会考察这些认为物质形象是幻觉的看法。我们将展示出，这些淳朴却极真实的物之内在、种子内嵌的原始形象，如何带领我们去梦想物质实存的内在性。

正是在梦想这种内在性的同时，我们才会梦想存在之憩息，扎根的憩息，有强度的憩息，而不只是控制着惰性之物的完全外在的静止。有些心灵正是被这种有强度的内在憩息魅力折服，试图用憩息与物质实存来定义存在，与我们上本书中试图用进现与能动性来定义人类存在的努力，恰恰相反。

因为无法在一本基础性论著中展开憩息的形而上学研究，我们且试着描绘出憩息心理倾向的较为恒常的特征。憩息因人性化层面，必然受制于退化精神状态。折返自我并不总是抽象的。它呈现出自我缠绕的外貌，身体成为自我之客体，自己触及自己。我们将给出一本退化形象集。

我们将考察憩息、处所、扎根的形象。它们的外观与形式尽管千差万别，我们仍会看到，所有这些形象都是同态的，或至少是异向同性的*，也就是说，它们都昭示出趋于憩息源头的同一种运动。房屋、肚腹、岩洞都拥有回归母亲的巨大印记。在这个意义上，潜

格视其为"精神之父"。拉斯托（Theóphrastos，约公元前371-前287），亚里士多德的弟子，据说"狄奥夫拉斯托"之名为亚里士多德所取，意为"神圣言说者"。

* 同态（isomorphe），化学术语，（类质）同晶型、同形、同态；异向同性（isotrope），物理术语，指多向同性。——译注

意识指挥着，潜意识引领着。遐想会愈发稳定，愈发有规律。它们瞄准了黑夜强力，瞄准了地下强力的绝对性。如雅斯贝尔斯所说，"地下强力不同意人把它看成是相对的，它最终仅为自身所用。"①

　　正是这些绝对潜意识的价值，指引着我们进入对地下生活的研究，对诸多心灵来说，地下生活正是理想的憩息。

---

① 雅斯贝尔斯（Jaspers）：《白日常态与黑夜激情》（*La Norme du Jour et la Passion pour la nuit*），Corbin 译本，见《赫尔墨斯》（*Hermès*）1，1938 年 1 月，第 53 页。

第一部分

第一章　物质内在性的遐想

"你们想知道物的内部发生了什么呢,还是仅满足于观察它们的外在形态?

你们想吮吸髓汁吗,那就紧紧贴住树皮吧。"

——巴阿德尔*,转引自苏西尼:《博士论文》,卷1,第69页

"我真想像蜘蛛那样,从肚子里抽出丝线,织成自己的作品。

蜜蜂太傲慢,蜂蜜完全是偷来的产物。"

——帕比尼**:《临终者》,法译本,第261页

---

*　巴阿德尔(Franz [François-Xavier] von Baader, 1765-1841),哲学家,神秘主义神学家,反对卢梭的自然神论与康德的主体主义论说。——译注

**　帕比尼(Giovanni Papini, 1881-1956),意大利作家。此处所引版本应为:《临终者》(*Un Homme fini*), Henry R. Chazel 译, Paul Guiton 序, Paris, Librairie Académique Perrin, 1923。——译注

一

卡洛萨*在《成熟的秘密》(法译本,第104页)中写道:"人是地球上唯一想探究它物内部的造物"。想窥视物之内部的意志,使目光更锐利,更具穿透力。这种意志使目光具有杀伤力,能识别出物的破绽、裂口、缝隙,并藉此盗取隐蔽之物的秘密。围绕这种想观望物之内部的意志,这种想窥视无法看到或不应看到之物的意志,形成了一些有张力的奇怪遐想,一些让人蹙眉的遐想。这里涉及的不再是期待着惊人景观发生的消极好奇,这里的好奇有攻击性,具有词源学含义上的追查特征。好比小孩的好奇心,小孩把玩具砸碎,因为他/她迫切地想知道玩具内部有什么。顺便说一句,假若这种想闯入内部的好奇是人生来具有的,我们是不是应该自问,为什么大人不能给孩子一个有深度的玩具,一个能真正挑起深度好奇的玩具?递给孩子一个会说话的驼背小丑木偶,我们将惊奇地看到,小孩在解剖意志驱使下,会马上撕开木偶的衣服。我们仅记住了自己要摧毁要打碎的欲望,而忘记了这些行为的心理力量:渴望透过外在形象,看到它物,看到超越之物,看到内在之物,总之,希望摆脱视觉的消极性。好比多尔托**提醒我注意的,那些

---

* 卡洛萨(Hans Carossa, 1878-1956),德国医生与作家。《成熟的秘密:安吉尔曼日记摘录》(*Les Secrets de la Maturité - Extrait Du Journal D'Angermann*), D. Decourdemanche 译, Paris, Stock, 1940。——译注

** 多尔托(Françoise Dolto, 1908-1988),法国重要的精神分析家。1964年追随拉康,共同成立了巴黎弗洛伊德学院(École freudienne de Paris),并与拉康一道,成为法国弗洛伊德学说的主要奠基人。具体可参考 Dolto 研究网站:http://www.dolto.fr。——译注

赛璐珞*玩具，浮表而轻飘，无疑让孩子们远离了诸多利于心理发展的梦想。多尔托当然是一位非常了解孩子的精神分析家，她建议那些有强烈好奇心想迫切了解事物真相的孩子，去玩一些有重量的结实玩具。具有内在结构的玩具，能为好奇之眼，为希望深究客体深在性的凝视意志，提供一个正常的出口。教育无所适从的地方，想象不知何故总能出色地完成工作。观望意志能超越平静视觉提供的全景，主动与创造性想象结成联盟，见到隐匿处和黑暗的物质内部的景象。正是这种想看到所有物体内部的意志，为实存的物质形象带来了无穷价值。

当我们从物质形象层面提出实存问题时，曾被这个现象打动：这些形象尽管杂多相异，彼此之间尽管含糊不清，却能相对容易地被归到隐匿层面的类型中去。这些类型能让我们更好地把握好奇心在情感上的细微差异。或许，客体形象的分类，接下来能为主体内在性和深在心理学的研究，提供一些有趣的主题。比如，外倾精神类型需要根据外倾兴趣关注的深在层面，对自我进行区分。梦想物之深层的存在，最终会在自我身上辨认出诸多不同的深在层面。所有的形象理论，由此与想象者的心理，互为对照与补充。

下面简单给出四个不同的讨论层面：

1. 被取缔的层面；
2. 辩证的层面；
3. 惊叹的层面；
4. 无尽的实存密度层面。

---

* 赛璐珞，商业化生产的最早的合成塑料。——译注

二

1. 为了获得形象游戏的全部要素，先要以被取缔层面为名义，指出无意接受态度的结果，这种态度相当哲学化与教条化，粗鲁地切断了探往物体内部的所有好奇。对持此种态度的哲学家们来说，物内部的深在性仅是一个错觉。玛雅女神*和伊思女神**的面纱，覆盖了整个宇宙，宇宙就是一层面纱。人的思想，人的梦想，与人的目光一样，仅能接受物的外表形象和客体的外在形式。人能凿开岩石，可他/她看到的，仍是石头。从岩石到石头，人以改变语法类型为消遣，从岩石到石头的置换，本是如此超乎寻常，可我们的哲学家对此无动于衷。对后者来说，深在性就是错觉，好奇心会让精神错乱。人们对孩童的梦想是何等的蔑视，我们的教育又不知如何让孩童的梦想成熟，哲学家则教人持留在"现象层面"！哲学家尽量让人不去思考"自我内在之物"（可人继续加以思考），通常还要补上一句箴言："万物仅是外表。"想去看，没用；要想象，更毫无是处。

世界那么美，美得如此深沉，世界深处与世间物质魅力非凡，而眼睛怀疑主义却有如此多的所谓先知？自然有深层涵义；显示与隐藏的暧昧的轻浮的辩证法，左右着众多生物有机体，以至有机体生活在隐蔽与卖弄的节奏中，而这些，人又如何能视而不见？隐藏

---

* 玛雅（Maïa），罗马神话中象征春天与繁殖的女神；印度神话中，玛雅为创造万物的女神。——译注

** 伊思（Isis），古埃及神话法老传统中的女神。——译注

是生命的第一本能。它是俭省和储藏的必然基础。内在拥有如此明显的黑暗本能，为了给内在梦想分类，就必须对白天与黑夜一视同仁！

要说明物质科学不应被哲学家的禁止桎梏住，本书并不合适。物质科学安静地实践着深在的化学，它在活跃的同型质料下，研究着细胞，研究着细胞内的原子，直至原子核。哲学家可不愿费力气来考察这个深在层面；他会反驳说，所有这些"理性存在"（这些理性存在相当被动地接受着形象），仅能从人类现象层面获得经验认知，他相信就此拯救了自己那套现象理论。哲学思想的发展，让本体（noumène）概念丧失了权威，哲学家看不见令人震撼的本体化学组构，后者则是二十世纪系统化物质组构的杰出代表。

当代哲学对物质科学缺乏好感，而这还只是哲学方法众多的负面性之一。哲学家在认可一种方法的同时，会抛弃所有其它的方法。他在学习一种类型的经验时，会对其它类型的经验反应迟钝。有时，睿智的心灵反而被清醒麻木，会否认最晦暗的精神领域形成的诸多微光。就我们讨论的问题来说，我们明显感受到，现实认知理论对梦想内涵没有兴趣，它自我剥夺了某些能推进认知的趣味。我们会用另一本论著来讨论这个问题。

现在，我们必须认识到，对物之内在的认知，立即成为一首诗。蓬日说得好，对物之内部的遐想，将我们带到语词的梦幻根源："我建议每个人打开内部的活门，到物的深处去旅游，如挖土的耕犁或铲锹，开始一场有质量的入侵，一场革命，一场颠覆。突然间，成千上万的土块儿、闪光片、根须、虫子、小动物，被翻了出来，第一次见到日光。噢，物深处的无尽源泉，被语义深处的无限资源，逗引出来!"

语词和物,似乎一并有了深度。我们同时抵达了物与动词的根源。当诗人呼唤着物的真名时,隐藏与躲避的存在,忘却了逃跑。厄兰杰尔的这几行诗,尽是梦想:

> 如一块铅砣
> 我坠入物的心中
> 捧着金杯
> 为物炮制名字
> 恳求它们
> 待住不动
> 不要逃跑

——《德国诗歌选》卷2,Stock版,第216页

来简简单单地体验一下探往物质内部的好奇心的梦想形式吧。诗人说:

> 让我们一道打开
> 未来的最后一朵嫩芽。

——艾吕雅,转引自格罗:《当代诗人》,第44页

三

2. 这样,我们就可以不受哲学家抽象反驳的干扰,追随诗人与

第一章　物质内在性的遐想　　**15**

梦想者，走入客体内部。

越过外在限制后，内部空间显得寥廓无比；内在氛围是如此舒适！亨利·米肖的魔术："我把一只苹果放在桌子上，而后钻进苹果里。多么静谧！"转换是如此迅速，以致有些人会说，这是稚气的想法或是语词游戏。① 这样的观点，显然是对想象变小的拒绝，而这种想象最普通、最寻常不过了。所有梦想者，只要他/她愿意，都可以变小，住进苹果里去。不妨提出一条想象公设：被梦想之物，从不会保留它们的维度，也不会禁锢在任一维度内。那些具有明确侵占性的遐想，那些将客体送给我们的遐想，通常是微型变幻的遐想。它们能给我们带来物之内在性的全部宝藏。这就真正打开了置换的辩证视角，可用一句悖论来表达：小物内部，广大无垠。好比雅格伯（《骰子杯》，Stock 版，第 25 页）说的："微细之物，无比巨大！"想知道是否真的如此，只需想象着住进小物之内即可。* 德索瓦伊医生的一个患者，凝视着宝石独一无二的光芒说："我眼花缭乱。光那么辽远，又那么小：一个微点"（《醒梦疗法》，第 17 页）。

一旦我们想在微型世界中梦想或思考，一切就都变大了。无限小的现象，有了无限大的宇宙外表。我们可在霍克斯贝**的电学著作中，读到对电光的描绘，电流的沙沙声，电的味道，还有电击的噼啪声。早在 1708 年，摩擦钻石的瓦勒医生平静地写道："这光芒，

---

① 福楼拜来得慢一点，但说的是同样的东西："长时间凝视着一块石子儿，一个动物，一幅图画，我觉得自己与它们融为一体了。"

* 藏传佛教大师密勒日巴（Milarépa, 1040-1123）尊者入牛角的故事，有点类似。——译注

** 霍克斯贝（Francis Hauksbee, 1660-1713），英国科学家。——译注

这爆裂声，在某种意义上，就是闪电，就是雷鸣。"在此，我们见证了瞬息即逝的微细之物理论的发展，它在一定程度上，展示了类比想象的强力。无尽微细之物所具之力，总被梦想成大灾难。

这种颠倒了大小关系的辩证，可以变得很有趣。斯威夫特在利利普特岛与布罗丁纳格岛*这两趟截然相反的旅途中，寻找的尽是掺杂着戏谑格调的诙谐奇想。可惜他没有越过魔法师的常轨，只是从小帽子里变出了胖兔子，或如洛特雷阿蒙那般，为了吓吓有钱人，从手术箱里变出缝纫机。可是，所有这些文学游戏，一旦被赋予了遐想经验的真诚，就会拥有更多的涵义！我们从而能探访所有的物体。可乘坐面包屑仙女**大如豌豆的马车，欣赏旧时代的典礼；或只要一句欢迎词，就可毫无矜持走进苹果中。内在宇宙，向我们敞开。我们将看到万物的另一面，看到细物的无垠内部。

梦想者以矛盾的方式，进到自我之内。卢晔医生的一位患者，在裴特仙人球能让人变小的麻药作用下，如此说道："我钻到自己的嘴巴里，隔着脸颊，看着自己的房间。"这种幻觉，因麻药而有表达权。其实它们在正常梦想中也不少见。有些夜晚，我们会进入自身之中，去探访体内的器官。

在我们看来，这种精细的内在遐想生活，与哲学家的传统直觉

---

*　利利普特岛（Lilliput）与布罗丁纳格岛（Brobdingnag），均为斯威夫特（Jonathan Swift）1721年所写《格里佛游记》（*Les Voyages de Gulliver*）中的想象之地：前者是位于印度洋、澳大利亚南部的一处岛屿，岛上住着不足十五厘米高的利利普特侏儒；后者是位于北太平洋的一个小岛，由一条火山山脉与北美洲分开，住着布罗丁纳格巨人。——译注

**　面包屑仙女（Fée aux Miettes），法国作家诺蒂埃（Charles Nodier, 1780-1844）1832年出版的一部幻想小说。法国国家图书馆网页有该书共享资源：https://gallica.bnf.fr/ark:/12148/bpt6k98080252。——译注

截然不同，后者自认为能以内在的冥想，来体验生存。这种以内在体验为生活的普遍做法，遭遇的其实立即就是被侵犯的存在个体。看看哲学家如何沉湎在直觉中：半眯着双眼，一副聚精会神的样子。哲学家不会因内在新居而欢呼跳跃，不会于其中玩耍嬉戏；他们也从来不愿深究客体内在生活的秘密。而遐想强力恰恰相反，它们变幻无穷！遐想渴望触摸核桃的每条褶皱，遐想对核桃丰满的果棱了如指掌，深知壳内尖刺的全部受虐性！如同所有温柔之物，核桃也把自己刺伤了。卡夫卡不是曾经受同样的痛苦，他对这些形象有绝对好感："我想到那些夜晚：在睡梦尽头醒了过来，有一种关在核桃里的感觉。"（《私人日记》，自《泉》，1945 年 5 月，第 192 页）。内里被擦伤，在内里抱紧自我，这种存在痛感，是一条超乎寻常的生存记录。对全神贯注的生命抱有好感，可治愈一切。斯皮特勒[*]的《普罗美忒与埃比美忒》（波都安法译本）里，女神在核桃树冠下问道："告诉我，你树冠下藏着什么宝贝；你结出的美妙核桃在哪里？"恶与善一样，天生擅于隐蔽：巫师喜欢把魔鬼藏在核桃里，交给孩子。

我们在莎士比亚那里找到同样的内在形象。罗森克朗兹对哈姆莱特说（第二幕，第二场）："你丹麦血统中的激情，把自己变成监狱，对你的灵魂来说，这座监狱太窄了。"哈姆莱特回答说："噢，上帝啊！我原来住在一粒核桃内。如果没做噩梦的话……我还以为自己是个国王，住在海边，疆土无边。"假如我们同意将原初现实赋予形象，不以简单的词语表达来规限形象，我们马上就能感受

---

[*] 斯皮特勒（Carl Friedrich Georg Spitteler, 1845-1924），瑞士德语作家，1919 年诺贝尔文学奖获得者。——译注

到，核桃拥有原始幸福的内涵。假如可以在核桃内找到保存完好的内在性及幸福的原初梦想，那么我们就能在其中拥有幸福生活。幸福无疑是外在的，它需要表现。但它也需要专注与内在。幸福若失去，生活若带来"噩梦"，我们就会对遗逝幸福的内在性抱有一股乡愁。与物体内在形象相联的原初遐想，是幸福的遐想。天然遐想带来的客观内在性，是幸福的萌芽。

幸福因隐蔽而变得巨大无比。羞怯保护着整个内部。这正是盖更*用细腻笔触道出的委婉之处（《杜姆诺尼亚**的彩虹》，第40页）。一位妇人为她的衣橱害羞："赫尔维打开衣橱门，里面叠放着她的睡袍，衬裙，还有其它衣服，仿佛一个神秘人体。她羞得心慌意乱，好比赤身裸体被人撞到，赶紧冲了过来，顺手拉正了木箍裙衬的下摆。"

但是，稍显幼稚的物之内部总是一个整齐的内部，好坏兼备。克莱蒙特***的小说中，洛拉的祖父为了逗孙女玩儿，用小折刀剖开花蕾，在欣喜若狂的小女孩眼里，祖父打开的是一架井然有序的衣橱。① 孩童的这个形象，表达的正是园艺工永不衰老的幸福。吉奥弗洛瓦****在《药物》（卷1，第93页）中写道："我们知道，观看植物新芽时，内心会情不自禁地充满喜悦。新芽内藏着叶、花、果，

---

* 盖更（Pierre Guéguen, 1889-1965），法国诗人、作家、艺术评论家。——译注
** 杜姆诺尼亚（Domnonée），又译顿诺尼亚，英国后罗马时代的一个国家，大致于四世纪后期到八世纪后期存在，位于今英格兰西部。——译注
*** 克莱蒙特（Louis Émile Clermont, 1880-1916），法国作家。——译注
① 克莱蒙特（Émile Clermont）:《洛拉》（Laure），第28页。
**** 吉奥弗洛瓦（Étienne-François Geoffroy, 1672-1731），法国十八世纪初最重要的化学家与医生之一。——译注

真不知道植物是用何种工艺把这些装进细芽中的。"观看新芽内部时的快乐，同时也将新芽放大。在细芽中看到叶、花、果，那是想象的眼睛在看。① 如此说来，想象简直就是想无止境观看的疯狂愿望。瓦尼埃尔神甫那般理性的作者，也如此写道（《归田园居》，Berland 法译本，1756，卷 2，第 168 页）*："一个人如果灵巧得能将一粒葡萄籽捏碎，'能分开细长的纤维，他就会不无惊讶地看到，那层脆薄嫩皮下，长着枝桠与葡萄串'。"在一粒坚硬干燥的葡萄籽中，读到收获葡萄的未来，这是怎样伟大的梦想！将这个梦想继续下去的智者，自然能接受种子具有不定嵌合的假设。②

对梦想者来说，存在物愈小，其功能似乎越活跃。小空间里的生命节奏更快。封闭的遐想，反而被激活。我们可毫不费力地把海森堡**原理赋予遐想生活。仙女们的遐想力，超乎寻常。她们将我们带到细微的行为层次，进入智力与耐心的意志中心。这就是为何微型梦想如此让人振奋和有益的原因。它们是逃跑类梦想的反命

---

① 诗人可以不懂园艺，却能写出美妙的诗句：
　　蔷薇花感受到自己正绽开的新芽。
　　　　　　　　　　　——缪塞[Musset]，《五月的夜晚》

* 耶稣会神甫瓦尼埃尔（Le père Jacques Vanière，1664—1739），法国诗人与拉丁语学者，以拉丁文诗作著称，人称"法国的维尔吉尔"（Virgile français）。《归田园居》（*Praedium rusticum*）更是享有盛名，共 16 篇，歌颂了乡野劳作的幸福。1682 年首版于巴黎（出版商：Jean Le Clerc），1710 年于同一出版商下再刊，仅印刷了十首诗歌；1730 年于图卢兹刊行全版（Toulouse, Pierre Robert）；法译本有两种：Bertrand d'Halouvry（1756），Antoine Le Camus（1756）。——译注

② 本书校订过程中，我们读到了舒勒（Pierre-Maxime Schuhl）讨论嵌合遐想与思想的论文（《心理学期刊》[*Journal de Psychologie*]，1947，n° 2）。

** 海森堡（Werner Karl Heisenberg，1901—1976），德国物理学家，量子力学的主要创始人之一，哥本哈根学派代表人物，1932 年因"创立量子力学及发现氢的同素异形体"获得诺贝尔物理学奖。——译注

题，逃跑类梦想会打破人的灵魂。

微型想象能钻入任何地方，它邀请我们钻进自己的贝壳，也邀请我们钻入所有贝壳中，去享受隐退、折卷的生活，享受折返自身的生活，享受所有这些属于憩息的品性。让-保罗（Jean-Paul）的建议极好[①]："关注自己的生活环境，房间的每块地板、每个角落；把自己卷起来，住进你的蜗牛壳最后一道、最内在的螺旋中去。"可居之物的箴言："一切都是贝壳。"梦想者会回答说："对我来说，一切都是贝壳。我是一团柔软的物质，坚硬的外形保护着我，我生活在万物的内部，为能受到保护而感到满足。"

与让-保罗一样，扎拉也听到了来自微型空间的呼唤："谁在地毯绒缝中唤我？打开的土地回答说：是我。它是不可磨灭的耐心硬壳，是地板的颚骨。"理智之人，整板的人，会很快指责此类形象的任意性。只需一点微型想象就能领会，地板条缝细齿中的这座微小居所，打开与呈现的是整片土地。让我们接受这种大小转换游戏，与扎拉一起说："我仅有毫米般大。"[②] 在扎拉的同本著作中，可以读到："童年梦境里，我在阳光底下，在硬木纤维中，清楚地看到放大的面包屑和灰尘"[③]（《揉面》，第 67 页）。想象，好比能带来幻觉的

[①] 里希特（Jean-Paul Richter）：《菲克斯莱恩的一生》（*La Vie de Fixlein*），法译本，第 230 页。［译按］里希特（Johann Paul Friedrich Richter, 1763-1825），笔名 Jean-Paul 更为人所知，德国浪漫派作家，最早以梦为写作素材的作家之一。其作品也影响了不少音乐家，如舒曼、马勒等。

[②] 扎拉（Tristan Tzara）：《反智者：号角里的侏儒》（*L'Antitête. Le Nain dans son Cornet*），第 44 页。［译按］扎拉，原名 Samuel Rosenstock（1896-1963），生于罗马尼亚，年少时即开始写作，1915 年在苏黎世创《达达》（*Dada*）杂志，达达主义领袖人物之一。

[③] 扎拉：《反智者：号角里的侏儒》（*L'Antitête. Le Nain dans son Cornet*），第 44 页。贾里（Alfred Jarry）在写 "比福斯特罗小的福斯特罗"（Faustroll plus petit que

麦斯卡林药,能改变物的维度。①

如果翻阅提及显微镜发明之初诸多发现的科学书籍,我们会遇到无数赞叹微型美的例子。可以说,显微镜自其诞生之日起,就是微物的万花筒。但为了坚持引用文学材料的原则,下面仅给出一段精确描述了于道德生活上浮现的现实形象的文字(《菲克斯莱恩的一生》,第24页):"取一架组合显微镜,你会发现,一滴勃艮第酒其实是一片红海,蝴蝶翅膀上的灰尘是孔雀的羽翼,霉菌是一片花的田野,沙粒是一堆珠宝。显微镜的这些游戏,远比那些昂贵的水类游戏设备更长久……但要解释这些,必须引用其它隐喻。我把《菲克斯莱恩的一生》寄到吕贝克*图书馆,为的是让全世界看到……人应留心微细的感官快乐,而不能只关注那些宏大的东西。"

四

除了这种外小内大的几何悖论外,内在梦想还有不少其它悖论。某些遐想类型中,内里仿佛外部的天然对立面。什么!黝黯的板栗居然有这么白的果肉!棕色粗呢袍子内,居然包着一块象牙!如此轻易就能找到自相矛盾、以对立为接合目标的物质,着实让人

Faustroll)一章时,找到了能带来变小幻觉的绝对秘诀:"……有一天,福斯特罗医生想让自己变小,就决定拿一种元素作实验……把自己变成标准的小物——粉螨(ciron)——的尺寸。他沿着卷心菜叶开始了旅程,压根没注意那些粉螨同伴,也没发现一切都变大了,直到遇着了水。"

① 蓬日(Francis Ponge)在牡蛎壳中看到了"吴哥窟(Angkor)神殿"(《物之成见》[Le Parti Pris des Choses],第54页)。

* 吕贝克(Lübeck),德国北部城市。——译注

兴奋！寻找梦想武器的米洛茨 *

> 为徽章上的乌鸦
> 找到一方白鼬巢

  这些对立梦想，也体现在中世纪的这样一条"通俗道理"中：天鹅羽毛雪白，内里的皮肉却是黑的。隆戈鲁瓦告诉我们①，这条染黑的"道理"延续了有上千年之久。稍加考察，就可发现，天鹅的内里与乌鸦的内里，颜色上的差别不大。尽管这已是事实，人们依然念叨着天鹅的皮肉之黑，因为它能满足辩证想象的规律。形象具有原始精神力量，比观念与真实经验更有力。
  古克多** 在《苦诉-歌咏》中追随了这种辩证想象：

> 我用的墨水
> 是天鹅的蓝血。

  有时，诗人对读者的辩证想象力有足够的信心，以致仅给出形象的前半部分。扎拉先说"天鹅为自己的水白色而沾沾自喜"，而后简单地加了一句"外面雪白"（《近似之人》，6）。如果将后面这个短句读成简单的肯定语式，即天鹅是白的，那么，这种阅读则缺乏梦想。相反，否定式阅读更自由，可体会到诗人如何能在不经意

---

* 米洛茨（Czesław Miłosz, 1911-2004），波兰诗人、小说家、翻译家。——译注
① 隆戈鲁瓦（Langlois）:《世界图象》(*L'Image du Monde*), 3, 第179页。[译按] Charles-Victor Langlois(1863-1929), 法国历史学家。
** 古克多（Jean Cocteau, 1889-1963），法国作家、导演。——译注

间将我们带到深处。"外面雪白",何不是存在把它所有的白都投掷到自身以外呢。否定暗示黑暗。

炼金术也经常被这种简单的内外辩证吸引。它经常建议,如翻手套那样,把物质"翻过来"。炼金士说,你如果能把里面的东西翻到外面,把外面的东西翻到里面,那你就是个行家。

炼金士也常常提出清洗物质内部的建议。有时,这道深层清洗需要的"水",与普通的水极为不同。它与表面的清洗截然不同。流动之水的简单筛洗,无法获得物质的内在清洁。这种情况下,喷洒无助于净化。要获得物质的这种净化,须用一种万能溶剂。物质翻转与内在净化这两个主题,也会相互融合。我们将物质翻过来,目的在于清洗它们。

将物质的内里看成外在的反面,这样的观点很多,且相互支撑。此类辩证让这样一句古谚语充满智慧腔调:良药苦口利于病。核桃壳苦肉香。弗洛里昂*还为此写了篇寓言。

那些认为外在品质与内在品质的翻转是过期梦想的说法,最好不要相信。诗人们,如炼金士们一样,也被深在的置反吸引,如果这种"翻转"是有意为之,往往会生出一些让人惊喜的文学形象。弗朗西斯·詹姆斯**站在被石头撕裂的葛弗***激流前,觉得自己看到了"水的背面"。"这变白的水,难道不可称为'水的背面'?水憩

---

* 弗洛里昂(Jean-Pierre Claris de Florian, 1755-1794),法国剧作家、小说家、诗人、寓言作家。1792年,弗洛里昂出版了一部五卷本寓言集,被认为是拉封丹(Jean de La Fontaine)后法国最好的寓言作家。——译注

** 弗朗西斯·詹姆斯(Francis Jammes, 1868-1938),法国诗人、小说家,一生隐居于外省比利牛斯山区,其作品对里尔克、卡夫卡等人有影响。——译注

*** 葛弗(Gave),比利牛斯山区中西部的一条激流。——译注

息时是湛绿的,仿若起风前的椴树?"(《法文新刊》,1938 年 4 月,第 640 页)这道被翻转的水,对以物质之爱来爱水的梦想者来说,正是无上的快乐。梦想者不想看到水的裙裾被撕裂成泡沫,但又对一种从未看到的物质充满无尽梦想。倒影中的物质,被他辩证地发现。水里似乎另有"一道水",好比人们常说的,绿宝石内盈润着"一汪水"。在《比利牛斯游记》中,塔恩站在葛弗河前,不禁梦想起河流内在的深度。他看到河"陷了下去";他看到了"它苍白的肚子"。这位正在度假的历史学家没有看到被风撩起的椴树形象。

内与外的辩证视角,有时也是掀开又戴上的面具的双面辩证。马拉美说:

> 一只烛台
> 任由黄铜
> 在它素朴的白银下
> 发笑……

随遐想时段的不同,我对这段诗有两种领会:一种是嘲讽口气,听到黄铜嘲笑白银的谎言;另一种是温柔口气,黄铜不再讥笑脱了镀银的大烛台,而能更有节奏地来分析联在一起的金属强力——朴实无华与踏实喜悦。[1]

---

[1] 同样,在两种色彩的带动下,来辩证地阅读弗雷诺(André Frénaud)的这行诗句,我们也可拥有两种饮酒方式:
靛青烈酒的那抹红
——《顽固不化的太阳》[Soleil irréductible],7 月 14 日
为什么呢? 因为要问物在哪里:那抹红里,还是暗色的内里?

第一章 物质内在性的遐想

我们将沿着以上辩证印象的路数，来仔细讨论奥蒂贝尔提*的一个形象，这个形象激活了物质及其属性之间的矛盾。在一首十四行诗中，奥蒂贝尔提谈及"奶暗藏的黑"。奇怪的是，这句话悦耳的音质并不是简单的语词之乐。对喜欢想象物质的人来说，这是一种深在的快乐。其实，仅需对稠状的白，对浓厚的白，稍加梦想，就能感受到，物质想象要在白色之下拥有一种阴暗的团状物。没有这些，奶就不会拥有这种不透明的白，就会不够厚，不会对自己的厚度足够自信。没有这些，这种滋养液体，就失去了全部的属土价值。这种想到白色之下去看、想看到白色反面的欲望，领着想象越过液体表面闪耀的点点蓝光，去寻找通往"奶暗藏的黑"的道路。①

盖更有一条奇怪的记录，可说是白物暗藏黑色这条隐喻的极致。盖更先提到一道水因内部翻滚而泛白冒泡，如罗斯迈尔肖的白马般，有股被死亡吸引的忧愁，之后又写道（《布列塔尼地区》，第67页）："凝乳有股墨水味。"没有比这句话更能道出，一种拥有虚伪温柔与洁白的物质，其内里的黑，其暗藏的恶了！在人类想象的哪种优美宿命的引领下，作家找到了波墨**作品中常见的这种残忍内敛？乳白的水，在月光下，暗藏着死亡的黑；香脂味道的水，有墨水余味，有自杀饮料的苦涩。布列塔尼的水，在盖更笔下，是戈耳工们***的"墨奶"，是布尔日《大帆船》里"铁的种子"。

---

* 奥蒂贝尔提（Jacques Audiberti, 1899-1965），法国诗人、作家、影评家。——译注

① 萨特（Sartre）：《存在与虚无》（*L'Être et le Néant*），第691页。

** 波墨（Jacob Boehme, 1575-1624），德国神秘主义者。——译注

*** 戈耳工（Gorgones），古希腊神话中的三姐妹女魔，眼神有将人石化的魔力。——译注

那些宛转的文字，一旦遇到消息透露处，就能彰显出独特的深在性。比如，我们已经知道奶暗藏的黑，那不妨来读读里尔克讲述夜间与几位年轻女子一道游山的一段文字，文中他们一起尝着山羊奶（《日记残篇》，转引自《书函》，Stock 版，第 14 页）："金发女子端来一个石盆，放在我们面前的桌子上。奶是黑的。每个人都很惊讶，但没人敢说出来；每个人都想：好吧！我从没在天黑后的这个时辰挤过羊奶，那就是说，羊奶在太阳落山后会变暗，凌晨两点，奶跟墨一般黑……我们一起品尝着这只夜山羊的墨奶……"里尔克以何等细腻的笔触，描绘出这道夜晚之奶的物质形象！

藏有我们私人秘密的内在之夜，似乎会与物的夜晚交流。可在布斯奎*的这段话中找到类似的表述："矿物之夜在我们每个人心中，好比宇宙之黑藏在蔚蓝天空中。"这段文字我们稍后会讨论。

奶暗藏的黑，也吸引了巴冉**。[①] 然而他看到的仅是一个一时的突发奇想。"我完全有权利站到事实的反面，提到'奶暗藏的黑'，我也知道自己在说谎；语言似乎准备满足我所有的任性，因为我支配着语言。"这种解读委屈了诗意想象。诗人好像只是个幻觉家，他堆砌着形象内心的纠结与反复无常，让感官撒谎。然而，只要一个形容词，就足以让奶暗藏的黑变得隐秘，足以彰显出深在层面。所有的言下之意，完全与谎言无关，要知道物质梦想在相互驳斥的

---

* 布斯奎（Joë Bousquet, 1897-1950），法国诗人、作家。——译注
** 巴冉（Brice Parain, 1897-1971），法国哲学家、散文家。——译注
① 巴冉：《论自然及语言功能》（*Recherches sur la Nature et les Fonctions du Langage*），第 71 页。

同时，为我们带来两种真实。如果是我与你的问题，那么我们在此可看到自相矛盾的需要：要想让它承认黑，我们只需对它说是白的。然而，梦不争辩，诗不会论战。诗人向我们道出奶的秘密，他没有对自己撒谎，也未曾对他者撒谎。恰恰相反，他找到了一个超乎寻常的整全性。如萨特所说①：如果人有一天想发现物的心，就必须为物造出一颗心来。奥蒂贝尔提说奶"暗藏的黑"，他其实就把奶的秘密告诉了我们。但对雷纳尔*来说，奶就是白的，没有其它可能，因为"它就是它所显示的"。

正是在这里，我们可区分出理性辩证与想象辩证的差异：前者并置矛盾，希望覆盖所有可能领域；后者想抓住所有真实性，想在隐藏处找到比在昭显处更多的真实。并置辩证与叠放辩证方向相反。并置辩证中，综合试图让两种相反的表象讲和。综合是终极步骤。相反，在整全（形式与质料）想象的觉察中，综合是最初的步骤：攫取住全部质料的形象，会于深在与表象的辩证中分离。诗人很快就能与深在物质形象有所感应，他很清楚，白如此脆弱，必须有不透明的物质为支撑。巴冉将奥蒂贝尔提的形象与阿那克萨戈拉的这段话作比："尽管我们的眼睛看不到，以水为成分的雪是黑的。"实际上，如果构成雪的物质一点都不黑，那雪怎么可能白？雪难道在存有深处晶化，把自己凝固在白中？想变白的意志，必须坚持，它不是现成颜色的天赋。物质想象，一直拥有创世神的语气，想从晦暗物质中创造出洁白物质来，它想征服黑色。在明晰思想看来，

---

① 萨特（Jean-Paul Sartre）：《被捆绑的人》（*L'Homme ligoté*），转引自《消息》（*Messages*），2，1944。

* 雷纳尔（Pierre-Jules Renard, 1864-1910），法国作家、戏剧家。——译注

物质想象的许多说法都是廉价或错误的。但物质内在梦想不遵循有意义思想的规律。巴冉的语言理论很有意思,若在逻各斯(logos)的时候加上神话与形象的深度,那么这种理论会更有趣。形象会以自己的方式来论证。许多风格迥异的作家都有上文提到的"仿佛真实的形象"的诗意信念,正是形象辩证也具客观性的最好证据。黑格尔"置反世界"的规律,对诗人们来说乃家常便饭:原初世界的"白,在置反世界变黑,同理,原初辩证运动的黑'原本为白'"(黑格尔:《精神现象学》,Hyppolite 法译本,卷 1,第 132、134 页)。不过,还是让我们回到诗人这里来吧。

物质诗人沉思过的所有颜色中,黑代表坚固物性,是能抵达光芒的物质反面。吉尔维克这段诗很诡异,让人拥有无尽的深在梦想:

蓝的深处是黄
黄的深处是黑

从黑里
站起来
观望

我们不能像人那样
用拳头把它击倒

——《南方札记·执行权》,n°280

第一章 物质内在性的遐想

莱日斯[*]说(《奥罗拉》,第45页),黑"远非虚无之色,而是能凸出深在实体的活跃色调,从而是万物的深暗。"莱日斯认为,乌鸦之所以黑,乃"嗜食尸体"的结果,乌鸦的黑"是凝血,是焦木"。黑滋养着深色,它是所有颜色的内在居所。这正是顽固梦想者的梦。

梦想黑色的伟大作家别雷^{**},甚至发现了"黑中之黑"(《诱惑者》,引自《俄国诗歌选:十八世纪至今》,巴黎,Bordas,1947),那是迟钝之黑下流动的尖锐之黑,是生出深渊之色的本体之黑。现代诗人就这样与炼金士之黑的古老遐想邂逅,炼金士要寻找比黑还黑的黑:"Nigrum nigrius nigro。"

劳伦斯在投入全部感官的客观置换中,发现了感受的深度(《人与玩偶》,法译本,第169页)。太阳"其实只是灰尘外套在发光。那些穿透黑暗而照亮我们的光,其实是原始太阳流动的暗。太阳是晦暗的;它的光芒是晦暗的。光仅是暗的反面;金色光芒,仅是太阳传递之物的反面……"

劳伦斯由此引申出的结论是:"我们其实生活在世界的反面。火的真实世界阴暗悸动,比血还黑:我们生活的这个有光的世界,在另一面……"

"请听我说。爱也是一样。我们知道的苍白之爱,也是真爱的反面,是真爱褪色的坟墓。真爱野蛮、悲伤;它是黑暗中两位相爱

---

* 莱日斯(Michel Leiris,全名 Julien Michel Leiris,1901-1990),法国作家、诗人、人种学家、艺术评论家。——译注

** 别雷(Andreï Biély 或 André Bély,原名 Boris Nikolaïevitch Bougaïev,1880-1934),俄国诗人、作家,精通数学、自然科学、哲学,也是音乐家与画家。别雷被认为是二十世纪俄国最伟大的作家之一,对现代俄语文学有巨大影响,好比乔伊斯(James Joyce)之于英语,歌德(Goethe)之于德语。他与其友人 Alexandre Blok 一道,是俄国第二波象征流派的领军人物。——译注

者的颤栗……"形象的深化,将我们带入存有深处。隐喻的全新力量,发挥着原始梦想的作用。

五

3. 接下来考察第三个内在层面,它能将一个美妙绝伦的内在呈现在我们面前:巧夺天工、五彩斑斓,胜过世间最美的花。脉石刚除,晶球刚开,一个晶化世界就出现了;抛磨的水晶里,有花,有绶带装饰,还有面容,引发我们的无尽遐想。水晶的内在雕塑,内里的三维图画,这些肖像,仿佛沉睡的瑰宝。深在的大美范畴(pancalisme)激发出无数解释,引来无尽梦想。让我们来看看其中几例。

请追随来自外部世界的那个见过花、树、光的观看者。他进入昏暗、封闭的世界,与霜纹、树形、荧光相遇。所有这些缥缈的形式让他充满幻想。梦的标记憩息在这些恍惚形式中,等待完成,期待脱颖而出。《水与梦》中,我们曾提到映在平静水面的风景倒影给梦想者带来的美学感受。在我们看来,这幅天然水彩,对希望重塑颜色与形式的梦想者来说,是一份持久的鼓励。湖面上的风景倒影,有将上述遐想转化为艺术创造的能力。模仿曾梦想过的现实,人的心灵会更投入。十七世纪的一部炼金术著作,有助于论证梦想具有美学刺激的观点,这本书的作者写有不少炼金专著,在当时拥有比博学类书籍更多的读者,他在书中写道:"假如大自然没有(事先)蕴藏有这些天赋和学问,那么艺术就不可能自己创造出这些形式与图画。如果大自然没有先育出树与花来,人们就不知道怎么画一棵树或一朵花。在大理石或碧玉里看到人物、天使、动物、建筑、葡萄、繁花点缀的草地,我们会赞叹不已,甚至欣喜若狂。"①

石头、矿石内的雕刻,这些天然雕塑和天然的内在图画,其所呈现的外在风景和人物往往"超乎寻常"。这些内在作品,让梦想物质内在性的遐想者乐不思蜀。法布尔认为,石头的晶化天赋远比雕刻工匠灵巧,笔法远比微型画画家细腻:"我们看到,大理石和碧玉里的天然图画,比艺术提供给我们的许多绘画,更精致完美;人造的颜色,远远逊色于大自然在天然图画中用的颜色,后者臻于完美,活泼强烈。"

在我们看来,绘画代表的是理性精神,它是卓越的人类标志:岩洞壁沿上的野牛轮廓画,马上让我们想到此处曾有过人迹。但是,如果梦想者相信大自然是艺术家,相信大自然深谙绘画与涂色,既然大自然能铸出万物之体,那它能不能同样出色地雕出石塑呢?法布尔的内心充满物质内在强力的遐想(第305页):"我参观过朗格多克*地区索雷日**附近的土窟和岩洞,其中有一个岩洞,当地俗语叫三齿叉,洞内雕塑与图画的线条真是无与伦比;好奇的人可以自己去看,岩石上深雕或浮雕着成千上万个图样,能让观看者饱足眼欲。从来不曾有雕塑工进来打凿或雕刻这些图像……这不得不让我们承认,造物主把良工巧匠的天赋和学问给了大自然,让它无所不能……"法布尔继续说:我们禁不住要问,这会不会是地下魔鬼

---

① 法布尔(Pierre-Jean Fabre):《化学奥秘概述》(*Abrégé des Secrets chymiques*),Paris, 1636。[译按]法布尔(约1588-1658),法国医生、炼金士。

* 朗格多克(Languedoc, Le Languedoc-Roussillon),法国南部沿海地区。——译注

** 法布尔那时叫索雷日(Sorège)的地方,或为今日的 Sorèze。——译注

的作品。别再相信那些地下打铁侏儒了。不！必须把美学行为还给物自身，必须承认物的内在强力（第305页）："天地间普遍精神蕴育的物质，它玄妙、属神、属火、属气，巧拙有素，能随心所欲，幻化图形；（有时）大理石、岩石或木头中的一个图像，看起来像牛或其它动物：大自然巧夺天工。"

法布尔举了炼金书籍中常见的一个例子（第307页），撬棍形状的蕨草根，它像极了罗马帝国的雄鹰。最疯狂的遐想融合了蕨、鹰、罗马帝国：蕨与鹰的联想显得神秘，但对我们的作者来说，两者的关系要亲密得多；"蕨能为鹰提供健康秘诀"。蕨与罗马帝国的关联更清楚："蕨长遍世界每个角落……罗马帝国自然会兵甲布天下。"歌颂性遐想，能在微不足道处找到共鸣。

本书之所以收集这些妄想联翩的文字和夸张至极的形象，是因为我们在那些未受炼金叙述影响也没有读过旧秘籍的作者那里，找到了隐蔽存在的类似形象，只是更缓和些。读过十七世纪作者对蕨草根的这段叙述后，看到卡洛萨这般理智的作家居然也受到类似形象的诱惑，岂不是很让人惊讶。我们在《纪翁医生》中读到（法译本，第23页）：撒提娅，一位年青的雕刻家，把番茄切开，说"这个蔬果深知光泽的底细。她指着暗红水晶般的果肉围绕的白芯，想证明这颗心仿佛一个小小的象牙天使，一个跪着的小天使，如燕子般展开翅尖。"

斯特林堡*的《地狱》也有类似的文字（第65页）："我浸了一颗

---

* 斯特林堡（Johan August Strindberg, 1849-1912），瑞典作家、戏剧家、画家。瑞典最重要的作家之一，被誉为现代戏剧之父，其作品介于自然派与印象派之间。——译注

核桃,好让它发芽。四天后,我取出了胚芽,它大小如梨籽,形状如心。胚芽长在两颗子叶间,看起来像人的大脑。我简直不敢相信自己的眼睛:显微镜夹板上,我看到了两只紧握的小手,白如石膏,升向天空,仿佛在祈祷。这是我的幻觉?错觉?噢,不!这千真万确,让人害怕。小手一动不动,向我伸出,好像祈求着什么,我能清清楚楚地数出它的五个手指,拇指要短些,与女人或小孩的手一模一样!"这段文字与许多其它段落一样,向我们展示出斯特林堡对微细之物的梦想强力,他能给不起眼的小物带来绵密之意,他一心要了解关在物之细处的奥秘。切开一只水果,一颗种籽,一粒杏仁,就是暂停下来,梦想一个宇宙。存有的种籽,就是梦想的种籽。

最伟大的诗人,只需对形象稍加勾勒,就能把我们带进深层梦想。图尔达克斯公主*的《回忆里尔克》(Betz 版,第 183 页)中,记有里尔克的一个梦,见证了内在与表面、厌恶与吸引的辩证游戏。诗人在夜晚的梦中,"手里捏着一团潮湿恶心的黑泥,他感到深深的厌恶和强烈的反感。但他知道必须揉捏这团泥浆,必须用手捏出形状来。他满怀嫌恶地捏着黏土,拿了把刀,想切出一层薄土片来。他边切边想,泥里肯定比泥外更可恶。结果,他惊讶地看到,刚切出的泥层表面有一只蝴蝶,双翅展开,图形与色彩十分悦人,仿佛鲜活宝石的美妙表层。"这段叙述不够细腻,但梦想价值一目了然。所有热爱缓慢阅读的读者,只要轻轻将价值移开,就会发现裹在"黑泥"里的闪光化石的强力。

---

* 图尔达克斯公主(la princesse de la Tour et Taxis)德文为 "Thurn und Taxis",法文称为 " La Tour et Tassis " 或 " La Tour et Taxis ",十六世纪发展起来的一个德国贵族。——译注

六

4. 以上提到的内在遐想，喜欢赞美结构细节，喜欢让它变得更复杂。除这种遐想外，还有另一种类型的物质内在遐想，即上文提到的四种类型中的最后一种：它用物质密度而不是丰富多彩的图像来定义内在。对无尽财富的无穷遐想，就此开始了。被发现的内在，不是一个藏有无数珍宝的匣子，而是一股强力，神奇而恒久，如没有尽头的旅程，一直下降到物化本体的无尽细微处。下面将以物质主题为考察线索，从颜色（la couleur）与染色（la teinture）的辩证关系角度展开讨论。我们立即就能感受到，颜色是表面的诱惑，染色则是深层的真相。

炼金术中有无数染色隐喻，那是因为染色概念与明晰的普通经验相联。浸染品性特别受人重视。染色粉末的蜕变强力和物质染料强力的梦想，没有尽头。哲人石，凭着它的染色力量，据培根*的说法，能把黄金变成铅重量的十万倍，据勒浩龙，能变成铅重量的一百万倍。鲁乐写道，人若能找到真正的墨丘利**，就能给大海染色。

然而，染色液体的形象太脆弱，太消极，水过于友好，无法提

---

* 罗吉尔·培根（Roger Bacon, 1214-1294），英国哲人、博学家、炼金士。——译注

** 墨丘利（Mercure），本属罗马"神灵"，从古希腊的赫尔墨斯（Hermes）演化而来，为众神使者，世间诸多事甚至梦境与亡灵，皆有其庇佑。荣格将之纳入心理分析范畴，冠以"灵魂"与"心灵"，具体见《精灵墨丘利》一书，可参杨韶钢中译本（前揭，南京：译林，2019）。在荣格看来，墨丘利集众多原始意象于一身，如水银与水星，精灵与灵魂，阿尼玛（Anima）或世界之魂（Anima Mundi），雌雄同体，对立整合，还含求之不得的"哲人石"。本注释参考 http://psyheart.org/h-nd-328.html。——译注

第一章 物质内在性的遐想

供能动的染色形象。我们曾经说过，炼金士参与的物质戏剧，是黑白红三部曲。如何从黑色的物质畸态出发，穿越变白物质的中间净化，抵达红色这最高的品性？俗火转瞬即逝的红，仅能欺骗外行。需要更内在的火，燃尽内在杂质，将自身德性染入物质。这种染色可吞噬黑，能在变白的过程中沉淀，最后以金的藏红色凯旋。转化，即染色。

人们对哲人石众说纷纭，有人说它有藏红花的颜色，有人说它是红宝石的颜色。为了总结哲人石的转化强力，一位炼金士写道：它包含所有的颜色，"白，朱，金，湛蓝，青"。它绚丽多彩，具所有强力。

染色一旦升华成为真正的物质根基，无形式无生命的质料被排挤出去，具泡制品性与浸润之力的形象就更好地彰显出来。浸润梦想属最具雄心的意志强力。它仅以一种时间形式为兼补：永恒。梦想者，被潜伏的强力意志裹挟住，与不可一世的浸染力量合二为一。印记可抹。恰当的染色不可磨灭。内在被征服，直至无尽深处，直至永恒。这正是物质想象的韧性想要的。

如果能让内在染色梦想盈满遐想强力，也就是说，让颜色具浸染力量，那么，我们就能更好地理解心理学说与以客观经验为依据的科学学说的对立：前者如歌德与叔本华的色彩说，后者如牛顿的色彩理论。我们就不会对歌德、叔本华与数学物理理论的强烈抗争（尽管徒劳无益！）感到惊讶了。他们对深在物质形象拥有内在信念。总体说来，牛顿理论让歌德不满意的地方在于，它仅考察了染色表层。对歌德来说，色彩不是简单的光线游戏，而是作用于存有深处的一种行为，能唤醒基本的感性价值。歌德说，Die Farben, sind Thaten des Lichts, Thaten und Leiden(色彩是光的行为,是行动与痛苦)。形而上学家叔本华认为:若不参与色彩的深层行为,如何可能理解它们?什么是色彩的行为?染色?

充沛着原始力量的染色行为,可与手的意志作比,一只手使劲揉挤着布料,一根线也不肯放过。染色者的手是揉捏者的手,它要抵达物质深处,获得绝对精致。染色也就来到了物的中心。十八世纪的一位作者写道:"染色好比一个基点,光线从这个中心射出,在照耀过程中逐渐增多"(《哲学信札》,Duval 法译本,1773,第 8 页)。手失去了力气,却增加了耐心。清洁工在繁琐的清洗工序中找到同感。劳伦斯有部小说,其中一段文字向我们展示了一种漂白意志,这种意志想让清洁性渗透到物质最深处,物却因此爆裂,因为它无法承受这种极致之白。我们这位英国大文豪的作品中,有许多过激的物质生命梦想[①]:"薇丽耶特自己洗衣服,她喜欢把衣服洗得白净的那种感觉。一想到衣服会越来越白,她就乐得不行。她像斯宾塞的小女儿一样,晒一会儿太阳,在海里游会儿泳,每隔五分钟就要到草地上看看晾着的衣服,每次都发现它真地越来越白。直到她爱人叫起来,衣服白得不能再白啦,要进出五颜六色来啦。她走出屋来,发现草地上灌木丛上晾着彩虹碎片,而不是手巾和睡袍。

她咕哝着:真奇怪!可她很快就接受了这个事实,仿佛理所当然。随即又思忖着说:不,真的吗,这不可能。"

梦引申为绝对形象和不可能形象的例子,有比这更出色的吗!这是被物质想象加工的洗衣女之梦,它欲想本体之白,要让清洁成

[①] 劳伦斯(D. H. Lawrence):《袋鼠》(*Kangourou*),法译本,第 170 页。

为原子的品质。想让梦走得更远,有时只需像劳伦斯这样,劳作时起个好的开头,并学会梦想。

色彩对物质的长久忠诚,可在一些奇异实践中遇到。卡尔诺提到(《工业颜料》,第 11 页),罗马画家用烧焦的酒渣调成黑色:"他们认为酒的优劣决定了酒渣的黑色是否漂亮。"价值的可递性,对物质想象来说并不神奇:好酒的渣更黏稠,所以其呈现的黑色更精彩。①

1783 年,贝尔托龙神甫在《植物电流》中说道(第 280 页):"慕卢克斯公爵在《都灵杂集》第五卷中,希望用大量的实验证明,花含有一种特殊的染色固剂,这种剂素仍存在于花的灰烬中,并能在灰烬的玻璃化过程中产生反应,在玻璃中渗入花的颜色。"

斯威夫特以戏谑的口气提到了一种深层的染色。在《拉普塔游记》中,他让一位发明家说:我们已经有蜘蛛这个既会纺线又会织布的奴隶,可人还要用蚕丝来纺线,这是不是有点傻?只剩下染色了。蜘蛛难道不会这第三道行业?仅需用"五彩斑斓的"苍蝇来喂蜘蛛,就行了。较之将色彩与作为蜘蛛食物的苍蝇的混合,还有更好的方法,即用"树脂、油、谷蛋白"来喂苍蝇,蜘蛛食用苍蝇后,"吐出的丝会更坚韧"(法译本,第 5 章,第 155 页)。②

---

① 这个漂亮的黑色,可与诗人的墨作比。邓南遮(D'Annunzio)梦想用一种抹不去的墨水写下誓言,"用溶在蜂蜜、树脂、麝香和毒番石榴中的黑灰制成的"墨(《1266 年间被圣迹治愈的聋哑人语录》[*Le Dit du Sourd et Muet qui fut miraculé en 1266*],Rome,1936,第 11 页)。喜欢质化实存的人,能在这样的墨盘前,遐想许久。

② 还有另一种"增加"形象的方式,即游记。《古代哲学绪论》(*Introduction à la Philosophie des Anciens*, 1689)提到一位旅行者,他在巴西见过一种蜘蛛"织的网,结实得可捕获大如斑鸠的鸟"。

人们或许会反驳说，这些精神游戏与严肃的梦想相差太远了。然而，梦想没有开玩笑的习惯，反是理性的头脑会拿梦想开玩笑。斯威夫特就是其中之一。他的这种物质幻想，很可能受消化概念的影响。游记中许多地方对物质形象的展示都手到擒来，哪怕一个刚入门的精神分析者，也能辨认出斯威夫特的消化心理特征，但他的这些形象同时又渗透着物质实存的属性特征。①

下面的这个例子中，染色这个独特的物质形象向实存渗透的梦想，相信我们，居然会干扰一个人的精神生活，甚至惹来道德评判。想象性情热烈，对形象，它敢爱敢恨。我们将看到一种想象，它视染色为不净之物，执意要将之舍弃，认为染色是物质谎言，与其它谎言没有区别。这段文字有点长，转引自威廉·詹姆斯的《宗教经验之种种》（法译本，第249页），它尽管有轶事风格，詹姆斯还是没有犹豫，在书中引用了全文。我们将看到，物质内在质料想象生成的好感或厌恶感，会影响精神生活的最高领域："第一批贵格会*成员是名副其实的清教徒……"贵格会成员伍乐曼在日记中写道：

"我经常思考让人类受苦至深的逆反心理的初因……有时，我

---

① 要知道，能在深处被想象浸润的，不只有色彩，还有品质。贝克莱（Berkeley）建议用"好好养大的老松木"来点火，以调配他的焦油水（《西里斯》[*La Siris*]，法译本，第12页）。[译按] 此处指 George Berkeley（1685—1753），爱尔兰哲学家，近代经验主义的代表。*La Siris* 英文为 *Siris: a Chain of Philosophical Reflexions and Inquiries Concerning the Virtues of Tar Water*（《西里斯：关于焦油水优点的哲学反思与考察》），1744出版，半年内重版六次。该书一方面考察了焦油水的医疗价值、做法与剂量，另一方面从哲学角度考察了生物存有链系：从感官世界逐渐递升至上帝超自然界的因果链。贝克莱从人类健康和医学问题出发，引申至神学问题，发展出一套健康、生命、世界和上帝的学说体系。

* 贵格会成员（quaker），十七世纪于英国形成的一个新教教会，后传播至荷兰与美国，推崇和平主义、慈善事业与俭朴生活。——译注

不禁自问：我所有的行为，我做的一切，是否符合普遍正义？……

"由于经常思考这些，每逢穿戴染色衣帽，我都感到越来越多的顾忌，觉得染色是对衣帽的破坏……我深信发明染色风俗的人毫无智慧可言。因为怕被好友疏远，我竭力克制住自己特立独行的欲望。我继续像以前一样穿衣戴帽……直到自己病倒……一心想更深地净化自己，我下定决心在恢复健康前实现自己的渴望……我想到一个办法，找到了一顶纯色的素毡帽；可是，出于对标新立异举止的担忧，我依然犹豫不决。1762年春季联合大会时，我还在为此烦恼不已；我恳求上帝为我指引一条正确的出路。一心一意地跪在主面前，我从他那里接受了要顺从的意志，顺从我感受到的他对我的要求。一回到家，我就戴上了素毡帽。

"参加集会时，这种标新立异对我是一种考验；正好在那个时候，有几个喜欢追随潮流的优雅人士开始戴白帽子，与我的帽子差不多同色：好多朋友都不知道我戴这种帽子的原因，正好也免去了我的尴尬。有段时间，素毡帽成为我在内阁部工作的一个障碍。许多朋友担心，我戴着这样一顶帽子，是不是有点鹤立鸡群的感觉。对那些关心我的人，我以寻常口吻答道：戴不戴这顶帽子，并不取决于我自己。

"不久，他在英国徒步旅行，也获得类似的印象。他说，'旅程中，我曾去拜访那些有名的染坊；很多次，我走在浸渍着各色染料的地面上。我真希望人们能保持房子、衣服、身体和精神的清洁。给布料染色，虽然取悦了眼睛，却也遮掩了污垢。踩着散发着污秽味道的泥浆，我真想让人们好好思考，这种用染色来遮掩污垢的作法到底有什么用。

"洗衣服,是为了保持干净与整洁,这是清洁的本意;遮掩污垢,则是清洁的反面。人们屈服于遮掩污垢这个陋习,其实是强化了对眼睛的欺骗,不想让眼睛看到那些自己不喜欢的东西。完美的清洁适合一个神圣的民族。但为了隐藏污渍而替衣服染色,则与至诚之意背道而驰。有些染料反而损坏了布料。为染料、染色花掉的钱,其实就是为损坏布料浪费的钱,如果用这些钱来维护最完美的清洁,那么我们所处的世间该多么清净!'"(《伍乐曼日记》,London,1903,第12、13章,第158页以下,第241、242页)。①

　　我们看到,有些心灵喜欢向一些非常独特的形象投射意义,而一般人对此没有感觉。这说明,物质形象若被诚挚接受,就可在当下拥有意义。为了继续对之加以考察,我们将以最后一个价值辩证来结束本章讨论,即为清洁而弄脏。这是一场物质内部的争斗,名副其实的物质善恶二元论。

七

　　在关于空气的研究中(《空气与遐想》结论,第二部分),我们已顺带接触过积极的清洁遐想,清洁征服了潜伏于深处的不净。所有价值,无论清洁还是其它品性,都必须征服对立品性,才能获得自我提升。如同我们指出的,积极的清洁梦想主义会发展出一种

---

① 我们不禁要问,伍乐曼的顾忌是不是含有某种性成分在里头。要知道,对潜意识来说,染色是一种男性行为。(希勒贝尔:《论神秘主义及其象征》[*Probleme der Mystik und ihrer symbolik*],第76页。)[译按] 希勒贝尔(Herbert Silberer, 1882-1923),奥地利自学成才的精神分析学家。

奇怪的辩证：为了清洗得更干净，先要把物弄脏。清洗意志需要一个势均力敌的对手。对积极物质想象来说，一个很脏的物质，比仅仅失去光泽的物质，更能激发出试图改造的行为来。脏激励清洁因子的斗志。清洁工更喜欢打扫污垢，不喜欢在清污后留下污痕。所以，为清洁而奋斗的想象需要刺激。这种想象必须变得冲动，必须有恶意的愤怒。人们给铜水龙头抹抛光膏时，嘴角露出的是怎样一种恶作剧般的笑容。人们用一块又脏又腻的旧抹布，擦着抛光用的硅藻土油膏，把水龙头弄得肮脏无比。辛酸与敌意，在劳作者心中涌起。此类活计为何如此野蛮？然而，一旦旧布变干，快乐的恶意就出现了，一种强大而饶舌的恶意："水龙头啊，你将如镜子般锃亮；锅呀，你将是太阳！"黄铜最后放出了光泽，劳作者如小伙子般开怀大笑，与劳作对象握手言和。清洁工为自己闪闪发光的胜利欣喜不已。

假若没有这样的辩证张力，劳作者就不可能全身心投入劳作，不可能热爱清洁工作。

这场争斗中，想象使唤着百般武器。硅藻土和蜡膏，想象并不同等对待。渗透梦想支持打蜡之手的温柔耐心，它透过蜡，将美赋予木头：蜡，要轻轻走进木头的内部。请看《娅萨特的花园》①里沉浸在家务生活中的年迈西朵妮："在双手的压力和毛巾的热度下，柔和的蜡渗入打磨质料中。案桌渐渐蒙上了一层沉暗光泽。这道光泽仿佛被带有磁性的摩擦吸引，从上百年的树木边材，从枯木芯中放射了出来；整个案桌一点点有了光泽。善良的老手指，慷慨的

---

① 博斯珂（Henri Bosco）：《娅萨特的花园》（*Le Jardin d'Hyacinthe*），第192页。

手掌，从沉重的木头，从没有生气的纤维中，抽出了生命的缓慢强力。"这样的文字，让人想起我们上本书中［《土地与意志的遐想》］经常提到的内容：劳作者不会停留在"物的表面"。他梦想着内在，梦想着内在品质，与哲人一样有"深度"。慢慢地，他把木头能吸收的蜡全部给了木头，不多也不少。

可以推断，那些淳朴的心灵，那些在体力劳动和手工劳动时沉思的心灵，能识别出物质形象这道真正的特征，比如波墨：恶之腐蚀是善之渗透的必要条件。似乎要先读鞋匠哲人，才能在双重形象变成简单隐喻之前，真正把握它。沥青与蜡的二元论，对激烈战斗很是敏感，总能在苦涩与香甜这两个对立形容词中，获得新生。波墨的许多文字，让我们看到，他的物质梦想出发点是一种粗糙黑暗、狭窄紧缩的物质。这种阴沉物质生出了基本元素（《三大原则》，卷1，第2页）："涩与苦，生出火。火的涩，就是苦，就是刺激。涩是根源，是苦与火之父，又从两者生出。因为精神好比刚呈现的意志或念头，想在上升过程中渗透，想自我繁殖。"然而，按波墨的说法，涩并不必然就在甜之前。如果这样，就好比圣马丁说的：过于幼稚地接受一套有创意的语言。苦涩与香甜本质相联；藉由苦涩，物质才能拥有香甜；正是透过恶的腐蚀，善才得以渗入。黏稠苦涩质料的紧密收敛，让清洁质料葆有忠诚，并活跃起来。需要一种争斗，来不断唤醒清洁的敏锐度。清洁，如善一样，只有处于险境，才会变得警觉谨慎。这是品质想象的特殊情形。我们将在品质情调化一章内加以讨论。这里，我们仅想说明，对那些外表极柔和的品质，想象也能掀起无尽振荡，让它们渗入物质内在至微处。

八

我们还可给出顽强内在的例子，它在秉持住自身品质的同时，将之提升。比如，一块以提升自身色彩为生的矿石；物质想象以独具一格的活跃大美主义对之加以想象。

实际上，炼金士总用一种美妙色彩来指称愉悦的物质，后者能满足劳作者的愿望，让他劳有所获。炼金现象是物质呈现的过程，更是一场惊艳亮相。帕拉塞勒斯烧灼水银，"直到它呈现出那片惊艳的红"，如其它门派的炼金士所说，那是水银美丽的红外衣。颜色不精彩，意味着实验失败。当然，现代化学家也用到类似表述；他们常说，一物有靓丽的青，另一物有漂亮的黄。对他们而言，这仅是现实描述，而非涵义表述。从这个角度来看，科学思想没有任何美学情调。而崇尚炼金术的时代则不同。那个时代，美强调结果，美是物质实存纯洁深在的标志。一位科学史家，可对当代科学知识了如指掌，倘若在古书中遇到美丽坦率的色彩声明，则会认为那仅是指明被考察之物的一种方式。他认识不到炼金判断的确实含义，后者要识别的是能汇聚所有想象价值的内在蕴意。为了评判这种汇聚品质，不仅需要一套经验学说，还要一套遐想学说。

这样，有着宁雅青色的炼金物质，对于价值评估来说，就是顺利增值的标志。很多情况下，青是第一道漂亮色彩。物质上增值的价值阶梯和作为深在价值标志的颜色阶梯，各炼金门派略有差异。完美阶梯的顺序通常为：黑、红、白。但也会有黑、白、红的等级次第。物质升华是一场真正的色彩争夺战。比如下面这个例子，红取得了支配权。

鹰隼一直在山顶嚎叫：

> 我是黑的白，柠檬青的红。

坦率色彩的增值，也让阴沉、肮脏与混合色彩的邪恶污秽暴露出来。十六世纪时，萨克斯*的选帝侯官禁止人们使用靛青，认为那是"恶魔般刻薄的颜色——fressende Teufels Farbe①"。

总之，物质色彩的美，呈现为深在而有强度的财富。它是矿物韧性的标记。通过想象领域常见的置换，梦想中物质色彩的坚固甚于它的美丽。

费兹-大卫的《化学史》，对化学与炼金术的二元性作了前所未有的出色论述，书中恰恰提到了制造火药时物质颜色的增值。黑炭"作为原初物质，与硫磺（红色男人）和盐（白色女人）混合"。爆炸，非凡的宇宙价值，于是成为"年青国王"诞生的辉煌标志。② 这里，色彩的因果行为一目了然，火药实现了黑、红、白三种强力的结合。对物质强力的这般遐想，对我们来说，已显得遥远而虚渺。我们再也无法接受创造性梦想理论的倡议，认为错误的梦想能带来正确的经验。要想维持住最初的耐心，需有极大的吸引力，要想激活最初的探索，需满心憧憬神奇魔力；体系学说虽擅长归纳与创造，但它

---

* 萨克斯（Saxe），德国州名，与捷克临界。——译注

① 霍夫尔（Hoefer）：《化学史》（*Histoire de la Chimie*），卷 2，第 101 页。

② 费兹-大卫（H. E. Fierz-David）：《化学史》（*Die Entwicklungsgeschichte der Chemie*），巴塞尔（Bâle），1945，第 91 页。

若尚未与客观认知相联，我们就不能以任何借口，离开原始发现的基地。

因此，本书面对的总是同一个问题：研究客观观察与潜意识价值的混合主题时，必须将文字的精神含义还给它们。这里，色彩彰显出的不是唯名论，它们是积极想象的物质力量。

同样，将色彩与宇宙强力相比的时候，必须将比较提升至参与的层次，否则我们有让心理材料降格的危险。比如，一位炼金士若说"洁白如雪"，他其实已经开始倾慕，开始景仰。倾慕是火热认知的最初形式，它欣赏客体，器重客体。在最初的承诺中，价值不会自我评估，只会自慕。物质实体与自然界存在的比较，无论是雪、百合花，还是天鹅，都是对深层内在的参与，对能动品质的参与。换句话说，欣赏白色物质实体的人，在将之与完美无瑕之物比较的同时，相信自己在这种自然行为中把握住了白色。

如果不尊重文字表述的深层现实，我们就会失去能动物质想象作为心理考察元素的这份优势。炼金的染色实践，直抵物质深处，甚至就是物质深处本身。上色与浸染的意志，伴随着金属转化的整个炼金实验。炼金实验以色彩为目标。比如，作为终极目标的白石，最后变得比石头还白，成为白的具化。在增值过程中，我们希望这块石头不再属石，希望它能纯洁得成为白色的象征。

一旦理解物质美丽色彩的深层活动，我们就会明白，美对同义迭用语词的嗜好。我在德康纳的这段诗中感受到奔放的大美主义：

   我与静雅的雪邂逅
   它有亚麻的双臂

大麦的肢体

雪

美如雪

——《肉眼所见·冰冷的手》，第 53 页

最后一句，白重返自身怀抱，物质之美、美之内在的圆圈，合上了。没有同义迭用，就没有美。其它隐喻甚至也因此找到了及物性：这些隐喻处于通往原初物质的恰当行列，处于白之梦想的美妙共合体中。所有这些，仅当文学分析以遐想价值分析为补充时，才会彰显出来。然而这也正是传统文学批评不承认的想象真相。传统文学批评迁就色彩唯名论，担心形容词过于自由，竭力要将物与文字表述区分开来，不愿承认并追随作为品质化身的想象。总而言之，文学批评用观念解释观念。当然，用观念来解释梦想，也可能有用。可它忘了根本，即用梦想来解释梦想。

这样，物质的内在梦想，就不必害怕印象的同义反复；它把最有价值的品质扎根在物质实体中。正是如此，物质梦想才有其独特的忠诚性。不妨将这些品质比作金子，品质的精神层面永不改变。梦想物质的人，能从印象的旋转式扎根受益。物质性与印象的理想主义面对面，梦想因外在与内在的某种强制而客观化。对物质性迷人诞生过程的见证，会在一个人的心灵中留下不朽的回忆。

若从物质深层净化来考察神话，或许会对被梦想的物之内在的无尽深度，有一个适宜的衡量。我们曾简要提到炼金士清洗物质内部欲望的辩证特征。这样一个形象召唤着无尽的隐喻，这些隐喻不单以现实补充为满足，它们恰恰说明，炼金士想在某种意义上为现

第一章 物质内在性的遐想

实形象驱魔。希勒贝尔清楚地看到了这点(前揭,第78页)*。他提到了文字表述的移位。用水清洗?他随即补充道,不是普通的水。用香皂?不是普通的香皂。用水银?可又不是金属水银。连续三次,意义被移位;连续三次,现实仅是暂时指征。动词清洗针对的真正的活跃主体,想象在现实中找不到。想象希求一种未被确定的无尽行为,能一直降至物质最深处。此处活跃着清洁与净化的神秘论。无法自我表达的隐喻,恰恰体现了清洁欲望的精神现实。无尽深远的内在层面,在此打开。

这也是炼金士增多隐喻的一个好例子。在他们看来,现实具有迷惑性。有味道、有光芒的硫磺,不是真硫磺,不是真火之源。火也不是真火。炽烈、喧哗、热气腾腾、带着灰烬的一团火,仅是真火、基本之火、光芒-火、至纯之火、本体之火、元火的一个遥远形象。我们很明显地感到,质化本体之梦与质化本体现象对立,内在之梦生成秘密。炼金的秘密特征,与谨慎的社会行为无关。它秉承了物与炼金质料的特性。这个秘密,无人知晓,是人一直在寻找与追求的基本秘密。这个秘密,就在那儿,锁在质化本体套箱的中央,所有的掩护都充满迷惑。内在梦想冲破不断重生的幻觉,以一种奇异的自信,追寻着这个秘密。炼金士太爱质料,尽管质料撒了那么多谎,他依然相信它的忠诚。对内在性的追求是一套辩证法,任何不幸的经验都无法让它停止。

---

* 见25页注释①:希勒贝尔:《论神秘主义及其象征》(*Probleme der Mystik und ihrer symbolik*)。——译注

九

荣格对炼金术的研究,有助于我们更全面地衡量物质深层梦想。荣格说过,炼金士其实是将自己的潜意识投射在被长时间考察的物质之上,以至潜意识成为感性认知的补充。炼金士谈到水银,他"外在"思考的是活跃的银,但同时,他又相信质料中隐藏或封锁的精神(荣格:《心理学与炼金术》,第 399 页);然而,精神这个词之下(笛卡尔物理学将认识到此点),又有未确定的遐想,有不想被定义禁锢的思想;它们蠢蠢欲动,不想被确定意义封锁住,要增加意义和语词。尽管荣格不建议将潜意识看成是意识之下的一个定位,我们似乎可以认为,炼金士的潜意识投射出物质形象的深处。我们可更快地做出结论:炼金士投射出的是他自身的深处。本书接下来几章都会接触并讨论此类心理投射。但我们称为深在形象同态性的规律,有必要在各种场合不断强调。人梦想深在,梦想的其实就是自我的深在。梦想物质实体的神秘品质,梦想的其实就是自身的神秘存在。然而,存在本身最大的秘密,蔽而不彰,它们蕴藏在自我深处的秘密中。

十

只有花时间来考察隐蔽热度的所有价值,内在物质形象研究才算完整。如果真想开始这项研究,那我们关于火的著作*就要重写,

---

* 巴什拉关于火的主要论著为《火的精神分析》(*La Psychanalyse du Feu*),见

需要增补一些细节，以阐述热与火的真正辩证。热与火各有形象，可用内倾想象与外倾想象来描绘。火外倾，爆发，展现自己。热内倾，凝聚，遮蔽自身。据谢林的梦想形而上学，热比火更有资格被称为第三维度（《全集》，卷2，第82页）：Das Feuer nichts anderes als die reine der Körperlichkeit durchbrechende Substanz oder dritte Dimension sei（火不是别的，正是穿透物理层面的纯物质或第三维度）。

被梦想的内部，温热、不烫手。被梦想的热，总是温柔、恒常、有规则。经由热，万物变得深在。热是深在的标志和深在的意义。

对温柔之热的兴趣，集聚了所有内在价值。十七世纪时有两大肠胃消化理论（磨碎与烧煮），一种观点认为，胃热那么温柔，怎么可能在两小时内将骨头粉碎，而"最猛的煎剂从来都无法将这块骨头分开"，有些医生回答说，因为胃从灵魂藉取了一份额外的热的力量。

十一

伟大的诗人有时能用极柔和的形象，彰显出内在与扩展的辩证，以至让人忘记最基本的大与小的辩证。想象不再描绘，它超越被描绘的形象，热情洋溢地提升着内在价值。总之，内在财富将它凝缩的内部空间无限扩大。梦想充溢其中，在最矛盾的愉悦，在最

商务版《巴什拉文集》卷10。另有《烛之火》（*La Flamme d'une chandelle*），见文集卷5。——译注

不可言喻的幸福中，扩展延伸。让我们跟着里尔克，来到玫瑰的心中，寻找甜蜜的内在身体(《玫瑰之内》，Insel-Verlag 版，第 14 页)。

> 这些绽放的玫瑰
> 内里盈着一汪湖泊
> 它倒映出
> 怎样的天空

整个天空，涵括在一朵玫瑰的空间内。整个世界，都洋溢着一种芬芳。内在之美的强度，凝聚了宇宙之美。诗人接下来谈到美的第二种运动——外倾。这些玫瑰：

> 那么多，那么满
> 刚撑住自身
> 就溢出内在空间
> 随白日流逝
> 终止在无垠幸福中，总是更加无垠
> 直到整个夏天变成一个房间
> 一个梦的房间

整个夏天在一朵花中；玫瑰溢出内在空间。诗人让我们在客体层面，体会到精神分析学家用笨拙笔触描绘的内倾性与外倾性这两种运动。两种运动，随诗句的气息起伏变化，吸引我们在后面紧追不舍。诗人同时寻求着内在性与形象。他想表达出外部世界中存在的内在性。他从直觉形象抽离出来,以奇怪的纯粹抽象做到了此点,他知道人们不会在描绘的同时去梦想。他将我们置于最简单的遐想中;追随诗人的脚步,我们踏入梦的房间。

十二

当然,如果想要研究最隐蔽的潜意识层面,想要寻找主体内在的私人源泉,那就要换一种完全不同的考察视角,这样才能描绘出回归母性的特征。精神分析学家已经对此做了足够细致的工作,我们也就不深究了。

这里仅想围绕我们关注的形象确定性问题,稍做讨论。

回归母性,作为最强烈的精神退化欲望,似乎总伴随有对形象的压抑。形象的明确化,将影响退化回归的魅力。从这个角度来看,我们遇到的实际上是沉睡存在的形象,紧闭或半睁着双眼的存在形象,这些存在没有任何想看的欲望,几乎是严格意义上的失明潜意识的形象,它们在温暖与舒适中形成了自身的敏感价值。

伟大的诗人知道如何让我们回到这种原始内在性最混沌的形式。只需跟随诗人的脚步,接受他们诗句中的形象,不画蛇添足,不与潜意识心理学背道而行。比如,基内亚在研究克莱蒙·布伦塔诺的著作中,详尽考察了后者的社交圈子,作者相信可从明晰意识的角度来剖析布伦塔诺的一首诗[①]:"我们认为,孩子回想在母亲怀中吮乳的诗句,似乎有点悲伤。这句诗非常贴切地体现出两个存在

---

① 基内亚(René Guignard):《布伦塔诺的生活与作品》(*La Vie et l'Œvre de Clemens Brentano*),1933,第163页。

的内在联合,但这样的话从一个孩子口中说出,还是让人惊讶:

> Und war deine Sehnsucht ja allzugross
> Und wusstet nicht, wem klagen,
> Da weint ich still in deinen Schooss
> Und konnte dirs nicht sagen.

> 你的渴望如此强大
> 我不知向谁抱怨,
> 在你怀里我默默哭泣
> 却无法向你诉说。"

评论继续:"我们不禁要问,这到底是让人感动,还是让人觉得可笑:而布伦塔诺自己相当喜欢这首诗,曾在一段现今无法考证的时期对之加以修改,以凸显出其中的宗教特征。"

基内亚对诗歌潜意识层面的分析,显然不到位。学院式批评看到的是一个视觉形象:在母亲怀中吮奶的孩子。这幅形象让人震惊。如果读者也持这样的观点,则会背离诗人的想象方向。评论者若能追随诗人的梦想,就会来到一个朦胧的温暖世界,那是一种没有界限的温暖,栖息着潜意识;评论者若能回想起吮吸母乳的时光,他就会明白,有一个第三维度从布伦塔诺的这段诗里凹陷出来,超越了非此即彼的"让人感动,还是让人觉得可笑"的二元维度。

既然诗人自己"相当喜欢这首诗",甚至希望增添宗教情调,那就说明这首诗对他来说有意义,睿智的诗歌评论会到潜意识中挖掘，因为如基内亚看到的，诗句明晰层面的涵义确实贫乏。潜意识层面的深入分析，将很容易发现内在母性强力的影响。这种内在性的痕迹显而易见。只需看看文字的倾诉对象即可。因为布伦塔诺的诉说对象是他的未婚妻，"像个孩子……对他母亲说"，批评者看到的是"诗人性格软弱的主要特征，他不惜一切想有被疼爱、被宠爱的感觉"。被宠爱！这真是用手术刀往一个活生生的健康肉体中捅了一把！要知道，这是布伦塔诺寻求的最伟大的憩息爱情之梦！

实际上，面对如此丰富的诗歌，应去寻找它的引申涵义！仅分析一行诗，根本无法研究死亡的内在母性："一位母亲如果无法养活自己的婴儿，就会温柔地'把婴儿放在死亡的门槛上'，与婴儿一道死去，好让婴儿在睁开眼的瞬间，看到天空！"这片天空，无疑会有地狱边境[*]的苍白；这道死亡，无疑留存着乳房的温柔；它是与更静谧的生命，与往世生命的融合。然而，想象的这条路上，形象会越来越淡薄，逐渐消隐。内在性，在物质实存中被梦想，召唤出众多充满强度的形象。内在性展示出这些形象的原初蕴意，那些在潜意识远处扎根的蕴意，超越了人们熟悉的形象，触摸到最远古的原始意象。

---

* 地狱边境（limbes），基督信仰中，未受洗孩童死后灵魂所去之处。——译注

第二章 喧嚷的内在

"存在的内部，喧嚷嘈杂。"

——米肖

一

一位以读书写作为生的普通哲人很清楚，自己写下的书将经历一场不可逆转的生命；而这位哲学家又希望重新体验生命，以便更好地思考它（能完善生命体验的唯一的哲学方法）；书刚写完，他又想从头开始。一本完成的书，将促成另一本书的诞生！写作过程中，我心头常常涌起一丝懊悔，后悔自己先前的阅读方式。翻阅了那么多书后，我真想再从头阅读一遍。我没有看到文学形象，是因为我尚未掀开平庸的外衣。我的懊悔之一，就是没有及时研究fourmiller（糜集）*这个动词的文学形象。像"糜集"这样的现实，其实与一个基本形象息息相关，这个形象作为流动因素对我们起作用，可惜我很晚才领悟到此点。这个形象，从表面看来，很是贫瘠；通常就是一个词，而且是有消极字面含义的词：它道出的其实正是

---

* 该词的含义有：发麻；挤满，充满；糜集，乱挤乱爬，挤动，万头攒动。——译注

第二章 喧嚷的内在　　**55**

我们无法描绘所见之物时的尴尬，也是我们对无序运动不感兴趣的一个证据。

然而，奇怪的是，fourmiller 这个词如此明晰！它的应用何其广泛！从住蛆奶酪（fromage habité）*到布满无垠夜空的群星，一切都糜集不安。这个形象，让人恶心，又令人赞叹，轻而易举地融合了相对涵义。它从而是一个原始形象。

这个蠢蠢欲动的奇妙形象，这些有着疯狂活力的内在原始快乐，如何能视而不见！至少要注意这个形象的双重悖论。

首先，静态的无序被想象成动态的整体：清爽夏夜，天上的星星如此繁多，似乎挤满了夜空。繁多有了动感。文学里没有静止的混乱。静止和石化的混乱，我们顶多能在于斯曼的作品中找到。这也是为何十八世纪及之前的书籍中，chaos（混乱）这个词通常写成 cahots（颠簸）的原因。

这是一种互补的悖论。只需注视（或想象）一个躁动不安的整体，我们就会觉得它数目繁多，远远超过了实际：动即多。

二

下面来看看以这些悖论为主题的几个观念或形象。我们发现，

---

* 此处或指撒丁地区（La Sardaigne：包括地中海的撒丁岛、意大利西部陆地，还有法国科西嘉岛南部地区）的一种"让人恶心的"奶酪"casu marzu"，此处且译成"住蛆奶酪"。这种奶酪的发酵过程非常独特：让奶酪蝇生下的蛆"住"在奶酪中，以助奶酪发酵，蛆以奶酪为食，长成长约 8 毫米的透明蛆虫，可与奶酪一并食用。好奇而勇敢的品尝者在食用这种奶酪时，通常要保护自己的眼睛，因为蛆虫在被干扰的情况下，会突然从奶酪跳到空中，投射距离可达 15 厘米。——译注

转瞬即逝的简单形象往往极易变成"最初"观念。

比如,发酵通常被描绘成一种嘈杂的运动,也因此被认为是惰性物质与生物的中介。发酵因内里的嘈杂而有了生命。敦康笔下①的这个形象显得天真可爱:"活性因子逃离了包裹它们的粗糙部分,仿佛一群蚂蚁从敞开的门中钻了出来。"这样,乱挤乱爬的运动形象,晋升到解释方式的行列。发酵的"活性"因素,把被想象的物质变成一个真正的蚂蚁窝*。

福楼拜也认同这条想象规律:微细之物让人有蹒动之感。他在《圣安托万的诱惑》初版中藉侏儒之口说:"我们这些矮小的人在世界上乱蹒乱动,仿佛骆驼背峰上的寄生虫。"福楼拜身高超过一米八,他笔下的侏儒拿他有何办法?在上本著作**中,我们曾谈到登上巍峨山顶的游客喜欢把人比作蠢动的蚂蚁。所有这些微小形象因数量之多而必定拥有意义。

就像所有的基本形象,蚁窝形象可升值,也可贬值。它既可以是一种充满活力的形象,也可以是一种躁动的形象。我们往往称后者是"虚妄的躁动"。精神劳作者在不眠之夜涌出的思想就是如此。不安的蚁窝正是躁动灵魂的鲜明反照,被不协调的语词携走,"精神被震荡的存在"(der turbulenten Zerstreuheit des Daseins)②形象……蚁窝形象从而可以用来测试行为分析。据心灵状态的不同,

---

① 敦康(Duncan),前揭,卷 1,第 206 页。

* 此处有一文字游戏,"fourmiller"("乱挤乱爬","挤满"等义)是动词,与名词"fourmilière/fourmillière(古法语写法)"("蚂蚁窝")同源。——译注

** 即《土地与意志的遐想》。——译注

② 宾斯万格(Ludwig Binswanger):《讲座与论文选集》(Ausgewählte, Vorträge und Aufsätze),Bern 版,1947,第 109 页。

它或喧嚷嘈杂，或整齐合一。当然，在用形象作分析时，须将书本知识置于一旁。蚂蚁的自然科学史与此无关。

为了结束这些贫乏的形象，下面来看看一段文字，可以不费吹灰之力地对之进行精神分析。文本选自艾姆斯特尔惠的一部作品，作者从头至尾都保持着严肃口吻，这段文字说①，如果用显微镜观察一个好几天都没有接触雌性同类的动物的精液，会发现"精子或者说列文虎克*微生物数量惊人，但都处于静止状态，无任何生命迹象"。相反，如果在实验之前，让一只雌性同类在它面前转一下，"您会发现这些微生物不仅活了，而且在浓稠液体中快速游动起来"。我们这位严肃的哲学家，就这样将全部的性欲躁动授予了精虫。显微镜下的存在，把被激情"震荡"的当下生物心理变化记录下来。

这种抖动的内在性，似可看成对内在价值的模仿，它准确描绘了直觉冲动想象的天真无瑕。不妨从躁动转向讧乱，来看看高度活跃的形象，强力意志与敌对意志完全投入其中。

三

物质的内部躁动通常体现为两种或多种物质元素的争斗。在固定物质形象中找到憩息之处的物质想象，把争斗密封在不安物质中。物质想象将争斗实存化。

十八世纪许多化学书籍包括它们的书名，都仍有物质争斗的说

---

① 艾姆斯特尔惠(Hemsterhuis):《文集》(*Œuvres*)，卷1，第183页。
* 列文虎克(Antonie Philips van Leeuwenhock,1632-1723)，荷兰商人、学者、微生物学奠基人。——译注

法。将醋浇在粉笔上，粉笔立刻就会冒泡，对小学生来说，这是非常有趣的一个现象。十八世纪的叙述风格中，这第一堂化学课就是一场物质争斗。据说，那时的化学梦想家如观看雄鸡搏斗那样，看着酸与粉笔的斗争。如果争斗减缓，他会时不时用玻璃棍子拍打。这些化学书籍中，一个"会咬人"的物质因为"咬得"不够厉害而受到化学家侮辱的例子不少见。

  炼金学有时将物质描绘为贪婪的狼（还可举出许多其它例子），生动地描绘出深在形象的动物化特征。这种动物化（要言明吗？），与形式和色彩无关。物质是狮子或狼，兔子或狗，粗粗看来，这些隐喻简直不可思议。这些动物彰显的都是暴力、残忍、好斗心理的隐喻，它们进攻迅猛。① 炼金金属动物画集活了。这套动物画集不是惰性的象征。从主体角度来看，它记录了物质争斗中炼金士的奇怪参与。纵观整个炼金历史，我们有金属动物画集呼唤着炼金斗兽士的感觉。从客观角度来看，它是物质间敌对力量的较量（无疑是想象性的）。在很长一段时间内（至今仍是），前科学精神中作为解释术语的类似性（affinité）这个词，取代了它的反命题：敌对性。

  然而，敌对化学与类似化学并行存在。对立化学表达出矿物的挑衅力量，揭露出毒液与毒药的凶恶。它曾拥有强烈而絮叨的形象。这些形象如今已失去光泽，完全淡化，但我们仍然能让它们在变得抽象的语词下重获生命力。实际上，为动物化表述带来生命的，通常是化学形象和物质形象。锈如果没有"啃"铁，如果没有用它耗子般的小牙齿，坚持不懈地啃斧头上的铁的话，那就永远不

---

① 形象走了，语词留下来。硫酸"进攻"铁，但不会进攻金。

第二章 喧嚷的内在

会有"噬啮"之愁(les chagrins « rongeurs »)*这种说法。① 可是相较于兔子这个啮齿类动物的代表，对"噬啮之愁"的痛诉，就显得有点闲扯(un coq-à-l'âne)** 了。要发现侵蚀内心的忧愁根源，物质形象作为中介必不可少。锈是一个外倾形象(相当不足!)，体现出噬啮灵魂的苦痛或欲望。

要想找到一套完整的情感化学，并用物质中心形象来确定我们不安的内在，这将是一个很漫长的探索。但这种外倾并非无益。它帮助我们把苦痛移到"外面"，把苦痛化为形象。波墨的文字通常有类似的外倾运动。鞋匠哲学家将道德分析投射到物与元素中；他在蜡与沥青间发现了柔和与苦涩的争斗。

可属于外倾的时间仅会出现一次。它宣称要进入物质内心，往往带有迷惑性，因为外倾最终会在物质内心找到人类激情的所有形

---

* 此处暂且译出字面涵义，可引申为"蚕食殆尽"，指一点点被吞食，一点点失去信念，直至毁灭。——译注

① 一位十七世纪的作者说"菠萝会吃铁"。往菠萝中插一把刀，刀会"在一天一夜内，被水果吃掉并消化"。我们必须充分理解文本中"吃"这个词，因为继续读下去，就会发现被吃掉的铁，其实跑到菠萝树茎上去了。作者还说，热带树木的茎髓可能是铁。我们看到，这种情况下，"吃"这个词在字面义与象征义间犹豫。十九世纪的勒鲁(Pierre Leroux)甚至发展出一套文字游戏哲学。"esse"这个词因同时拥有"存在"与"吃"的意思，他就此作了简单的发挥，而后补充道："吃，是否认，是吞噬，它残忍，就是凶手。存在就是变得残忍，成为凶手……酸会吃，碱也一样；植物会吃，动物会吃，人会吃，万物都会吃"(《撒玛莱兹沙滩》[La Grève de Samareus]，卷2，第23页)。后文"约拿情结"一章中，我们将带着更多的梦想，回过头来讨论拉丁语"esse"这个词的双重含义。
[译按] 勒鲁(Pierre-Henri Leroux，1797-1871)，法国哲学家、理论家、社会学派政治人物。La Grève de Samares，是一部哲学诗集，共两卷，于1863年至1865年间出版。

** un coq-à-l'âne，说话或书写的时候，爱东拉西扯，从一个主题跳到另一个毫无关联的主题；也指观点或文本之间缺乏关联，缺乏逻辑。——译注

象。把这些展示给活在酸碱"争斗"形象中的人,他就能从争斗中走出来。他的物质想象能想象出水与火的争斗、女性与男性的争斗,且不杂情感。维克多-埃米勒·米什莱*仍有如此表述:"酸对碱的爱,毁了碱,也毁了酸,最终生出盐"。

希波克拉底认为,健康的人,体内水火均衡。身体稍有哪里不舒服,就是体内有两个敌对元素在争斗。只需一点借口,就会爆发沉闷的争吵。我们也可换个角度,对健康进行精神分析。阿尼姆斯与阿尼玛**的双重性构成主要的争斗,这种双重性在每个人身上埋下了对立元素的争斗源泉。想象庇护了形象的对立元素。受刺激的灵魂,导致了焦躁身体的不协调。灵魂想在物中读到自身焦躁的全部物质形象。

当然,对那些不愿将梦想推得如此之远的读者来说,仅需冥想"强"酸与"弱"酸,就可获得内部争斗的能动形象。实际上,争斗就是二元性:动态形象的简化假设。同样,对想象来说,二元性就是争斗。只要物质不再是基本物质,就必然会分解。这种分解并不寻常。想象若变得细腻起来,就不会对仅有简单协调生活的物质感到满意。梦想者只要想象出物质内部的一丝不和,就觉得自己看到了躁动,看到了奸诈的争斗。

内在嘈杂的物质形象,在生命直觉与炼金直觉中同时找到依凭。它立马得到"胃之灵魂"的拥护。精神分析学家弗莱恩克勒非

---

* 米什莱(Victor-Emile Michelet, 1861-1938),法国神秘派诗人。——译注
** 荣格分析心理学术语,阿尼姆斯(animus)指女性心灵中的男性成分或意象,阿尼玛(anima)指男性心灵中的女性成分或意象。此处指男女两性意向的争斗。——译注

第二章 喧嚷的内在

常热心,有意与我们分享他研究消化心理结构的论文。他在文中称消化心理结构为胃之灵魂,认为胃之灵魂在本质上是虐待狂,还说:"胃的虐待,与化学家的虐待一样,都爱用酸来灼烧受害者。"

懂得消极想象如何将不安嵌入物质内心后,再来读施莱格尔这段文字,就会耳目一新。他在文中解释,为何十九世纪时,人们认为大群蚱蜢入侵是因为多云天气。蚱蜢从而成为暗处现身之恶的物质化①:"下面说说这些蚱蜢群……空气被传染元素感染,变得不协调,生出蚱蜢这种病态怪物,除此之外,还有什么可以解释?空气与大气层有生命,都非常敏感,这一点,我想大家都能接受;如果说空气内部充满对立力量,如果说春季香脂味的和风,搏斗着荒原上的热风还有各种各样传染的瘴气,此点大概也不会受到人们的反驳。"发挥想象,我们就能体会到,瘴气鼓胀,最后变成蚱蜢。这种昆虫翠绿而干瘦(物质品质的矛盾融合)②,是空气在有毒液体的恶力作用下变成的属土之物。

当然,施莱格尔的说法,很难找到哪怕一丁点客观论据或真实形象。相反,主观论据却很多。只需让物质想象和动态想象自由发挥,换句话说,只需把站在言论与思想门槛上的原初角色还给想象,就能感受到有毒液体正集中精神,要扰乱值得称赞的物质,要打破它们的平静。想象把人与物的物质交流的生命角色赋予饮食保健,后者如果确实就是我们有机生命的形象化转述时,那么饮食保健无

---

① 施莱格尔(Frédéric Schlegel):《生命哲学》(*La Philosophie de la Vie*),卷 1,第 296 页。
② 物质想象领域内,绿属水。雨果曾说,蚱蜢是撒旦用动物碎屑烧成的(《世纪的传说:强力与善等同》[*Légende des Siècles. Puissance égale Bonté.*])。

论如何都能找到它的物质形象。生命哲学家[施莱格尔]说，年轻有力的呼吸，憧憬着快乐想象的纯净空气，"满怀生命的空气"。相反，被压迫的胸腔发现的却是——用对恶臭气味有虐待倾向的诗人的口头禅来说——"滞重"空气。① 空气中已有两种互相搏斗的物质：恶与善。

这样我们就能理解施莱格尔的直觉，他为何会在空气中想象出两种敌对力量的争斗，并认为由此生出了善与恶、和平与战争、丰收的快乐与瘟疫、有香脂味的和风与瘴气。要想让宇宙中万物都变得活泼有趣，需有一颗对生命敏感的心灵。所以在思考生活的同时，如索勒吉尔希望的②，也要去感受生活。

我们在收集言论想象元素的缓慢过程中，有时也会顺便提到实存价值与言论的关系，这已成为本书一条不成文的规矩，所以接下来就捎带讨论一下言语对实存价值的轻蔑。

有些词，让人喘不过气来，让人窒息，让人愁眉苦脸。它们把拒绝意志刻在脸上。一个哲学家如果想把语词还给语词，而不是操之过急地要阐述思想，他就会发现，一个词被说出时（或仅对一个词发音的简单想象），就是整个存有的实在化。我们整个的存有，因一句话而紧绷，拒绝之辞如此直率，让礼貌无法阻挡。

比如，miasme（瘴气）这个词被说出时，显得十分直率。这是因厌恶而失声的拟声词？先吐出一大口不干净的空气，然后用力合

---

① 杜巴达斯（Du Bartas）认为，撒旦是"叛逆者，最滞重空气的王"（《周刊》[La Semaine]，第 19 页）。

② 布切（Maurice Boucher）的博士论文（thèse），Paris，第 89 页。

紧嘴巴。既想闭上嘴巴又不想呼吸的双重意愿。①

十八世纪的化学，用 moffettes（碳酸喷气）这个词，来指称让人有恶心反应的气体或矿井气体。这个词传达出一个比较克制的想象，但它与 miasme 相差不远，两者都描绘了分解状态的物质。moffettes 是学者型的撇嘴。

言论的这种心理现实性，在某种意义上，为人呼吸的恶空气带来沉重感。属气液体充满恶，那是一种多元的恶，汇合了属土物质的恶，瘴气（le miasme）攫取了沼泽的全部腐烂，碳酸喷气（la moffette）吞噬了矿井中的所有硫质。对这些无耻勾当，空气无法解释。深处必定有一个不安物质，能将不安实存化的物质。整个十八世纪都对发烧物质、瘟疫物质诚惶诚恐，这是些自身被深深困扰的物质——能同时让宇宙（l'univers）与人、大宇宙（le Cosmos）与小宇宙（le Microcosme）不安。贝尔托龙神甫认为，矿井中散发出的有毒（méphitiques，moffétiques）蒸汽，不仅对电子现象有害，对生命现象同样有害。有毒蒸汽一直渗入物质中心，播下含有分解成分的死亡病菌。

即使像磨损这样贫乏的概念，也可从内倾层面来考察，尽管这个概念在如今的理性头脑看来完全外倾。将磨损想象成毁灭物质的行动，这样的例子也可找到。存在从内里被损耗掉（miné），人们总喜欢这样说。但是，这种内在的损害，在想象眼中是活跃物质，是一剂媚药，是一副毒药。

---

① 让一位伟大的作家在镜头前说出（或仅仅写出）moisi（发霉）这个词，应当很有趣，这个词在他的蔑视物质论中有一定地位："我被一股陈腐的霉味儿黏住"。

总而言之，想象将毁坏过程物质化了。它无法满足外在的毁坏与磨损。敦康在 1682 年写道：一想到世上最坚固的物质最终也会损坏，这位医生就无法接受这仅是时间的结果。他想到太阳，"那是一种微妙物质的猛烈作用，这种物质能快速穿透所有物体的毛孔，使得物体各部分以无法感知的方式振动"。他补充道，从教条主义转到批评主义，无异于那些用一个形象取代另一个形象的人常做的："只有诗人才将万物的消散飘逝归咎于时间，即使最结实的物体，也会一点一点被蚕食殆尽。"

四

提到不幸物质，倒是可举出不少炼金士的文本来。炼金士用文字复活了死亡的物质形象，或更准确的说，将耗散过程物质化了。帕拉塞勒斯的三大物质元素硫、水银、盐，如同我们上本书中①提到的，本是联合元素与生命元素，可倘若它们经受了一场巨大的内在腐蚀，就会变成死亡的元素，从内部分解的元素。

死亡的这种物质化，与我们对死亡致因的明晰理解完全不同，也完全不同于死亡的人格化。无疑，如中世纪思想家一样，炼金士也在死亡的象征性代表面前颤栗了。他看到死亡以令人毛骨悚然的舞步，混进了人间。但是，这种或多或少有所遮掩的尸骨意象，并不能完全遮盖更私下、更实存化的遐想，人沉思着正在分解的肉体。这样，他不仅怕尸骨的形象。他还怕蛆，怕灰烬，怕尘土。他

---

① 见《土地与意志的遐想》（第九章）。

第二章 喧嚷的内在

在实验室操作了那么多的溶解程序，用水、用火、用研钵，为的是避免想象最后也变成没有面容的物质。我们将给出几幅此类智识类担忧的图画。当大宇宙与小宇宙的现实，如炼金时代一样紧密相联的时候，我们就能感受到它们的活力。

根本之盐（le sel radical）在我们的肉身内，联结着灵魂之火与身体的根本湿度，可它会溶解。死亡能渗入存有物质。疾病已是死亡的一部分，是病态的物质。法布尔说①，死亡在我们受折磨的身体内，有它"确实而物质化的生存保证"。

法布尔详细分析了物质的分解过程，即使最坚固之物也无法避免。与生命硫相对的，是与自然对立的硫。

砷（Arsénics）、雄黄（Réalgars）、景天草（Orphins）、桧树脂（Sandaraques）——这些词本身就是悦耳的亚历山大体音节诗！——就是如此。

同样，所有"炙热的毒液，无论它属天、属气、属水，还是属土"，都是发烧的质料。

同样，"死亡水银"在我们生命之初，就开始了它的分解工作。它是"生命之盐的根本之敌，它向盐宣战"，"渗透、腐蚀、毁灭万物的坚固，让它们变得稀烂，变成液体"。被这种冰冷的水银淹没，存有自己也从深处被湮没了。兰波说："和着多水的蔬菜，我们也把热病吃了下去。"

有一种反-自然与自然争斗着，这是内在的斗争；它在最结实的物质内发展起来。

---

① 法布尔（Pierre-Jean Fabre）：《化学奥秘概述》（*Abrégé des Secrets chymiques*），Paris, 1636, 第91页。

为了更好地理解这种内在的反-自然，需要重新捡起炼金士的内在梦想。首先要记得，矿物有矿物的生命，自帕拉塞勒斯以来，这种矿物生命对人类生命的作用，就已被单独考察。人的身体，成为实验工具，它是曲颈甑，是一个巨大而缓慢的蒸馏罐。最有趣、最有价值的实验，在人体血管内进行。炼金士寻求可饮用的金子，而不是金条。他考察的是金子的隐喻，而不是金子的现实。极为自然地，炼金士把最大的价值赋予最大的隐喻——青春之水的隐喻。

这些价值会脆弱到什么程度？一种化学物质彰显出卓越的药用价值，它暗藏的又是怎样的背叛？药剂若有反作用，它就必须负责任。衰微的人体，不会受到指控。水银药水中，不小心滴入了水银毒水。① 只要"火炉"背叛了自己的职责，只要可饮用之金再也无法点燃一颗衰竭之心，生命之硫就立马被腐蚀为死亡之硫。

人的身体内在性，如此参与着矿物价值的确定过程。我们不应惊讶于物质反-自然的人性化。自然在人体内，它通过人，生成变化为反-自然。对许多炼金士来说，死亡的物质元素，在人类原罪之初，就与生命元素融在一起。人的原罪把蛀虫放进了苹果，因此，世界上所有的水果，无论是它们的现实还是隐喻，都被破坏了。毁坏物质渗入了万物。肉体从此成为存在自身的罪。

肉体已是一个质化的地狱，一个被分裂、被干扰的物质，不断争吵着。这个地狱般的肉体，在地狱中有它的位置。法布尔说（前

---

① 贾里（Alfred Jarry）：《抽象推理》（*Spéculations*），Charpentier 版，1911，第 230 页。"语言严谨记录了被经验证实的真理，但在时间长河中，语言又成了真理的极佳伪装，生造出一些取悦于人的谬误来，在'同源对偶词'中放入了悖论的两极：比如'poison'（毒药）和'potion'（药水）。无数天真的灵魂造就了这个令人生畏的流行词，用来指称那些会让人上瘾的药物，让人每天想碰又不敢碰……"

揭，第94页），地狱里头聚集了"所有疾病"，那是被折磨的质料，而不是折磨本身。"无法想象的悲惨与混乱"统治着地狱。物质地狱，确切说来，是反-自然的硫、外来潮湿与腐蚀盐的混合。矿物兽性的全部力量，在这个地狱物质中搏斗着。藉由恶的质化与本体化，我们看到了正发挥作用的物质隐喻的奇怪强力。它涉及的正是抽象-具体的形象，这些形象拥有我们通常用数量来表征的强度。它们对准疾病的中心，将痛苦凝聚起来。人物化地狱，图画地狱，恶魔地狱，这些仅是粗俗想象。炼金士，在他的冥想与书籍中，相信把魔性物质隔离开来。而真正的炼金士必须拥有伟大的心灵。他把收集怪物精髓的任务留给了女巫。正因为此，女巫仅涉猎动物和植物领域。刻在有毒矿石上的恶的最大奥秘，女巫一无所知。

五

内在不和谐的所有形象，存有分解过程中诞生的能动之力，那些让存有想摆脱旧日之我的有原创反叛能力的梦想，若深究起来，将没完没了，只能略带提过。本书仅想指出从质料悲观主义视角考察的深在性。我们想告诉人们，敌对梦想拥有极内在的能动性，能以一种矛盾的方式，捕捉住单质或元素的分解运动。对质化愤怒的想象，能在物质内部激起反-物质的形象来，以至物质必须坚持住，好与藏身于其存在内部的敌意物质对峙。炼金士，能将自己所有的梦想物质化，懂得挫折与希望，获得真正的元素-抗体。这种辩证，不再满足于亚里士多德式的品性对立——它寻求与物质相联的各种力量间的辩证。换句话说，辩证想象在继续第一种梦想的同时，已不再满足于水与火的对立——它寻求更深的不和，物质与物质品性的不合。冰冷的火，干燥的水，黑色太阳，这些物质形象在炼金类书籍中很是常见。它们仍然在诗人们的物质遐想中存在，虽已不那么明晰与具体。这些物质形象首先体现为想与外表顶撞的愿望，而后又用根本的内在不合来保证这一对立。存有追随这样的梦想，寻求的首先是一种原创举止，准备接受理性知觉的所有挑战，而后成为这种原创性的猎物。它的原创性，仅是一道否定程序。

喜欢根本对立形象的想象，在自身植入了施虐与受虐的双重性。这种双重性，精神分析学家了如指掌。但是后者仅考察它的情感层面与社会反应。想象走得更远；它做出哲学思考，最终发展出一套善恶分明的物质论，万物的物质实存成为紧张搏斗与敌意发酵的场所。想象提出了一套斗争实存论，存在呈现为反-自我，它把刽子手与受罪者叠合起来：一个没有时间沉湎于施虐的刽子手，一个不会在受虐中沉沦的受罪者。永无憩息。物质自身没有这个权利。人肯定内在的动荡。追随这些形象的存在，能体会到一种鲜活状态，并非不让人陶醉：纯粹的激动。这是真正的蚁窝。

六

仅有关于黑暗一点想象，内在激动的一大因素就活跃起来。我们若藉由想象进入万物内里封闭的这个黑夜空间，能真正体会到它隐蔽的黑暗，那我们就能发现不幸之核。上一章中，我们更多提到奶的神秘黑色的平静，它也是深在不安的标志。下面简要指出类似形象的敌对特征。如果能把黑色形象、本质为黑的形象汇总并归

第二章　喧嚷的内在

类，那么我们就能组构出一套合适的文学材料，来补充罗夏测试*用到的图形材料。可惜我们过晚地了解到宾斯万格**还有库恩***对存在精神疗法****、罗夏测试的研究。这些研究仅能在另一本著作中用到。接下来将做出几点概要论述，以结束本章，这或能为我们的考察指引出一个新的方向。

罗夏测试用到的十个图板，各有一簇隐秘的浓墨，常给人带来"黑色的刺激"（Dunkelschock），也就是说能彰显出深在的情感。一滴内里复杂的墨，只要它在深处梦想，就能将我们置于黑暗的境地。心理学家们拒绝将物质想象心理学用作形象心理学的补充，这无法不让人震惊。能追随梦想尤其是能评判梦想的存有，无法停留在形式的周边。由于一点点内在的呼唤，他就进入到梦想的物质中，渗入到幻想的物质元素中。他从黑色墨迹读到的，是胚胎的强

---

*　罗夏测试（l'analyse rorschachienne），又称罗夏墨迹测验，罗沙克测验等，为瑞士精神病学家罗夏（Hermann Rorschach, 1884-1922）于1921年所创，准备一系列墨渍偶然形成的模样图板（共十个），让被测者自由观看，并说出其所联想的东西，主持测试者记录下被测者每次的反应时间、反应内容等诸项反应符号，而后进行分类分析，以对被测者人格特征做出诊断。——译注

**　宾斯万格（Ludwig Binswanger, 1881-1966），瑞士精神病学家，思想与荣格接近。——译注

***　库恩（Roland Kuhn, 1912-2005），瑞士精神病学家，有不少著名的科学发现，但其在瑞士精神病医院的临床实验因人道问题引发后世争论。——译注

****　存在精神疗法（Daseinsanalyse），由瑞士精神病学家宾斯万格与博斯（Medard Boss, 1903-1990）所创，一种从精神分析、哲学与现象学发展出的精神疗法，以海德格尔（Martin Heidegger, 1889-1976）1927的《存在与时间》为思想根源。

在几位法国学者的推动下，"法国存在精神疗法研究所"（École Française de Daseinsanalyse）于1993年成立，后附属于巴黎胡塞尔档案馆（Archives-Husserl de Paris），每次的讨论会则在巴黎高师（ENS Rue d'Ulm）进行。研究所网页为：http://www.daseinsanalyse.fr/。——译注

力,是蛆虫无序的躁动。黑暗是流畅的、物质化的。夜晚物质的遐想,随之而来。对一位名副其实的物质内在梦想者来说,只需一点阴影,就能唤出整个黑夜的无尽恐惧。

我们在文字中继续孤独考察时,常会生出对精神病学家的羡慕,他们每天都能碰到新"病例",有完整精神状态的新"病人"不请自来。而我们的"病例",仅是在某段文字角落发现的一些极其细微的形象,或是一段出乎意料的超乎现实描述之上的孤立文字。我们的方法尽管能找到"病例"的机会不多,但也有它的优势,即我们只有表述这一个问题要讨论。我们拥有对表述主体——或更进一步,对想象表述的主体,对把责任隐藏到诗歌表述的主体——进行心理分析的方法。如果能努力坚持下去,我们就有可能将表述世界作为一个自足世界来考察。我们将看到,这个表述世界,有时能帮助人们从存在精神疗法的三个世界中解脱出来:(周遭世界),Mitwelt(人际世界),Eigenwelt(个体世界)。这里至少可以找到三种表述世界、三类诗歌的区别。比如,就宇宙类诗歌而言,我们可以看到它如何将人从现实世界,从围绕、包裹、压迫的周遭世界中解脱出来。只要将形象上升至宇宙层面,我们就能看到,这样的形象,能为我们带来快感,带来创世神的感觉。若考察宾斯万格与莫莱诺*的研究,或许可做出以下结论。个体世界、个人幻想的世界,

---

* 莫莱诺(Jacob Levy Moreno, 1889-1974),原籍罗马尼亚的美国精神病科医生,最早开始社会分析学(la sociométrie)研究的学者之一,该项研究一方面从社会学角度来研究社会现象,另一方面从精神分析学角度尝试一种群体精神疗法。1934年,莫莱诺出版了 Who Shall Survive?(《谁能活下来?》)。该书后成为该领域的参考书,作者在书中借助色彩、形式等图画规则,用社会图画(le sociogramme)来代表个体与群体之间的关系。——译注

可与心理剧相联。人际世界(Mitwelt)、人际之间的世界,可与社会剧(le sociodrame)相联。周遭世界,所谓现实世界、被感知的世界,则需用物质想象的原则来研究。从而可以建立一种独特的精神结构,可称为宇宙剧精神结构。梦想之人将改造世界,他的房间可生发出异国情调,他在质料战争中完成英雄般的任务,他参与内在黑暗的争斗,加入染色的对抗。他在形象的细节中,克服所有"黑色刺激"。

需要整整一本书,来描述这些喧嚷内在的战斗。下一章将集中讨论两个形容词之间的战争。我们将看到,这种简单的辩证能为想象的存在带来欢快情调。

第三章　质的想象：生命律动 分析与情调化

"写作，就是直截把自我过度暴露。"

——米肖：《行动的自由》，第41页

一

所有与想象相关的心理描述，都从这样一个假设出发，即认为想象或多或少忠实重塑了人的感觉；感觉从物质实存中察觉出的，若是一种敏感品质，一种口味，一道气味，一个声响，一种颜色，一个有教养的人，一个丰满的圆，那想象往往无法超越这些最初经验。想象必须在品质领域评注。因为这个不可辩驳的假设，人们把一个起决定作用的长久角色赋予了对品质的认知。实际上，各类本体的品质问题，早已被形而上学家或是心理学家从认识层面解决了。存在问题显露时，对存在的品质描述，依然停留在名人、可靠之人、老道之人之上。品质是我们对一种实存的认知。人们虽爱把内在德性及新鲜直觉附加在这种认知上，但又希望品质在彰显存在的同时，又能为人所知。一分钟的经验，让我们得意不已，仿佛获得了不可摧毁的认知。我们将这种认知看成最可靠的辨认基础。口味与回忆，能让我们辨认出自己想要的食粮。如普鲁斯特一样，我们赞叹着附在物质深处的最简单的淡雅回忆。

现在我们满怀喜悦地品尝着当季的水果，这简直可说是感官的朝贡；若再想象出一堆可夸耀的东西，那么感官愉悦就会变成言说愉悦。品质想象似乎立即来到了现实边缘。我们心怀喜悦，用歌声来抒发这种情怀。抒情诗般的沉醉，更多地是对狄奥尼索斯沉醉的模仿。

可在我们看来，理智与传统的这种批评，无法认识到我们对所爱物质深情拥护的意义与功能。简而言之，积极与原初的想象，必须捍卫品质幻觉的存在主义、品质形象的现实性，甚至捍卫多样品质的新颖之处。按我们的论述习惯，须提出品质想象价值的问题来。换句话说，品质为讨论伟大增值提供了好机会：品质让人狂热的价值，不久将取代对品质的认知。一种质料，只要我们爱它的实存，夸耀它的品质，就能透露出我们整个存在重焕生机的消息来。想象的品质告诉我们，我们是有资格的主体。想象领域之所以能覆盖一切，之所以能超越感知品质领域，是因为主体的重焕生机彰显为两个最辩证对立的层面：过度表现或凝神冥想——万分殷勤的人或沉浸于细微乐趣的人。

这样，在研究品质形象主体价值问题时，我们必须说服自己，品质意义不再是最重要的问题。我们身上的品质价值是纵向的；相反，品质意义取决于客观感觉背景——它是横向的。

单单对想象品质心理问题的研究，就足以掀起一场哥白尼式的想象革命：与其到整个客体中寻找物质深在标志的品质，不如考察投身想象之主体的完全参与。

波德莱尔的通感，教会我们如何将关联品质赋予所有感官。但是，这些关联是在意蕴层面、在象征氛围中，发展起来的。被想象品质的学说，不仅需要完成波德莱尔的通感综合，为之加入最深刻、最隐蔽的有机意识，还须提升出一种丰富、大胆、喜欢不定性的感性主义。没有这些有机意识，没有这些感性的疯狂，通感就有变成回顾性观点的危险，会将主体置于冥想状态而不管，会剥夺主体的参与价值。

想象的幸福若能延长感觉的幸福，品质就会变成价值的积累。想象领域，若无多价性，就没有价值。理想形象必须调动我们所有的感官来吸引我们，必须超越感官，唤起我们身上最明显的参与元素。这正是通感邀请我们加入多样生活、隐喻生活的秘密。感觉仅是孤立形象的偶然因素。丰富形象的现实原因，正是想象；借用上本著作中提到的功能二元性的说法，我们认为，真正激活心灵的是非现实功能，现实功能则是停止、抑制的功能，将形象简化，仅赋予形象简单的价值标志。所以，考察感觉的直接材料的同时，也必须注意想象的直接给予。

言说感、夸耀感、文学感，还有什么能比这些更好地让我们追随非现实冲动呢？

对表述意识来说，第一个好处就是拥有一个形象，这个形象甚至在表述中拥有巨大价值。

一个会表述的意识！还会有什么？

二

价值辩证能激活品质想象。想象一种品质，就是将新的价值赋予品质，就是超越或反对感官价值与现实价值。想象能让感受更细腻，能让模糊感受（颜色、香味）释放出来，来欣赏色调与芬芳的细微差异。我们在同一物中寻找它物。

若从文学想象角度出发，提出品质想象的问题，这种哲学或许会更明晰。一种感觉激发出另一种感觉的例子，很容易找到。有时，一个名词会因两个反义形容词的使用，而更具感染力。实际上，想象领域内，仅有一个形容词的名词有何用处？形容词难道不会马上被名词吞没；形容词如何来抵制？单一的形容词，除了让名词沉重外，可有其它作用？说一朵康乃馨是红的，只是指出了红康乃馨而已。丰富的语言会用一个词将它道出。在红康乃馨面前，需要道出"康乃馨"和"红"这两个词的言外之意，才能转呈出红色气味的嘶鸣。谁能向我们道出嘶鸣的粗暴？在这朵娇傲的花面前，什么能激起想象的施虐与受虐？——红康乃馨的气味，甚至视觉都无法忽视它的气味，能带来直截反应：要么让它闭嘴，要么爱上它。

不知多少次，作家们想让遥远的对立语词彼此亲近，以至于喜欢用意义相反的限定词来形容同一个名词！如阿尔朗的一部作品（《艾田娜》，第 52 页），精确再现了人物的心理双重性，事件甚至（我们将看到）语词自身在双重性中颤动，书中一位年轻妇人"用一副妙嗓子，唱着老农妇喜欢的半天真、半猥亵的情歌"。需要真正的灵活，才能维持住心理均衡，作家用到两个并行的形容词，每个都只含一半的意蕴：半天真，半猥亵。面对这种变幻不定的细微差异，精神分析有教条化的危险。后者会很快指出这是一种虚假的天真；只需一点半猥亵的暗示，它就以为揭示出全部暗含之意来。作者并不想如此；他要肯定持重的天真，那是清新无瑕的蓬勃之源。需要追随这种天真，认识到形象的均衡，要倾听这位用妙嗓子唱着老情歌的年轻妇人。我们就有可能体会到两种对立欲望的节奏化，暧昧的存在处在其中，既模棱两可，又作着双重表述。

可惜我们在此无法展开道德品质的研究，后者倒能轻易提供许多双重表述的例子。我们的考察仅以物质品质为对象，在对两种对立品质的情调化想象中有其优势，这两种对立品质依附于同一种物质或同一种感受。

苏威*的《美食》中有一位议事司铎**，他吃着"火鸡蛋，蛋用鹌鹑油小炒，还淋了小龙虾酱汁"。他无比享受，喝着"一道干涩而柔和的酒"（1864年版，第232页）。这种酒喝起来口感干燥，但对思想来说则是柔和的。好吃者却说："这酒！入口即化！"这则例子让我们看到隐喻实现的特征；手感干燥的东西与手感柔和的东西，彼此矛盾，毫无宽容，一块粗糙的绒布不会老实承认自己的商业价值。贫瘠的手感一旦变为丰富的口感，形容词就巧妙了。"写下的"酒，有着似是而非的细腻。我们将给出其它例子，虽然离感性领域更远，却依然有说服力。感性最初状态的矛盾，似乎无法包容，可

---

* 苏威（Eugène Sue，原名 Marie-Joseph Sue，1804-1857），法国作家，其两本社会学小说很有名：《巴黎之谜》（*Les Mystères de Paris*）和《流浪的犹太人》（*Le Juif errant*）。——译注

** 议事司铎（chanoine），基督教神职人员。——译注

第三章　质的想象：生命律动分析与情调化

一旦转换感官，就立马变得活泼起来。雷尼埃尔*在《雅思培的拐杖》中谈到"黏稠光滑的"海带（第 89 页）。触觉，若没有视觉，是不会将这两个形容词联在一起的，视觉在这里是形而上层面的触觉。

像洛蒂**那样拥有视觉禀赋的伟大作家，知道如何从光影冲突出发，用简约的表述，使冲突更尖锐。比如，刚向我们展示了"刺眼的光芒，撞在巨大而坚硬的阴影上"，他就立马用"炽热的灰与火红的褐的音阶"，让这撞击发出声来（《烦闷之花》，"苏莱玛"（Suleima），第 318 页）。灰被赋予尖锐的热，把迷失在沉闷阅读中的读者唤醒，这正是娴熟书写艺术的效果。洛蒂炽热的灰，是我阅读经验中遇到的唯一一个真正具有挑衅性格的灰。

下面是一则想象辩证解读的声音例子。莫泊桑听到藏在柳树下的河流声，他听到的是"一道巨大的声响，愤怒而温柔"（《小洛可儿》，第 4 页）。水隆隆作响。这是责骂，还是一道声音？这股低沉的呢喃有善意吗？是田野的声音？作家笔下的悲剧，正发生在河流旁的浅沟小径。在一篇近乎完美的叙述中，世界上所有的存在，乡野的所有声音，对想象的人来说，都是既熟悉又有敌意的，好比古罗马肠卜祭司眼中祭献者的肝。愉快的河流，那一天道出的，是受害者的焦虑。一位喜欢缓慢阅读的读者，可于字里行间梦想。在温柔的呢喃与深情的愤怒间，被孤立标记堵滞住的印象流动起来。真正的心理学家，能在人的心里，找到情感的对立联合体，以置换笨拙的双重性。只提到存在充满激情、爱恨交加，这还不够，必须

---

*　雷尼埃尔（Henri de Régnier, 1864-1936），法国作家、诗人，风格接近象征主义。——译注

**　洛蒂（Pierre Loti，原名 Louis-Marie-Julien Viaud，1850-1923），法国作家、海军官员，其大部分作品取材于作者丰富的旅行经历。——译注

在更有蕴意的印象中,认识到这种双重性。如高德纳*,他在《黑风》中,将确切的双重性加倍。他的一位主人公说:"我在自己身上感到同等的温柔与暴力。"一条罕见的总结,高德纳的这本小说道出了全部真相。

所以,一定要明确区分文学中的两种形容词:希望准确描绘物体的形容词,能激发出主体内在性的形容词。当主体把全部身心都交予他(她)的形象时,他(她)就是以古罗马肠卜祭司的意志来接近现实。主体要到客体、物质、元素中,去寻找警告或建议。这些声音不清晰。它们保留了谕言的模糊性。占卜物什之所以要藉助细微矛盾的形容词来表达,原因正在此。雷尼埃尔有一则短篇①,在很多方面显然受到埃德加·坡**的影响,作者想起一个声音,音节"仿佛清澈夜水晶的撞击声"。夜晚,清澈!多么温柔含蓄的忧愁情调!诗人,在追随遐想的同时,体会到清澈与夜晚的阴影,抵达另一深度,"柏林中的一道泉",我从未见过这样的风景,看到它,肯定会不寒而栗……噢,是啊,我知道那天我为何没有继续读下去了……

三

再重复一遍:形象的能量和生命,并不来自客体。想象,首先

---

* 高德纳(Paul Gadenne, 1907-1956),法国作家。——译注

① 雷尼埃尔(Henri de Régnier):《雅思培的拐杖:柜中手稿》(*La Canne de Jaspe. Manuscrit trouvé dans une Armoire*),第 252 页。

** 埃德加·坡(Edgar Poe, 1809-1849),美国诗人、小说家。——译注

第三章 质的想象：生命律动分析与情调化

是情调化的主体。主体的情调化，似乎有两种不同的能动性，或产生于整个存在的张力，或相反，产生于某种完全放松、完全友好的自在状态，准备参与到有细微律动分析的形象游戏中去。鲜活状态的跳跃与颤动，呈现为两种完全不同的能动类型。

先来看看在张力下变得极端敏感的存在。微妙的通感出现在不同感觉的心灵之巅，而不是心灵底部。曾在漆黑夜晚激动等待过心上人的人，会明白此点。紧张之耳想看。先在自己身上做个试验，而后就能理解沉静之耳与紧张之耳的辩证：紧绷的张力要到声音之外寻觅，而沉静之耳安逸自在。哈代①有过这种敏感的超验经历，并清楚记录下来。"注意力高度集中，以至他的耳朵似乎既能听，又能看。仅能在类似时刻见证到这种能力的扩张。科托医生有耳聋症，据他自己说，经过长久训练后，在激动状态下，他的身体敏锐得能感受到空气的振动，如耳朵听到声音，他的身体能听到空气。"这些说法的真实性，姑且不谈。对我们的研究来说，只需对之加以想象。只需如哈代这样伟大的作家将之用作有效形象，就可以了。巧的是，洪堡也藉一条极妙的阿拉伯谚语提到这个原则："耳朵变成眼睛后，描述会更出色。"②

同样，胆小的人听到恐怖的声音，整个身体都会颤抖。可惜医学上对埃德加·坡听力幻觉的记录实在太少！医学解释往往忽视幻觉的辩证特征及其超越行为，把它们变得整齐划一。紧张之耳的

---

① 哈代（Thomas Hardy）：《返乡记》（*Le Retour au Pays natal*），法译本，第二部分，第156页。

② 洪堡（A. Humboldt）：《宇宙》（*Cosmos*），法译本，2，第82页。[译按]洪堡（Alexander von Humboldt, 1769–1859），德国自然学家、地质学家、探险家。

视觉形象，载着想象，超越静寂。解读感受的时候，现实的昏暗与呢喃旁，不会有形象出现。要在紧张想象的行为中检验形象。作家给出的敏感见证，要看它们能否作为表述手段，作为用最初形象与读者交流的方式。读《厄舍古厦的倒塌》的时候，要能感受作品中听力想象的纯粹性，要重新建构所见之物，将之与所听之物，与伟大梦想者所听之物紧密联系起来。如果梦想者说他听到昏暗颜色与浮动光芒的搏斗，这毫不奇怪。以全部的想象冲击性，来阅读描述死寂风景的最伟大的一则故事，我们将窥探到最敏感的人类竖琴的启示，这架竖琴从未因夜间活动的阴影物质而颤栗。

想象将最细心的感受带给我们，让我们体会到，品质是生成，而非一种状态。想象的品质形容词（除被想象外，它们又能被怎样），更接近动词，而不是名词。红（rouge），更接近变红（rougir），而不是红色（rougeur）。想象的红，因感受中遐想成分的轻重，变深或变浅。整个想象的色彩，成为一道脆弱的差异，短暂而不可捉摸。它吊着想固定住这种差异的梦想者的胃口。

这种不可实现的欲求，触及所有想象品质。那些对想象极敏感的作家，如里尔克、埃德加·坡、韦布*、伍尔夫，知道如何把握过多与过少的分寸。必须让读者通过简单的阅读，对书中描绘的印象感同身受。布莱克说："知足之人，必曾不知足"（《天堂与地狱的婚礼》）。纪德加了这条译注："从字面来说：如果你没有事先知道什

---

* 韦布（Mary Webb, 1881-1927），英国女小说家，三十多岁即离世。其父为热爱乡间生活的小学教师，她深受其父影响。出版最初几部小说后，她从伦敦搬到乡间，与同为小学教师的丈夫一道，刨土种菜。巴什拉曾多次引用韦布的作品，可见他对这位英国作家的喜爱。——译注

第三章 质的想象：生命律动分析与情调化

么是过多的话，你就不可能知道什么是足够。"现当代文学有许多过度形象的例子。普莱威赫*在《雾台》中写道："我画物后之物。看到游泳者，我会画一个溺水者。"想象的溺水者，决定了游泳者不仅要与水，更要与会杀人的险水搏斗。最激烈的搏斗不以现实力量，而以想象力量为对手。人是象征的悲剧。

普通感官不会在此失望，它重复着（用句老话）真正的诗人让人"共鸣"的东西。但是，"共鸣"这个词若有意义，过多就必须与不足呼应，不足必须马上被过多填补上。想象更新的感受，仅彰显出品质的强度。品质，仅在与想象生活的关联中，才能被重新体验。劳伦斯在一封信中写道（转引自德瑞勒**，前揭，第 212 页）："在充满各色音调、浓淡差异与布满倒影的世界中，我突然间捕捉到一缕色彩，它振动着我的视网膜，我用画笔蘸上这道色彩，写道：这就是色彩。"人们会觉得，无法用这种方法来描绘"现实"。我们踏进了形象宇宙层次，或更出色，我们成为被"想象"这个动词情调化的主体。

形象因其敏感性，可以不足或过多，但从不确定，它生存在战栗和节奏中。闪闪发光的价值是价值的节奏。[①] 对想缓慢体验、细细品尝这份快乐的人来说，这些节奏很慢。

文学想象在此以某种方式与形象的所有幸福感联合起来，并召唤着主体，一起来体会想象的愉悦，无论好坏。我们关于想象元素

---

* 普莱威赫（Jacques Prévert, 1900-1977），法国诗人，因其诗歌的口语风格，深为大众喜爱。——译注

** 应指德瑞勒（Paul de Reul, 1871-1945）编：《劳伦斯文集》（*L'Œuvre de D.-H. Lawrence*），Paris : J. Vrin, 1937。——译注

① 是否需要指出，这种节奏与物理学家所说的振动不同？

的研究,曾多次遇到深层语词的这种共鸣;藉贝克的说法,这些是毗邻之词:

> 水,月,鸟,毗邻之词。
>
> ——《亚当:智性生活》,1945 年 11 月

整株语言树因这些词颤动。词源学有时会提出异议,可想象不会在此犯错。这些词是想象之根。它们让我们下定决心,参与到想象中。我们因毗邻之词而变得偏袒,现实因素已不重要。

总之,想象现实主义同时造就了主体与客体。品质的强度,决定了整个主体的情调化。

然而,文学形象,因细腻精神而胜出,也能带来更轻盈的节奏,轻盈得如语言这株内在之树上颤动的叶子那般。由此,我们接触到评注形象的简单魅力,这个形象从叠合隐喻中获益,它在隐喻中获得意义与生命力。

雅鲁*的陈酒,就是这样一个美好的形象。那是一瓶"淡朴无华"的酒,有"叠合的酒香"。追随诗人的脚步,我们将认识酒的垂直度。"叠合的酒香"微妙至极,难道不是"回甘"之酒的反面?叠合的酒香告诉我们,物质本体的高度,能呼唤形象,呼唤那些更微妙、更遥远的形象。当然,这些都是文学形象:它们无法满足于单一的表述,渴求自我表达。如果把话语权交给这些文学隐喻,它们就能让整个语言动起来。在这点上,雅鲁实在让人兴奋,他将酒神精神日

---

* 雅鲁(Edmond Jaloux, 1878-1949),法国作家、文学评论家。——译注

第三章 质的想象：生命律动分析与情调化

神化*。他在没有减损狂喜的情况下，打开了纵情欢乐的大门。沉思酒的人，琢磨着如何将之表达出来。我们知道苏威为什么要创造出一个沉吟的喝酒者形象了（《美食》，第231页）："可以说，品尝酒香的同时，他沉吟了片刻。"无尽的形象游戏，由此开始。读者似乎被唤来继续作家的形象；他处于尽情想象的状态，作者给了他想象的全部自由。下面是完满绽开的形象：① "这瓶酒（1818年的奥莱阿提克**），朴素如拉辛的风格，也像拉辛一样，散发出几道叠合的芳香：真正的古典酒。"

我们在另一本著作中，曾讨论过埃德加·坡的一个形象：坡在某个漆黑夜晚饱受折磨，这个形象将埃德加·坡的不幸与德尔图良***风格的黑暗并列起来。如果再深入一层，就会发现，能表述出敏感品质的隐喻，往往出于文学大家之手。隐藏于物内的物性，不仅可表述，也可赞赏，这需要对语言的娴熟运用，需要一种风格。对一个客体、一种方式的诗意认知，将整整一套风格含涉进来。

另外，从很多方面来看，文学形象也是一个有争议的形象。写作，只能取悦于少数几个人，不会让多数人满意。文学形象接受对立批评。人们说它平庸，说它故作风雅。文学形象被抛入不和谐的品位甚至坏品位中。或饱受争议，或纵情表现，文学形象都是活跃的辩证，它将主体辩证化，让主体从中体会到无比的热情。

---

* 酒神与日神精神的讨论，主要见尼采《悲剧的诞生》。——译注
① 雅鲁：《逝去的爱》（Les Amours perdues），第215页。
** 奥莱阿提克（aleatico），原产意大利的黑葡萄品种，这种葡萄酿造的酒，芳香醇厚，酒色鲜明。——译注
*** 德尔图良（Tertullien，约150至160间–约220），基督教神学家、哲学家。——译注

第二部分

第四章　故居与梦想之居

"结婚吧，
但别与房子结婚。"
——夏尔:《伊普诺斯之叶》，
载于《泉》，1945 年 10 月，第 635 页

"顶着茅草，披着麦秸，房屋像大写的夜晚。"
——雷努*:《吠陀的吟咏与祈祷》，法译本，第 261 页

一

刚踏入记忆之屋，现实世界就立即消隐了。当我们提到故居，那座绝对私密的居所，那座教会我们内在意义的屋子时，街边的这些建筑算什么？那座屋子，已被遗忘，变得遥不可及，我们不再居住；唉！我们肯定不会再住进去了。房子仅是回忆罢了。它是梦中的一座房子，是我们的梦想之居。

---

*　雷努(Louis Renou, 1896-1966)，法国梵文学者与印度学者。——译注

> Häuser umslanden uns stark, aber unwahr, —— und Keines
> Kannte uns je. Was war wirklich im All?
>
> 四周房子矗立，高大却不真实——一个都不
> 认识我们。所有这些真实吗？
>
> ——里尔克：《致奥尔菲斯的十四行诗》，8，Angelloz 法译本

是的，还有什么比这更真实：用来睡觉的屋子，能在睡梦中忠诚梦想的屋子。住在巴黎时，我几乎从不做梦，这座几何方块，这个水泥蜂巢，这个装着铁窗板的房间，对属夜元素充满敌意。若要梦的滋润，我会去到那里，去到香槟区的一座房子，去到那些凝聚着幸福奥秘的房子里去。

所有的往昔事物中，或许只有房屋最能勾起我们的回忆，塞盖尔* 说，故居"留在声音内"，尽管这些声音都已消逝：

> 一座屋子
>
> 我独自前往
>
> 在那里
>
> 我唤起一个名字
>
> 沉寂与墙壁
>
> 把名字打了回来
>
> 一座奇怪的屋子
>
> 留在我的嗓音里

---

* 塞盖尔（Pierre Seghers, 1906-1987），法国诗人、出版家。——译注

第四章　故居与梦想之居

那儿住着风

我们被遐想攫取,仿佛住在形象内。里尔克在《布里基札记》(法译本,第230页)中这样写道:"我们仿佛在一个形象之内。"时间从四面八方流过,唯独记忆这座小岛岿然不动:"我有这样的感觉:房间内突然没有了时间。"遐想抛下锚,也在某种意义上,将梦想者固定下来。在《札记》另一处,里尔克提到了梦与回忆的感染性,诗人一生颠沛流离,曾在不知多少个不起眼的房间留宿,住过城堡、城楼、枞木屋,他却始终住"在一个形象内":"我以后再没见过那座奇怪的居所……我童年回忆里的那座居所,它不是一个房子;它已彻底倒塌,融进我的体内;这儿一间,那儿一间,当空悬着一段走廊,与那两间房都不通,好比一截碎片,留在我心里。居所中的一切,在我心中回荡:那些房间;那些向下缓慢盘旋的庄重楼梯;还有其它的楼梯;螺旋形的垂直楼梯井;我们在黑暗中摸索前行,好比血在脉中流动"(第33页)。

"好比血在脉中流动"！后文专门研究动态想象的走廊与迷宫的能动性时,将重新提到这个比喻。此处它是梦想与回忆内渗的见证。形象"分散"在我们身上,与我们"融为一体",就在我们身上;激发的遐想各有不同,要看这些遐想去往哪里:孤立的走廊,"框"着幽灵的房间,居高临下的楼梯,必须用庄严的脚步踩着,走到下面去寻找某些熟悉的东西。整个宇宙,在抽象主题与幸存者形象的毗邻地域活跃起来,隐喻吸着生命之血,消失在回忆淋巴里。

梦想者似乎为更遥远的身份鉴定做好了准备。他生活在封闭自我中,成为关闭装置,成为阴暗角落。里尔克的文字道出了这些奥秘：

"突然，一个亮着灯的房间，跟我打了个照面，它仿佛就在我体内，那么清晰……我本躲在里面，但窗板察觉到了我，悄悄合上了。等待着。有个小孩哭了起来；我知道母亲们在这些房子里有着怎样的威力；我也知道，无助的土壤会生出哭泣"（《无我的一生》，Armand Robin 法译本）。

我们看到，人若学会为事物加入合适的梦想重量，学会在遐想中居住，就能超越回忆。梦想之居这个主题，比故居更深刻。它能满足更遥远的需求。故居之所以能在我们心里扎根，是因为它满足了更深层（更隐秘）的潜意识暗示，远甚于简单的保护，甚于人生中第一道佑护的温暖和光芒。回忆之屋、故居，建立在梦想之居这座地窖之上。地窖内，是根须、依着、深处，是梦的延伸。我们"迷失"其中。它没有尽头。我们会在里面梦到一个欲望，一个形象，如同有时在书中遇到的那样。与其梦想往昔，我们梦想着本应发生的事，那本应使我们的内在遐想变得坚固的东西。卡夫卡曾梦见"一座小房子……就在葡萄园对面，路旁边……在山谷深处"。这座房子有"一扇小门，人仅能从门里爬进去，旁边有两扇窗户。整座房子是对称的，与课本里一样。可那扇门是用厚实木做的……"①

"与课本里一样"！注释梦想的书籍大庄园！为什么门木那般厚重？门后藏着哪条禁道？

雷尼埃尔仅用一个简单的句子，就为一座大住宅添上了神秘色彩："只有一道窄门通往里面"（《雅思培的拐杖》，第50页）。然

---

① 《卡夫卡来信》(*Lettre de Kafka*)，转引自布罗德（Max Brod）:《卡夫卡》(*Franz Kafka*)，第71页。

后作家颇为得意地讲述了进门的仪式:前厅里,"每个人都发了一盏点着的灯。没人陪伴,参观者自己走向公主的房间。一条长长的通道,中间交叉着楼梯和走廊……"(第52页)文字继续,作家描绘了一个传统的迷宫形象,后文将讨论……如果往前翻几页,就会发现公主的沙龙原来是一个搬来的岩洞。那是一间"明亮的圆厅,光透过玻璃墙射进来"(第59页)。接下来一页,我们看到了公主,"这位厄琉息斯启示者","住在孤独与奥秘的岩洞中"。这里略微提及梦想之居、岩洞和迷宫的感染性,为讨论憩息形象的同构性问题做准备。我们看到这里有一个遐想之根,是所有这些形象的唯一起源。

我们在乡间溜达时,有谁不曾突然有想住在那座"绿窗板房子里"的愿望?卢梭的文字为何那么贴切,那么让人喜爱?遐想需要它的退隐之屋,简朴,安静,孤零零地坐落在山谷里。居住遐想接纳现实提供的一切,它很快就将真实的小住处与远古梦想联系起来。这个根本梦想,正是我们所说的"梦想之居"。梭罗时常做着这样的梦。他在《瓦尔登湖》中写道:"生命的某个阶段,我们会有每个地方都可能是一座房屋遗址的感觉。我曾考察过乡下方圆约十几英里的一个地方,没错过任何角落……我想象自己陆续买下了所有的农场……无论坐在何处,只要基本的生活需求得到满足,风景就从我落脚的地方辐射开来。房子是什么?一个 sedes*,一把座椅?我发现许多地方都可以是房子。是的,我是说,我可以住在那儿;在那儿待一个时辰,一个夏天,一个冬天;任由岁月流逝,来到

---

* sedes,拉丁语,阴性名词,多义:1.椅子、凳子、座位;2.住所、居所、房子、故乡;3.地方、地点、位置;4.底基、基础;5.首都。——译注

冬日的尽头；看着春天来到。这个地区的未来居民，那些把房子安置在这儿的人，可以确信自己占了先。用一个下午，来规划家的布局：哪里是果园，哪里是树林和牧场；门前几棵高大的橡树或枞木可以留下，被雷电劈倒的树可以马上用。任由这地自生自灭，即使作荒地也好，要知道人会因拥有许多东西而富有，也会选择放弃一切。"我们一字不漏地引用了这段文字，意在指出梭罗作品中游牧生活与定居生活的敏感辩证。这种辩证为居住的内在性梦想带来流动性，却又未阻碍后者的深在性特征。其它的段落，展示了梭罗对基本梦想所具的素朴特征的理解。茅屋，比西班牙的任何一座城堡，拥有更深的人性涵义。城堡并不结实，茅屋却能把根扎下。①

想象之屋真实存在的一个例证就是，作家相信自己对童年之屋的回忆能唤起读者的兴趣。只需轻轻一笔，就能触及梦想的共同底基。杜哈梅勒*描绘他熟悉的一座房子的第一句话，就马上吸引了我们："稍经争辩后，我得到了最里层的那个房间……要穿过一条长长的走廊，才能走到房间，那是条典型的巴黎式走廊，狭窄、闷人，黑咕隆咚有若古埃及石墓地穴。我喜欢最里层的房间，它们要走很远才能到，让人有隐匿起来的感觉。"②毫不奇怪，从"最里层的房间"看到的风景，继续着深层感受："透过房间窗户，我看到了一个大坑，一口不规则的宽井，井四周砌着笔直的墙。在我看来，这既像斧头隧道*，又仿佛帕迪拉克峡谷，在有些晚上的宏大梦境里，

---

① 梵高（Van Gogh）在给他弟弟的一封信中说道："最穷的陋室，最肮脏的角落，我都能看到画作与图画。"

* 杜哈梅勒（Georges Duhamel, 1884-1966），法国医生、作家、诗人，1935 年入选法兰西学院（Académie française）院士。——译注

② 杜哈梅勒：《我的那些幽灵》（*Biographie de mes Fantômes*），第 7-8 页。

又成了科罗拉多州的大炮，或是月球上的一个火山坑。"如何能更好地传达出原始形象的综合强力？只需一排简单的巴黎天井即可，这就是现实。这足以让《撒拉姆波》还有其中描绘月球地形的文字，变得鲜活无比。梦走得远，因为它的根扎得深。作家帮我们降到自身深处；只要越过走廊的恐惧，我们也就都能爱上"最里层的房间"，并在里面梦想。

因为每个人心中都活着一个梦想之屋，它是我们从故居中遴选来的一个阴暗角落，一个隐秘房间。故居以最遥远的童年吸引着我们，因为它是流逝已久的庇护见证。没有这些，哪会有那么多梦想者执着于小屋的蕴涵，十九世纪文学哪会有那么多茅屋象征？当然，我们不应对他人的贫苦无动于衷，但我们不应忽视贫困之居的独特活力。苏维斯特在《布列塔尼的家》讲述了在木屐匠人的小屋中度过的一夜；小屋折射出伐木工生活的贫苦："可以感觉到，贫苦并没有影响他们的生活，他们身上有某种东西，帮他们抵御着贫寒。"陋室（pauvre abri），显然就是原始居所（premier abri），能马上发挥自己的庇护（abriter）功能。①

到这些遐想远方寻觅，就会找到宇宙印象。房屋是躲避处、隐

---

* 斧头隘道（le défilé de la Hache），公元前238年的雇佣兵战争，史称"锯子峡谷之战"，可能发生在今突尼斯（Tunisie）北部一座名为djebel Ressas（意为"铅山"）的山上。福楼拜（Gustave Flaubert）1862年刊行的历史小说《撒拉姆波》（*Salammbô*），称这次战役为"斧头隘道之战"（bataille du défilé de la Hache），应为此处用典出处。——译注

① 洛蒂：《烦闷之花：伊凡诺维提》（*Fleurs d'Ennui. Pasquala Ivanovitch*），第236页："他们的小茅屋，长满青苔，看起来跟屋旁的石头一样古老。橡树为屋子罩出一片绿荫，日光沿着它下垂。屋里低矮昏暗，被两三个世纪的柴烟熏得漆黑。我不知道，这贫寒荒凉的外表下，掺杂着怎样一种往昔的魅力。"

居地,是中心。象征彼此相联。我们会理解,大都市的房子,仅有社会象征。除拥有众多居室外,都市建筑几乎不扮演任何其它角色。它只会让人在房门与楼层间迷失。精神分析学家说,这种情况下,梦会把我们带到别人的女人甚至随便什么女人那里去。传统的精神分析很早就注意到这些事物的象征意义:走廊上成排的房间,那些成排自我显露的门,总是半开着,似乎欢迎任何人。这些都是小梦。它们未曾触及拥有宇宙强力的整全之屋的遐想深层。

二

整全的遐想之屋,是能让我们体会到所有内在梦想的唯一居所。它可独居,可两人合居,可住上一家人,但最好是独居。夜晚的梦里,我们总有一个独居的屋子。这是房屋原始意象强力需要的,沉思生活的其它魅力会随之而来。梦想者需要回到他的单人小室,真正的独居生活呼唤着他:

仅一间陋室
我一个人睡
………………
缩在内面
………………
听到自己的呼吸
我不禁打了个寒颤。
在那里我尝到了

第四章 故居与梦想之居

真实的自我味道；

什么都不用给，

那是属于我一个人的地方。

——罗曼*：《颂歌与祈祷》，第19页

然而，单人小室并不是全部。房屋是综合的原始意象，变迁的原始意象。地窖是岩洞，阁楼是鸟巢，房屋有叶子，有根须。这就是为什么《女武神》**的房屋是一个巨大梦想的缘故。这在很大程度上归功于屋中那棵穿透房顶的梣树。强壮的梣树是房屋的支柱："梣树是房子的中心点"，瓦格纳的法文译者如是说（第一幕）。树枝支撑着屋檐与墙，从屋中穿过。屋檐上，树叶笼罩，又成一重屋檐。这样的居所难道不分享树的生命？它仿佛被森林加倍的一个奥秘，承接着植物生命的四季，感受着房屋支柱内里树液的颤动。幸福的钟声敲响，宝剑呼唤着齐格弗里德，门上的木闩被春日唯一的宿命打开……

---

* 罗曼（Jules Romains，原名Louis Farigoule，1885-1972），法国作家、哲学家、诗人、戏剧家，法兰西学院院士。——译注

** 《女武神》（*La Walkyrie*），瓦格纳史诗歌剧《尼伯龙根的指环》第二联。这里的"房子"，指《女武神》剧中角色洪丁（Hunding，男低音）与其妻齐格林德（Sieglinde，女高音）在森林深处的家，屋内长着一颗大梣树。齐格林德在那里遇到她失散多年的孪生哥哥齐格蒙德（Siegmund，男高音），却不相识，两人相恋，齐格林德怀孕，生下齐格弗里德（Siegfried）后离世。齐格弗里德即《尼伯龙根的指环》第三联《齐格弗里德》的主人公。

梣树，学名Fraxinus：木犀科，落叶乔木；木材坚韧，供制器具；枝条可编筐；树皮称"秦皮"，中医用为清热剂；树可放养白蜡虫以取白蜡，也称白蜡树。梣树是月亮女神的武器，北欧神话中，该树贯通过去、现在、未来三界，是神话之中的世界树。斯堪的纳维亚神话中，世界由一棵梣树支撑着。

地穴为根，屋檐为巢，整全的遐想之屋成为纵向的人类心理模式之一。梦境象征学学生泰雅*认为，屋檐象征了做梦者的头和意识功能，地窖象征了潜意识（《梦境象征》，第 71 页）。阁楼的智性化，屋檐的理性特征，显然让它们成为躲避之地，我们将提供不少证据来论述。地窖作为潜意识象征领域的特征如此明显，房子一点点现出地层，一缕缕生活光亮也随之照进。

此外，若从上升生活与下降生活这两个简单角度来看，我们很快就会明白，"活在楼层间"，就是卡着生活。没有阁楼的房子，是一座无法升华的房子；没有地窖的房子，则是一处缺乏原始意象的居所。

楼梯是不朽的回忆。回到童年故居生活的洛蒂写道（《烦闷之花》，前揭，第 313 页）："黑暗已笼罩楼梯。小时候，我害怕在夜里穿越这些楼梯；亡灵似乎会从身后涌来，抓住我的腿，我总会在楼梯上焦虑地狂奔。这些恐惧，我记得很清楚；它们如此强烈，如此持久，一直延续到我觉得自己无所畏惧的年龄。"真的"无所畏惧"？作者却能如此清晰地回忆起童年的恐惧！

有时，只需几步台阶，就能在梦中挖出一个居所，让房间拥有肃重的气氛，邀请潜意识参与到深层梦想中来。埃德加·坡一则传奇中有这么一座房子，"人们总会碰到三四个要么抬高要么降低的台阶"。作家为什么要在《威尔逊》**（《新志怪传奇》，Baudelaire 法

---

* 泰雅（Ania Teillard, 1889-1978），德国笔迹学家、作家、梦境研究者，荣格与克拉基（Ludwig Klages, 1872-1956）的学生。——译注

** 《威尔逊》（*William Wilson*），埃德加·坡 1839 年 10 月刊登在《伯顿绅士杂志》（*Burton's Gentleman's Magazine*）上的一则小说，后收入《新志怪传奇》。戈达尔（Jean-

译本，第 28 页）这么一部扣人心弦的作品中，提到这些台阶呢？对明晰思想来说，台阶简直是微不足道的一个地面形状！但潜意识无法忘记这个细节。深层梦想被这样的回忆置到潜在状态。威尔逊这个带着低沉嗓音的怪物，须有一座不断给人深层感受的房子，这个人物于此生成，于此生活。这就是为何埃德加·坡在这则传奇中，仅用三步台阶就道出了微妙的深层差异的原因，如他在其它传奇中所做的那样。大仲马回忆童年的弗赛城堡时，写道（《回忆录》，1，第 199 页）："1805 年（大仲马出生在 1802 年）后，我就再没见过城堡。却记得到厨房去的时候，要跨下一步台阶。"在用几句话描绘了厨房的桌子、壁炉和他父亲的猎枪后，大仲马补充道："最后，壁炉那边是餐厅，要踏上三步台阶。"一步台阶，三步台阶，足够用来定义诸多王国了。通往厨房的台阶，要跨下；去往餐厅的三步台阶，要踏上。

然而，确切说来，如果能感受到阁楼与地窖的能动辩证生活的话，这些极微细的描绘将变得更加敏感，后者确实地固定住梦想之居的支柱。"十二岁时，我被关在一座阁楼里，在那里，我认识了世界，看懂了人间喜剧。我在地窖中学会了历史。"[①] 接下来看看，房屋上、下两极的梦想有何不同。

Luc Godard, 1930- ）曾在影片《疯人比埃罗》（*Pierrot le Fou*, 1965）中引述过坡的这则传奇；意大利电影大师费里尼（Federico Fellini, 1920-1993）、法国导演马勒（Louis Malle, 1932-1995）及法国诗人瓦蒂姆（Roger Vadim, 1928-2000），曾于 1968 年合作拍摄过幕间短剧影片《志怪传奇》，选取了埃德加·坡的三则传奇，包括这部《威尔逊》。——译注

① 兰波（Rimbaud）：《灵光集》（*Illuminations*），第 238 页。［译按］中译本可见：何家炜译，《灵光集：兰波诗歌集注》，北京：商务印书馆，2020。

三

　　对阁楼与地窖的恐惧，首先就各有千秋。孩子缠在母亲脚边，生活在房屋中层。下地窖与上阁楼时，他是否抱着同样的心情？从地窖到阁楼，是两个完全不同的世界。一边黑暗，一边明亮；一边是阴沉的声响，一边是清澈的声音。上方与下方的幽灵，嗓音不同，影子也不同。于两处驻留，焦虑的色调亦有别。很难遇到对上方、下方都无所畏惧的孩子。地窖和阁楼，可以是想象不幸的测试器，这些不幸，一生烙印在人的潜意识中。

　　我们仅想谈谈平静生活的形象，一座房屋中的平静生活，尽职的父母已细心驱走了屋内的魔。

　　如旧时一样，手里拿着烛台，我们下到地窖。地窖活门是地板上的一个黑洞；屋子下方藏着黑夜和清凉。无数次，我们在梦中下降到这堵塞的夜里！黝黑的墙上挂着灰灰的蜘蛛网。啊！墙怎么这般油腻？裙子上粘的斑为什么怎么都抹不掉？女人不应到地窖去。下地窖拿清凉的酒，是男人的事。好比莫泊桑说的（《奥利奥勒山》，3）："只有男人才到地窖去。"梯子那么陡，那么破，台阶那么滑！石阶走了好几代人，却从没清洗过。地窖上方的居所却那么干净，明亮，空气流畅！

　　然后还有土，潮黑的泥土，房子底下的泥土，房子的土。几块支酒桶的石头。石头下面，还有脏兮兮的鼠妇虫，*虫那么肥，却保持

＊　鼠妇虫，又名鼠负、负蟠、鼠姑、鼠黏、地虱等，椭圆或长椭圆形，扁平状，背部

着扁平体型（如多数寄生虫一样）！那么多梦，那么多念头，于顷刻间，灌满了一升酒桶！

  人必须曾在一座从土里长出的房子，一座扎根在黑土里的房子内生活过，这是理解梦想的前提，之后他/她就能带着无尽的梦，来阅读盖更描绘"压榨新房子"的这段奇怪文字（《布列塔尼地区》，前揭，第44页）："新屋盖好后，要用木屐把泥踩成坚固平坦的地基。沙子和煤渣混合，掺入橡木屑和寄生槲汁，一定要让镇上的年轻人来夯踩这种混合物。"整段文字向我们讲述了舞者的一致愿望，即以踩出平坦结实的泥地为借口，把恶运永埋地下。① 他们搏斗的，难道不是潜在的恐惧？房屋建在夯实泥土上，恐惧却在这庇护所内代代相传。卡夫卡也曾在一座地上的居所，住过整整一个寒冬。那是一座小屋，有一个房间，一间厨房，再加阁楼，位于布拉格的炼金士街*。卡夫卡写道（转引自布罗德，《卡夫卡》，前揭，第184页）："拥有属于自己的一座房屋，可向世界关上门，这真是一种奇怪的感觉：不是房间的门，也不是公寓的门，而是房屋的门；离开居所，就可直接踩到寂静街道上覆盖的雪……"

  阁楼上度过的是漫长的孤独时刻，还有各种各样的时刻，从赌

稍隆，触摸后会卷曲成球形，喜群居靠土暗处，尤其是挡住阳光的石头、砖头、花盆等物下。——译注

 ① 雷努（Louis Renou）载于《亚洲学刊》（*Journal Asiatique*，1939年10月）上的论文《吠陀屋》（*La Maison védique*）。他在文中指出，建吠陀屋之前，有一个"安抚地基"的仪式。

 * 炼金士街（Alchymistengasse），今金匠街（Golden Lane，捷克语：Zlatá ulička），位于布拉格城堡区，原为十六世纪鲁多夫二世（Rudolf II）城堡的守卫街区，十七世纪时因街上的金匠铺得名；有段时间，街上住满炼金士，故又称炼金士街。街上小屋林立，1950年代屋子都漆上了鲜艳明亮的颜色。——译注

闷气到沉思。阁楼是可以彻底赌气的地方，不用担心被人看到。躲在阁楼上的小孩，喜欢让妈妈着急：这个赌气的家伙，到底躲哪儿去了？

阁楼上还有无尽的阅读时光，不用为读书而读书。可以在阁楼里穿上祖父的衣服，戴上祖父的披肩和绶带。① 堆满杂物的阁楼，是遐想的博物馆！那里的老物件烙在孩童灵魂里，成为一生的牵挂。一道遐想，能重现往昔的家庭生活，重现祖先的青年时代。诗人只需四行诗，就能让阁楼的影子动起来：

阁楼的某个角落
我发现
影子活起来
动起来

——雷威尔第*:《多数时光》，第 88 页

阁楼是干燥生活的世界，经干燥保存下来的生活。② 看，椴枝**枯了，手一碰，即沙沙作响；挂在酒桶圈上的葡萄串，如美妙的吊

---

① 里尔克:《布里基记》（前揭），法译本，第 147 页。

* 雷威尔第（Pierre Reverdy，1889-1960），法国诗人，与超现实主义初期诗歌运动关系密切，对现当代法语诗歌有重要影响。——译注

② 愿与韦布（Mary Webb）在萨恩（Sarn）家阁楼生活的人，就能体会到节俭生活的涵义。[译按] 韦布的小说《萨恩》（Sarn），主要讲述了普露和她哥哥追求梦想的故事，以英国西南边远省区的一个古老的家族农场为生活背景。作者文笔细腻，充满灵性。主人公普露跟山谷中的巫师学认字，农忙之余，爱到阁楼享受一个人的幻想时光。

** 椴树（Tilleul），高大乔木，可达 20 米，叶片心形，有点像菩提树叶；花瓣 5 枚，白稍偏黄，有清香；果实球形。法国人爱摘取初夏盛开的椴树花，晾干后泡茶，有安宁、助睡之效。此处指采摘后晾在阁楼的椴树花或枝叶。——译注

灯，光泽照人……阁楼因这么多水果，而成为金秋十月，果实累累的月份……

故居的阁楼，如果正巧有一条陡峭的梯子，或挤在两道墙间的没有扶手的楼梯，那么，梦想者的灵魂里肯定会刻下一幅美好的图表。房屋因阁楼而有了独特的高度，它加入了鸟巢的空中生活。房子在阁楼里吹着风（吉奥诺*，《愿喜悦长存》，第31页）。阁楼的确是"轻盈的房子"，如邓南遮**住在朗德省一座木屋中时的梦想："树枝上的房子，轻盈，透亮，敏捷"（《死亡沉思录》，法译本，第62页）。

阁楼也是一个变幻的世界。夜晚的阁楼，让人惊恐。阿兰-傅尼埃***的妹妹就记下了这样的恐惧（《阿兰-傅尼埃印象》，第21页）："而所有这些，是白日的阁楼。夜晚的阁楼，亨利能忍受吗？他能忍受吗？他怎能独自呆在上面那另一个空间里？那里没有形式，没有界限，死亡的夜光，敞向千万个存在、千万个窸窸窣窣的声响、千万个窃窃私语。"阿兰-傅尼埃在《大莫纳》中，透过半开的门，又看到了阁楼（第7章）："整个晚上，我们都能感觉到三间阁楼的沉寂，笼罩着四周，一直渗入房间。"

---

* 吉奥诺（Jean Giono，1895-1970），法国作家，其大部分作品以普罗旺斯乡间为主题。——译注

** 邓南遮（Gabriele d'Annunzio，1863-1938），意大利作家。——译注

*** 阿兰-傅尼埃（Alain-Fournier，原名Henri-Alban Fournier，1886-1914），二十七岁早逝于一战的法国作家，仅留下一部作品《大莫纳》（Le Grand Meaulnes）（1913），据说是被翻译得最多的一部法语小说，受欢迎度比得上圣埃克苏佩里（Antoine de Saint-Exupéry，1900-1944）的《小王子》（Le Petit Prince）。

阿兰-傅尼埃的妹妹是Isabelle Fournier(1889-1971)，婚后随夫姓Isabelle Rivière，法国文人；其夫为Jacques Rivière(1886-1925)，阿兰-傅尼埃的好友，1919年至离世前一直是《法国新学刊》（La Nouvelle Revue française）主编。——译注

所以，真正的梦想之居无不在高处营造着生活；地窖在泥里，一楼是家庭生活区，二楼是休息的地方，屋檐下是阁楼；这样一座房屋拥有必须的一切，可将深层恐惧，将贴近地面的平庸的家庭生活，象征化并升华。当然，完整的梦想拓扑学需要更详细的考察，有时要讨论那些非常特殊的躲藏处：橱柜，楼梯下层，陈旧的木柴堆，这些都能为封闭生活的心理学提供建议性的图画。这种生活，必须在躲藏处与庇护所这两层对立意义上来考察。但是，为了与这里讨论的房屋内在生活保持一致，我们暂且将孩子藏身处弥漫的激烈情绪与恐惧放置一旁。这里仅也谈论积极的梦想，一生中不断回返，能生发出无数形象。可从事实总结出一条基本规律，把自己关起来的孩子，渴望想象的生活：梦想者所处的地方越小，梦似乎越大。好比德莱唐-塔尔迪夫*说的（《嫉妒的埃德蒙》，第 34 页）："最封闭的存在，是梦波放射源。"蜷缩在孤独中的梦想者与寻找无限遐想梦波的辩证，被洛蒂巧妙传递出来："孩童时，我把这儿的几个小角落当成巴西，在那里，我真有身处原始森林的感觉，内心充满惊悚"（《烦闷之花》，前揭，第 355 页）。给孩子一个孤独的地方，给他一方角落，就是把深层生活交给了他。罗斯金就在父母的大餐厅那个属于他的"角落"，度过了好几个时辰的封闭时光。① 他在回

---

* 德莱唐-塔尔迪夫（Yanette Delétang-Tardif，原名 Anne-Marie-Paule Delétang，1902—1976），法国女诗人、画家。——译注

① 于斯曼：《逆流》（*A Rebours*），第 15 页。"德森斯特在客厅建了'各种各样的巢'。"[译按]《土地与意志的遐想》中，巴什拉曾多次评述于斯曼这部作品。于斯曼（Joris-Karl Huysmans，原名 Charles Marie Georges Huysmans，1848—1907），法国作家、艺术评论家，西方现代主义文学转型中的重要作家，象征主义的先行者。该书中译本有余中先译，《逆流》，上海：上海译文出版社，2016。

忆青年时代时，曾对此缓缓而谈。从根本上来讲，封闭生活与纵情生活，是两种不可少的心灵需求。但在变成抽象公式前，它们必须成为心理现实，配有边框与背景。这两种生活，都需要房屋和田地。

真正盖在泥地上的乡村房屋，有院子，有属于自己的世界；城市中的房子，建在城市的地砖上，人们住在它的方格中。这两种房子拥有的梦想财富的不同，我们现在是否能感受到？这个铺着石板的厅间，箱子堆得比酒桶还多，难道是地窖？

这样，一位想象哲学家，也遇到了"回归土地"的问题。希望人们能原谅这位哲学家的无能，他仅能从梦想的精神学层面来研究这个社会问题；要是能邀请到诗人，让他们携着梦想，来与我们一起，建造有地窖与阁楼的"梦想之居"，就好了。诗人将为我们的回忆找到居所，把回忆放到房子的潜意识中，让它们与内在象征相融，而现实生活并不总能做到此点。

四

要想详尽论述受庇护意识的全部特征与背景，需要很长的篇幅。明晰感受几乎不可数。房子抵御着寒冷、炎热、狂风、暴雨，对我们来说，它很显然就是躲避所，这个主题看似简单，可每个人的回忆却千差万别。若把所有印象相联，把所有保护价值都罗列出来，我们就会承认，房子的确就是一个抵御的世界，或一个抵抗的世界。然而，人或许仅在最弱的保护中，才能感受到内在梦想的贡献。比如，想想黄昏时分亮起灯的房子，它抵御着夜晚，保护着我们。很快，我们就发现自己站在潜意识价值与意识价值的边界线上，感觉自己摸到了房屋遐想主义的敏感点。

下面来看一段材料,它谈到光芒的庇护价值:"如今,夜晚被窗户隔开了,窗户没有映出外面世界的精确景观,而以奇怪的方式将之变形,以致次序、固定性、土地似乎都摆到屋内来了;屋外则相反,仅剩下一方倒影,一切都流动起来,颤抖着,消失了。"伍尔夫注意到了亮灯房间与孤岛的类似性:黑暗海面上一座微光闪烁的小岛——一道遗忘多年的孤独回忆。灯下聚集的人,觉得自己仿佛是聚集在一个地下空洞或一个岛屿上的人类团体;人聚到一起,以"抵抗外面的流动不居"。他们汲取了屋内光亮的力量,抵抗着压抑的黑暗,有比这更好的说法吗?

  墙是玛瑙石,灯在上面闪烁……

——佩尔斯*:《风》,4

韦布在她的一部小说中(《影子的重量》),以极简单的笔触和至纯的梦想色彩,描绘出乡野间一座夜晚亮着灯的房子给人带来的安全感。亮着灯的房屋,是谧静梦想的灯塔,是迷失孩子童话的中心。"快看,远处有一道光依稀闪烁着,——就在那儿,很远,很远,如《小拇指》**童话里一样"(洛蒂,《烦闷之花》,前揭,第272页)。

---

  * 佩尔斯(Saint-John Perse, 本名 Alexis Leger, 1887-1975),法国作家、外交官,1960 年诺贝尔文学奖得主。——译注

  ** 《小拇指》(*Le Petit Poucet*),讲述了森林中一个樵夫家庭的故事。樵夫夫妇育有七个儿子,因贫穷无法抚养,屡屡狠心欲将他们弃在森林中。最小的儿子因为出生时个头小得惊人,被称为"小拇指",平常也最不为家人注意。可小拇指却勇敢机灵,在种种险境中救了自己和兄弟们。他甚至让抛弃孩子的父母回心转意,一家人最后过上

顺便指出，作家用童话形象来描述现实，没有提到任何细节。细节必须是深在感受的兼补。冬日夜晚，有谁的父亲不曾在全家人面前高声朗读《被拯救的耶路撒冷》*？又有谁不曾在读拉马丁的时候陷入无穷的遐想？有时字里行间氤氲着不知怎样一种梦想氛围，把我们置于梦想中。用哲学家的沉重语气来说，这份景象以遐想为先天条件，唤出深在梦想。但是，要想深入研究白昼与黑夜的想象辩证问题，必须从物质想象的角度来对之加以考察。这里仅想指出，房屋一旦成为夜幕降临的意识，成为可支配夜晚的意识，房屋遐想就凝聚到了顶点。这种悖论（却很好解读）意识，能让人身上最深层、最隐蔽的角落感动。太阳一落山，夜晚就在我们身上开始了。那些会将我们席卷的梦想，先被灯置在了一边，有些梦想已进入我们明晰的念头。房屋处于两个世界的中间。把所有保护梦想集合起来后，我们对此会有更好的领悟，会完全懂得韦布的这个想法①："对没有居所的人来说，夜晚是一头真正的野兽"，它不仅是一头在飓风中狂吼的野兽，更是一头庞大无比的野兽，无处不在，威胁无边。如果我们真的见过房子与暴风雨的对抗，就会跟斯特林堡一道

了好日子。《小拇指》原为民间口头故事，法国作家佩罗（Charles Perrault, 1628-1703）改写后收入童话集《鹅妈妈的童话》（Les Contes de ma mère l'Oye）。拉斐尔（Maurice Ravel, 1875-1937）曾选取佩罗《鹅妈妈的童话》的几则童话（包括《小拇指》）谱成曲，收在《鹅妈妈》（Ma mère l'Oye）曲集中。——译注

* 《被拯救的耶路撒冷》（La Jérusalem délivrée），意大利诗人勒塔斯（Torquato Tasso，法国人习惯称之为"Le Tasse"，1544-1595）1581年用意大利文写的诗歌。每段八行，共八十首，各首长短不一。讲述的是第一次十字军东征时，基督教骑士在Godefroy de Bouillon（1058-1110）的带领下，打败萨拉撒人（Sarrasins，穆斯林人旧称），并于1099年占领耶路撒冷的故事。——译注

① 韦布:《警觉的盔甲》（Vigilante Armure），法译本，第106页。

说(《地狱》,前揭,第210页):"整座房子剧烈颠簸着,仿佛一艘大船。"现代生活缓和了这些形象的强度。现代人眼中的房子,无疑是一方平静之处,注意,这其实是一种抽象的平静,真正的平静千变万化。现代生活恰恰漏掉了其中一种:宇宙层面的平静。我们的夜晚必须是人性的,这样才能与非人性的夜晚对抗。我们的夜晚必须被保护。房屋保护着我们。若不先写出房屋的故事,就无法写出人类潜意识的故事。

实际上,荒野中亮着灯的房子,是一个穿越了许多世纪的文学主题,可以在所有的文学材料中遇到它。亮灯的房子,好比森林中望到的一颗星星。它指引着迷路的旅人。天文学家喜欢说,一年当中,太阳住在天空的十二座房子中;诗人无尽地歌颂着灯光,将之喻为内在星辰的光芒。这些隐喻很是贫瘠,可是因为本体与喻体可交换的事实,还是让我们不得不承认它们的自然性。

一旦我们认识到房屋的中心特征,像窗户这样独特的主题,就获得了全部涵义。我们在自己家里,躲在屋内,看着窗外。乡野间立着的房子,它的窗户是一只睁开的眼眸,它凝望着平原、远方天际和外部世界,它有一层深厚的哲学蕴涵。人在窗后(不是在窗前),在小小的窗台后,在阁楼的天窗后遐想,房屋让他认识到外在世界的涵义,与内部世界完全不同,远远大于他所处房间的内在性。内在性与宇宙的辩证,似乎可用躲在窗内看世界的感受来描绘。劳伦斯在给一位友人的信中说(《书信选》,法译本,卷1,第173页):"窗梁、窗框,仿佛是打通内外的洞。石头砌的老房子,非常适合安静的灵魂。快被时间吞没的灵魂,透过这些窗拱,看着一个又一个晨曦的诞生……"

框内的遐想，居中的遐想，沉思者隐藏其中，沉思是他的目光，它们的价值，我们不知如何才能不高估。景观显得举足轻重，因为梦想者生活在无垠与内在的辩证关系中，存在者感受到外倾与安全交替的节奏变化。

接下来我们以圣皮埃尔[*]的一个形象为例，来讨论拥有强大的<u>中心固定点</u>的无尽梦想。作者在一棵空心树中梦想出另一株高大的树来^①——躲避处与憩息梦想的重要主题。"大自然的作品通常同时具有多重无尽性：如一棵大树，它<u>覆满青苔的空心树干</u>，让我们同时拥有无穷时间与无尽高度的感受。它是那些我们不曾经历过的往昔世纪的纪念碑。树又与周遭延展的无穷融在一起，透过它阴翳的树枝，我们望到无尽远方，敬佩之意由衷而生。树身上那些凸起的小圆丘，反衬着幽深的山谷与平坦的原野；它神秘的朦胧光线，与天空的蔚蓝形成对比，摇曳生姿；坚固的树干仿若巨石，它的厚重带来安全感，抚慰着我们不幸的悲伤；威严的树冠被风吹动，发出嘤嘤的低语，分担了我们的苦痛。一棵树，通身和谐，激发出某种不可言说的宗教感。所以普林说，树是诸神最初的庙宇。"

我们特地强调了其中的一句话^{**}，因为它似乎是保护梦想与放大梦想的源头。这株覆满青苔的空心树干，正是一个躲避处，一座

---

* 圣皮埃尔（Jacques-Henri Bernardin de Saint-Pierre, 1737-1814），法国作家、植物学家。——译注

① 圣皮埃尔：《自然研究》(*Étude de la Nature*)，1791 年版，卷 3，第 60 页。[译按]见法国国家图书馆网页该书数据版，收在《圣皮埃尔文选》(*Œuvres de Jacques-Henri-Bernardin de Saint-Pierre*, L. Aimé-Martin 整理编辑, Paris, Lefèvre, 1836, 第 125-587 页)中，https://gallica.bnf.fr/ark:/12148/bpt6k58190460/f136.item，共 14 章。

** 原文斜体强调，中文加着重点。

梦想之居。梦想者刚看到空心树，念头就已钻到裂缝里；他体会到一个原始形象的益处，清晰地感受到内在性、安全和母性的庇护。他就在树的中心，在居所的中心，他从这个内在中心出发，看到世界，意识到世界的无穷无尽。① 从外在看来，树姿态非凡，却没有一棵树会给人"无尽高度"的形象。要感受到这种无穷，首先必须想象空树干中存在者体会到的那种逼仄感。这里的反衬，比圣皮埃尔习惯阐述的那种对照感更基本。我们曾多次指出狭窄岩洞作为梦想住所的多重想象价值。树内的遐想无止无尽。因为我受到很好地保护，我的保护者是全能的。它挑战暴风雨，挑战死亡。这是作家梦想的整全保护：这里的树不是阻挡烈日的寻常荫凉处，也不是一个简单的遮雨盖。如果仅寻求实用价值，真正的诗人梦想就不会存在。圣皮埃尔的树是一棵宇宙树，好比伍尔夫的橡树。它召唤着对宇宙的参与。这是让我们变得伟大的一个形象。梦想的存在者找到了自己的真实居所。在空心树的深处，在空树干的中心，我们追随的是扎下根的无垠性梦想的脚步。这处梦想之居是宇宙之居。

以上描绘的是中心性梦想，梦想者以中心的孤独为依凭。一些更外倾的梦想，则会为我们提供热情房屋、好客房屋的形象。我们

---

① 在《金子与沉默的童话》(*Conte de l'Or et du Silence*) 中，卡恩(Gustave Kahn) 把一株空心树描绘成一个形象的中心："他自言自语，远处发出一个嘟囔声，回应着他。他来到一颗大树前，树半边爬满了长青藤，株株垂吊着；藤上花朵直立，似乎睁着眼睛看着他。长藤仿佛一群蛇，在他的头顶上，向他昂着首。他看到树中间有个大裂缝，缝里有个影子动了一下，影子好像盯着他。他飞奔到树边；什么都没有，只有一个洞，又深又黑……"一个吓人的住所。这个综合住所堆积了那么多形象，我们几乎在每一章中都曾遇到过。后面将有机会讨论这些综合形象。［译按］卡恩(1859-1936)，法国象征派诗人、艺术评论家。

可在《阿闼婆吠陀》①的某些诗歌中找到例子。吠陀屋有四扇门，分处东西南北四方基点，吠陀诗句如此吟咏道：

> 从东方，致敬屋子的高大！
> 从南方，致敬……！
> 从西方，致敬……！
> 从北方，致敬……！
> 从天底，致敬……！
> 从天顶，致敬……！
> 从四面八方，致敬屋子的高大！

房屋是一方宇宙的中心。我们在成为房屋主人的同时，也成为宇宙的主人：

"藉天地间的广大无垠，我以你的名义，承接下这座房屋；空间虚渺无垠，我把它做成一个大肚子，装着不竭宝藏，通过它，我收下屋子……"

这个中心凝聚着无数财富。保护一种价值，就是保护所有的价值。吠陀屋的歌咏还说：

> 索玛神（Sôma）的蓄水池，阿格尼神（Agni）的地方，妻子的住处与座位，诸神之座，你是这一切，噢，女神，哦，屋子。

---

① 亨利（Victor Henry）法译本，1814。［译按］《阿闼婆吠陀》（*Atharva-Véda*），印度古文本经典《吠陀》四卷之一，其它三部为《梨俱吠陀》（*Rig-Véda*）、《夜柔吠陀》（*Yajur-Véda*）、《娑摩吠陀》（*Sama-Véda*）。

五

梦想之居成为这样一个**形象**：它在回忆与梦想中，成为一种保护的力量。它不是回忆邂逅形象的一个简单背景。老房子已经消失，为什么还想重新住进去？因为我们通常在不自觉的情况下，感受到老房子的抚慰。房子曾保护过我们，对我们来说，它依然是一种安慰。居住行为掩盖了潜意识价值，潜意识却没有被遗忘。人们可以将潜意识压入地面，但它会重生，无法除根。潜意识超越了明晰印象和屋主直觉的粗浅满足感，它是更深层的梦想，是想扎根的梦想。荣格曾试图让一位在大地上流浪的无国籍者定居下来，出于精神分析的目的，荣格建议这位病人买一块地、一片树林，若有可能，最好买一座带有庭院的小房屋，希望凭借这些形象，让流浪的人有扎下根与停留下来的意愿。① 这则建议涉及的是深层潜意识尤其是梦想之居的原始意象。

我们想提醒读者注意的，正是这个层面。当然，其它的心理结构，也必须用与房屋一样重要的形象来加以研究。比如，若想考察形象的社会特征，就必须仔细研究波尔多*的小说《房子》。这份研究可以确定形象的另一个层面，即超我层面。这里的房子是家族财产。它的任务是支撑住整个家族。从这个角度看来，波尔多的小说

---

① 里尔克的这行诗透露的是流浪的怎样一种痛苦：
　　　Wer jetzt kein Haus hat, baut sich keines mehr.
　　　没有房子的人，也永远不会替自己盖房子。
* 波尔多（Henry Bordeaux，1870-1963），法国律师、小说家、散文家。——译注

就有趣多了，而不只在一个家族的父子矛盾上纠结：父亲任由房子成为废墟，儿子想让房子变得更坚固、更敞亮。沿着这个方向，我们将逐渐远离梦想意志，走向思考意志和预见意志。我们将进入意识越来越强的形象领域。然而我们只想考察那些更隐蔽的价值。因此就不花笔墨来研究以家庭生活为背景的房子了。

六

回归故乡的形象，指向同一个潜意识价值方向。如果把旅程与回归结合起来，旅程概念将拥有另一层涵义。古尔拜*不理解一位游子的漂泊："他要去东方的国度。他要到东方去！他难道没有故土？"

回到故乡，回到故居，其所有的遐想能动性，都被传统的精神分析定义为回归母性。这种解读虽合乎情理，却过于宽泛，过快地贴上了笼统解读的标签，在很大程度上忽视了能照亮潜意识心理细节的个体差异。具体研究每一个母亲的怀抱，考察形象间的替换细节，将很有意思。我们会发现，房屋有它自己的象征，若能将所有不同的象征阐发出来：地窖、阁楼、厨房、走廊、木柴堆……我们会看到象征的自主性，房屋会积极地营造自己的价值，将潜意识价值聚集起来。潜意识有自己中意的建筑师人选。

形象化的精神分析不仅需要研究表述价值，还需要探讨表述魅力。梦想主义既是凝聚的力量，又是分化的力量。那些能找到简单

---

* 古尔拜（Gustave Courbet, 1819–1877），法国画家、雕刻家，现实主义潮流主要人物。——译注

而新颖的形象的诗人心中,梦想主义活跃着,且起着双重作用。杰出的诗人不会在潜意识差异上出错。雅鲁为最新出版的米洛茨诗集写了一篇非常出色的序言,他指出,一首诗能以独特的明晰性,把回归母性与回归房屋区分开来。

> 我说:母亲呵。我想的是您啊!噢,房子!
> 童年荫凉美好的夏日之屋。
>
> ——《忧愁》

母亲与房屋,一行诗中出现了两个原始意象。只需沿着诗人给出的梦想方向,就能在两种运动中,体会到两个形象的替代。[①] 母亲,作为一个更强大的原始意象,也是所有原始意象中最强大的,倘若它抹去了其它原始意象的生活,那就实在太过简单。在溯往源头的过程中,首先遇到的是返回童年的道路,充满梦想的童年,渴望形象,渴望象征,好将现实加倍。母性现实,立刻因内在形象而多姿多彩。房屋之诗重拾起这项工作,它激活了内在性,重新找到憩息哲学的巨大安全感。

七

能妥当关闭并提供安全保护的房屋,它的内在性自然地召唤着更伟大的内在性,尤其是母亲怀抱还有乳房的亲密内在感。想象秩

---

① 没有水的故居存在吗?没有母性之水?卡恩(Gustave Kahn)如此写故居(《金子与沉默的童话》,前揭,第 59 页):"母性之居,我生命源泉最初的盛水盘……"

序中，价值懂得抛砖引玉。形象是一个增加精神内涵的词缀；被疼爱、被宠爱的形象是升值生活的保证。下面举一个精神因形象而升值的例子。费力奥扎特医生在《魔术与医学》（第126页）中写道："道家认为，胚胎为生命之源，找回处于胚胎中的精神状态，有益于长生不老。印度教也持同样观点，甚至持推崇的态度。1938年，印度著名的民族主义者、印度教智者玛拉维亚*，在一个'模仿母亲乳房的封闭而黑暗的'场所闭关，实验重生疗法，曾在印度掀起轩然大波。"总之，远离世界的隐居，过于抽象。隐居者并不总能找到这么一个可独居的房间，这个黑暗的"模仿母亲乳房的封闭"场所，这个舒适居所的隐蔽角落，这个秘密岩洞，在深深的地窖下藏着，能让生命重新萌芽。

扎拉对自由形象娴熟于心，却也踏上这条不归路。他见过"这座猎捕空虚和死路者的天堂，——不愿去别处，一心一意只想活在铁穴中，享受甜蜜的定居，人活在趋暗的人格中，在大地的庇护所中，在新鲜血液中……"我们在这座遁居中，找到了天堂-监狱的综合命题。扎拉还说（前揭，第113页）："那是一座监狱，由漫长的童年构成，受着太过美好的夏日时光的折磨。"

仔细看看那些始动形象，那些能阐明最初价值的天真形象，我们就会更好地回忆起那些大房子内的阴暗角落，那是我们"趋暗"人格的憩息中心，我们在那里找回前世憩息的回忆。又一次，我们看到，要想不费力地找到生命的原始安全感，房屋梦想主义需要在

---

* 玛拉维亚（Madan Mohan Malaviya，1861—1946），印度教育家、政治家，追求民族独立。——译注

大房子中拥有一座小房子。在那些小角落,我们重新找到阴影、憩息、安宁与青春。所有憩息之处都是母性的,我们也有不少其它例证。

八

踩着遐想的孤独脚步,在一座拥有巨大深层标志的房屋内,沿着阴沉狭窄的楼梯往下走,陡峭的台阶绕着一根石柱,盘旋着,我们很快就有下降到过去的感觉。对我们来说,没有过去不会不让人怀念,没有过去不会变得更遥远、更不确定,庞大的过去不再有时间,不再记得生命中的那些日子。

一切都象征化了。踩着梦想的脚步,下降到世界深处的居所,每步都是深层标记,我们也下降到自身之中。如果稍稍留意这一"下降"、这一"双重下降"过程强加给我们的缓慢形象,其有机性特征就不会不让我们吃惊。可惜很少有作家将它们描绘出来。因为文学意识拒绝它们,警觉意识抑制它们,这些有机特征又怎会出现在作家笔下。[①]然而,深层同源性会将这些形象强加给我们。反观内省的人是自己的约拿,下一章将讨论约拿情结的不同形象,到时我们将对此有更好地了解。在增多形象的同时,我们就能更好地看到它们共同的根源,以及它们的联合。我们将会理解,在憩息升值中自我表达的形象无法彼此分开的原因。

---

① 作家的文学意识,其实是文学批评的内在化。人们写作,或为取悦某人,或为反对某人。那些全然为自己写作的人,该多么幸福!

既然没有一位哲学家愿意承担起责任,来对鲸鱼-约拿*的综合辩证命题进行人格化分析,那就让我们求助于一位擅于抓住诞生状态形象的作家吧,此时的形象尚拥有全部的综合美德。不妨重温《奥罗拉》①序言部分的美妙篇章。"午夜时分,我突然动起念头,想到楼下那间阴沉的前厅去,那里张贴着陈旧版画和盾形板……"作家如何感受物件的破损与死亡,我们一定要慢慢体会,"空气中弥漫着一股酸味,像动物蒸发的汗水,刺鼻而凄凉,仿佛褪色老布的味道"。不再有抽象的东西。时间就是凉却,就是冰冷物质的浇铸:"时间从我头顶经过,如缝隙中吹来的风,阴险得让我打了个寒颤"。寒颤与破损之后,梦想者做好了准备,要将房子和身体、地窖和器官联系起来。"我心灰意冷,无所期待。至多只能换换楼层或房间,看看能不能藉此让器官的布局有某种神奇的改变,好让自己换换念头。"作家接下来描述了超乎寻常的下降,形象让两个幽灵步调一致,物的幽灵与器官的幽灵;作家甚至感受到"内脏的重量","仿佛一个装满生肉而不是衣服的行李箱"。兰波也曾在某些梦境中去过"一座挂着淌血鲜肉的小楼"(《野蛮人》),莱日斯与兰波光顾的难道不是同一座居所?

莱日斯继续:"我一步一步走下楼梯……我已经很老了,能记起往事,如这橱壁上乱钉的丝锥,在我肌肉深处上下蹿动……"(第13页)。越往下走,越活跃:"楼梯在我脚下吱吱作响,我觉得自己踩着一头受伤的野兽,它流着鲜红的血,肠子成了软毯的纬线。"梦想者现在如野兽般,在房子的管道中下降——而后又仿佛动

---

* 约拿与鲸鱼的故事,见《旧约·约拿书》。——译注
① 莱日斯(Michel Leiris):《奥罗拉》(*Aurora*),第9页以下。

物化的血："现在我除了用四肢爬下去,没有其它的办法,因为我的血脉中是世代流淌的赤河,它是被围困野兽的生命。"他梦想成为"千足虫,蠕虫,或一只蜘蛛"。拥有动物化潜意识的伟大梦想者,重新发现了无脊椎动物的生活。

莱日斯的文字以梦想之居的深度为线索,一切都围绕它展开,有着强烈的中轴性,那座居所是房子-身体,人在其中吃喝拉撒,承受着生活的煎熬,一座散发着人类哀怨的房子(第16页)。"下面总有奇怪的吵嚷声,一直传到我耳边,我听到了深深的痛苦。痛苦仿若锻炉的风箱,有时气鼓到了极致,整个屋子都胀了起来。门窗拍打,如悲伤的火山口,一股又一股吐着不尽的汤水,几代人用过的灯,用病恹恹的光,把汤水染成脏兮兮的黄色,另外,还夹杂着争吵声,渗着汗珠的手打开瓶盖的声音,嘴巴的咀嚼声。半生不熟的牛肉和蔬菜淌成一条河。"这些食物在哪儿流淌,走廊还是食管?这些形象如果没有双重涵义的话,怎么可能有意义?它们活在房屋和人体的结合点上。它们与房屋-身体的梦想主义一致。

我们不应忘记阁楼隐士的形象,他们为了把生活加倍而先将生活减半,[①] 不应忘记那个心中塞满人类恐惧和潜-人类恐惧的梦想者,某天突然想去造访他的那些地窖,那些人类地窖,那些潜-人类地窖。

明晰形象从而只是垂直参考的中轴;楼梯仅是下降到人类心灵深处的一根支轴。我们在《空气与遐想》和《土地与意志的遐想》(第12章)中,已经讨论过这些垂直支轴的作用。这些垂直想象的支轴,

---

① "我有二十年没敢到那个盘杂的楼梯迷宫去探险,二十年来,我与世隔绝,生活在墙皮剥蚀的老阁楼里"(《奥罗拉》,前揭,第11页)。

第四章　故居与梦想之居

总共加起来也还是很少，所以我们只能借用那些聚集在类似支轴周围的形象。"你只是一个下楼梯的人……"，莱日斯如此说道，他马上又作了补充（第23页）："这道楼梯，不是层层盘旋的垂直通道，好让你去到屋子的各个部分，包括你的阁楼；它是你自己的内脏，是你的消化道，连着那张很是让你自豪的嘴巴，也连着让你尴尬的肛门，它在你的身体里钻出一条狭窄又黏滞的通道……"①

我们还能找到比这更好的复合形象，这种充满不可置信的综合力量的形象吗？当然，要想体会到所有这些综合性，并为分析做准备——不得不承认我们的想象不够合意，无法综合体会这些复合形象——必须从梦想之居出发，也就是说，必须唤醒潜意识中我们梦想居住的那座简朴至极的老房子。真实的房屋，甚或童年的房屋，可能是一座破损的梦想之居；也可能是一座被超-我念头支配的房屋。尤其是许多的城市建筑，那些有钱人的别墅，都被名副其实地精神"分析"过了。这些房子有服侍楼梯，其中流淌着，如莱日斯所说的，"供应饮食"的河流。与这条"食管"极为不同，电梯载着参访者，避过了幽长的走廊，迅速且直接地把他们送到客厅。人们在客厅"交谈"着，远离了厨房的烟火味。客厅的舒适，让憩息满足。

然而，这些秩序井然的房屋，这些明亮的厅间，真的就是人们梦想的房屋吗？

---

① 哲学家也会道出同样的意思来，但不会用到这么"形象化"的形象。在塔恩（Taine）的《旅行札记》（*Carnets de Voyage*）中，我们可以读到："房屋是一个完整的生物，有头，也有身体。"塔恩没有进一步延伸到生理结构。

第五章　约拿情结

"肥腻没有资格用与干瘦一样的词句。"

——莫泊桑：《小贩：溺水者身上发现的一封信》，第 169 页

"……外用，内用。人体到处都有这种'内''外'之分，因为上千年以来，人早已不再是能翻胃的九头蛇，早已失去了如某些布列塔尼衣服那样正反两用的柔韧性。"

——贾里：《抽象推理》，前揭，第 232 页

一

想象讲故事时，必须考虑到一切。它既要幽默又要严肃，既要理智又要带着梦想；它必须唤醒情感兴致与批评精神。最出色的童话，懂得如何触及让人完全相信的界限。可是，要想划出让人完全相信的界限，人们很少去研究欺骗意志用到的所有手段。我们称作的梦想证据，尤其被人忽视，还有那些现实中不可能但梦想中可能的元素，也往往被人轻视。总之，现实主义者们遗忘了夜晚的经验，完全信任白天的经验。对他们来说，夜晚生活是剩余物，是清醒生活的遗赘。我们建议，将形象重置到梦想与思想的双重视野中去。

第五章 约拿情结

有时候，只需讲述者嘴角露出一丝蹩脚的诡笑，就会打破遐想缓慢堆集起来的信任。往昔的一则故事，被如今的一个笑话，骤然打碎。吉罗杜*让这种神话愚弄学流行起来，所叙人事与时代不符，这是初中生才会犯的错误。为了揭露因讲述者的诡笑而导致的形象废墟，还有因完全天真而亏空下的形象赤字，我们将要讨论一个形象，这个形象只要一拿它开玩笑，就不再能引发梦想了。这就是在鲸鱼肚中的约拿形象。它往往掺杂着明晰形象，我们将试着在其中找出几个梦想元素来。

这幅幼稚的形象激发的是一种天真的兴趣。我们主动称之为童话形象，即必然会生出童话的形象。它要求我们在两个时段想象：之前，之后。约拿为何会在鲸鱼肚中，他又怎么出来？可将这个形象作为法语作文的题目，让十二岁的孩子来完成。你们肯定会发现，孩子们会满怀兴趣来写作。这个题目也可以是法语作文的测试题。它会让人看到玩笑的威力。稍加挖掘，我们就会发现深层形象的宝藏。

先举蹩脚玩笑的例子。只需重读梅尔维尔叙述约拿探险的几页文字即可。① 作家把约拿放到鲸鱼的嘴巴里。根据内在梦想的恒常规律，空空一词，足以让人来梦想出一个住处来，所以梅尔维尔觉得，说约拿住在鲸鱼的牙洞里，很是好玩。② 也不知道梅尔维尔有没有被这个遐想吸引，他马上就及时地"想到"鲸鱼没有牙齿。

---

* 吉罗杜（Hippolyte Jean Giraudoux, 1882-1944），法国作家、外交家。——译注
① 梅尔维尔（Melville）：《白鲸记》（Moby Dick），法译本，第 357 页。
② 一个朝圣者被巨人高康大（Gargantua）和着沙拉一起吞下，朝圣者用他的大钟敲着巨人的牙洞（拉伯雷［Rabelais］，第 38 章）。

牙洞的遐想与从教科书里学到的观点不一致，使得《白鲸记》描写约拿的章节有几分淡淡的搞笑成分，幸好这部小说尚有其它可称道之处。然而，约拿一章还是构成了这部作品的瑕疵，而作者多数情况下则擅于联合梦想价值和现实价值。相信我们，人不能拿梦想开玩笑，换句话说，喜剧效果是意识生活的特权。新西兰有一则传说，主人公是个毛利人，他钻到荫特婆*的身体内，对那些旁观的鸟们说："我的小个儿朋友们，我钻到老女人喉咙里时，你们千万千万不能笑；等我出来的时候，记得用欢快的歌声迎接我。"①

最好剔除主题中想让人盲信或让人发笑的部分，在自然的形象生活中来讨论它。

然而，要想把玩笑和盲信剔除出去，并不总是那么容易。孩子们有时是开玩笑的大师。在一个由五到八岁小学生组成的班级中，巴艾**做了下面这个实验。他邀请每位小朋友站到讲台上来，随便编一个能让全班发笑的故事。孩子们的故事刚刚辑册出版（巴艾：《孩童自编故事集》）。约拿情结几乎出现在故事集的每一页。下面举几个例子。四只青蛙吞下四个迷路的小孩，把孩子带回他们妈妈身边。一只青蛙吞下一头猪，青蛙想变得跟牛一样大，这不是拉封丹寓言嘛，用消化者肚子的内在形象转译出来。一只狼吞下一头猪。一头羊羔吞下一只老鼠，"老鼠被吞下后，钻到羊羔肠子里，

---

* 荫特婆（Hine-nui-te-po），夜之贵妇，毛利神话中夜晚与死亡的女神。——译注

① 莱雅（Leïa）：《童话的象征主义》（*Le Symbolisme des Contes de Fées*），第96页。

** 巴艾（André Bay，原名 André Pierre Robert Dupont，1916-2013），翻译家、作家、艺术评论家。——译注

一直爬到羊羔尾巴尖上。"羊羔被老鼠牙齿咬得痛，就请一条蛇来帮忙看看。蛇吞下羊羔的尾巴。羊羔又要"把蛇吃了，好为自己的尾巴报仇"，动物们彼此吞噬着，没完没了，以至故事最后以一个明显的"乌有"消化收尾。年幼的故事人这么总结："羊羔变得跟弹子球一样小……最后化掉了。"——"有一头猪，一天饿得不行，把一只乌龟整个儿吞了下去。乌龟啃光了猪肚里的肉；在里面做了个房子。"这里，两个内在形象互换着价值。故事接下来的发展特别让人奇怪。猪痛得不得了，它"在肚子上挖了洞，好让乌龟出来。乌龟出来后，猪觉得好受多了。猪也把乌龟的房子拿了出来"。但是，人们不愿丢失甜蜜憩息的形象。因为"肚子做的房子"实在太舒适了，孩子又平静地补充道：猪"钻到自己的肚子里，发现那儿真的十分舒服，不禁喊道：啊！真舒服，真暖和！"这些故事证实了我们称为自发-约拿的形象，这是想在"自己家里"、"在自身存在的中心"、"在自己肚里"生活的梦想。巴艾故事集每一页都可用作相融形象研究的素材。最后，来看看一个小朋友讲的鲸鱼强大的相融能力的故事，鲸鱼的肚子是世界上最大的。要知道巴艾收集的故事，没有事先提供任何主题，都是小学生们自己编的。我们面对的是自发的法语作文概念，表达了孩子们编故事的愿望。下面就是鲸鱼的故事。一头狮子，一只狼，还有一只老虎，吃掉了"牧羊人和他的羊群"，乘上飞机逃跑。狮子和狼掉到了大海里，被一个渔夫用网捞到了。可是一条鲸鱼突然出现，它"吞下了狼、狮子、渔夫，还有渔夫的船"。大胃口，小命运。生命继续。事实是："渔夫在鲸鱼肚子里继续抽着烟斗。还用吹出的烟钻了个洞。"我们将在讨论岩洞内在形象时，再次遇到此类空间布置的遐想。

二

鲸鱼肚子里的约拿形象，有没有现实元素呢？

河边成长的孩子天生幸福，渔夫的孩子钓着鱼，在白斑狗鱼的肚子中发现作诱饵的小鳡鱼或是欧鲌，欢跃不已。孩子在河边，看到白斑狗鱼吞下了他的诱饵，无疑会遐想被吞之物的不幸结局，这个结局一目了然。鲌鱼在水中显得那么小，形状决定了它最终要到别人胃中去生存。物如此有了美食特征！看看它们，就会明白人为何有那许多的病态欲望了。

像博什*那样的梦想家，能就吞咽这个形象尽情发挥。宇宙准则被描绘成：相互倾吞；高萨**在研究博什的论著中写道："大鱼的嘴巴吞下一条鱼，鱼自己也吞下一条小鲜鱼。两个渔夫坐在船头。年长的那位指着这奇观，对小孩说：'儿子，你看，我早就知道大鱼会吞小鱼。'"这则寓言的明晰性，连斯宾诺莎也无法忽视。螳螂捕蝉、黄雀在后的寓言，可用一个很简单的形象来总结："永恒的吞食者，又不停被它物吞没。"或如巴尔巴汗***所说："红眼鱼的座右铭。"①

学者爱将一些奇观夸张化，有时慎重，有时则过度。莱美里****

---

* 博什（Jérôme Bosch，又名 Jheronimus van Aken，约 1450-1516）],荷兰画家。——译注
** 高萨（Maurice Gossart, 1882-1941），法国历史学家。——译注
*** 巴尔巴汗（Georges Barbarin, 1882-1965），法国作家。——译注
① 巴尔巴汗：《论水》（*Le Livre de l'Eau*），第 26 页。
**** 莱美里（Louis Lémery, 1677-1743），法国医生、植物学家、化学家。——译注

在《论食物》中说(第367页),人们会在"残忍的白斑狗鱼"肚子中找到许多整个儿的鱼。"有些作者甚至说在里面找到了猫。"都单*写道(《自然史和爬虫动物史》,大革命纪年第十年**,卷1,第63页):"那索***的王子让-莫里斯……曾见过一个有孕在身的荷兰女子被大蟒蛇整个吞了下去。"怀孕的妇女激发了"双重"的兴趣。好的故事就是这样。我们将会给出约拿之约拿、吞食者被吞食的其它例子。从这个方面来看,爬行类动物文学足够丰富。

大仲马觉得下面这则回忆很有趣,就记了下来(《回忆录》,卷1,第200页)。他三岁的时候,看到家中的园丁把游蛇一刀劈成了两半儿。蛇肚子里跑出一只被吞的青蛙来,一会儿居然自己跳走了。"这个现象,让我特别震惊,以后也从未再见过,这在我心里留下深刻印象,只要闭上眼睛,就能看见。甚至在我写下这些的时候,还能看到在地上抖动的被切断的游蛇两截,还有那只一动不动的青蛙。皮埃尔倚在他的铲子上,看着我吃惊的样子,笑得更厉害了。"① 小形象能固定住大形象。没有这只重获自由的青蛙,作家哪会记得咯咯发笑的园丁?

佩尔高曾用有趣的笔调,描述过被吞到游蛇肚中的青蛙的垂死挣扎。② "一层黏稠的热液把青蛙裹住;蛇以缓慢却不可阻挡的蠕

---

* 都单(François Marie Daudin, 1776-1803),法国动物学家。——译注
** 原文为 An X,法国大革命时期巴黎地区短暂使用的日历法,1792年9月22日开始纪年,第十年对应1801年9月23日到1802年9月22日。——译注
*** 那索(Nassau),德国城市名。——译注
① 大仲马在一篇关于蛇的文章中,用了两页篇幅来描述这段轶事,文章在《女孩、风流女子与高等妓女》(Filles, Lorettes et Courtisanes)之后,1875年,第164页。
② 佩尔高(Louis Pergaud):《从古皮勒到玛格特》(De Goupil à Margot),第161页。[译按]佩尔高(1882-1915),法国作家。

动,毫不留情地把青蛙吸向身体深处。"佩尔高在萨特的眩晕之前,发现了一种缓慢的眩晕,它冷漠地走向死亡,一种几乎物质化的死亡,被黏稠物吸收(第162页)。"死亡就这样滑到它身上,虽没咽气,生命已变得消极,甚至被否定了。那是一个悬空的生命,没有正午太阳那般平静,而是被晶化了,或者说,晶化在焦虑之中。某种不可预见的东西,如同一个意识点,仍在青蛙身上颤栗,忍受着痛苦。"

需要指出的是,这段文字中滑入了热这个形容词,它充满物质想象色彩。热与周遭形象不在同一个物质层面。它与人的心理结构更相应。作家用缓慢的速度描述,而他遐想的速度比描述更慢,如果用与作家的遐想一样慢的速度来阅读这段文字,那么,在遐想这种热度的同时,我们会感受到作家被一种独特的双重运动席卷而去。他是同情被吞者呢,还是与吞咽者同乐?这个咽着热唾沫的嘴巴到底是谁的?书中叙述一个冷血动物的世界中,这股骤然的热度从何而来?书本不仅要写出人知道的东西,也要写出人看到的东西。它们需要更深的根源。

佩尔高的故事,接下来想救出青蛙。一只鸢抓住了吃蛙的蛇,把蛇啄成两段,第一个受害者滑到"劫持者嘴里的黏液垫上"。要知道,讲述者之前提到吞蚱蜢的青蛙,那么,我们可以看到,从蚱蜢到青蛙,从青蛙到游蛇,从游蛇到鸢,这就推衍出一个立方体的约拿,一个(约拿)³[约拿的三次方]来。代数运算不会在趋近高潮时戛然而止。雨果①说,"一匹中国绸缎上有这么一幅画:鲨鱼吞下一只鳄鱼,鳄鱼正吞下老鹰,老鹰正吞下燕子,燕子则正在吃毛

---

① 雨果:《海上劳工》(*Les Travailleurs de la Mer*),Nelson版,卷2,第198页。

毛虫。"这就是(约拿)⁴［约拿四次方］了。

罗若特*的《卡勒瓦拉》曾讲述了一则吞咽者又被它物吞下的长篇故事。有趣的是，最后一个吞咽者的胃被剖开来，那可是世界上最大、最鼓胀的胃，里面发现了一件无价之宝：太阳之子重新找到了苍穹中被盗的火花。场景如下：太阳之子剖开了吞咽大王白斑狗鱼的肚子（前揭，第633页）。

> 他在灰狗鱼的肚中
> 发现了苍白的三文鱼。
> 在苍白的三文鱼肚中
> 又发现了光滑的白鲑。

在白鲑肚中，他发现了一颗蓝弹子球，蓝弹子球里面又有一只红弹子球。他砸碎了红弹子球。

> 红弹子球中，
> 藏有一道美丽的火光。
> 它曾从天空逃逸，
> 越过云朵，
> 苍穹的八层拱顶，
> 大气的九重拱门。

---

* 罗若特（Elias Lönnrot, 1802-1884），芬兰医生、探险家、作家、语言学家。《卡勒瓦拉》是以芬兰民间神话诗歌为基础写成的一部芬兰史诗。——译注

然后是关于铁匠的长篇大论,铁匠的胡子烧焦了,手也被烫着了。他追着逃跑的火花,直到把火花封在"一截干枯的老桤树树干内,锁在腐烂树桩深处",然后他又把树桩放到铜锅里,盖上桦木皮。然而,所有这些人为套子,只是为了让人能更好地把握自然嵌合原则,因为影响约拿情结的正是后者。若用物质想象学说方法来读《卡勒瓦拉》第48首歌,就会很容易地发现,这里活跃着的所有形象都以物质元素梦想为依附。

火藏在鱼肚里,这并非无关紧要。我们必须完成形式制定的形象,要懂得白斑狗鱼自己也在河流的肚子中,在水里面。具有阴阳深层双重性的水与火的辩证,可说是幼稚关联形象真正的梦想前因。为把火花劝回到"金色炉膛的柴架上",老铁匠对它说:

> 神造的火花啊,
> 创始者赐予的火啊,
> 你一头栽入水里,
> 没有任何理由。

"没有任何理由",但不是没有任何梦想。水与火的搏斗与欲望,使得形象矛盾互增,激发出无尽想象。

接下来考察一些更简单的形象,那些被"想知道一个人肚子里有什么"的欲望驱动的形象。

三

约拿情结以某种方式织成了某些故事的叙述经纬。如格林的《童话》：大拇指。躺在草垛里睡觉的小侏儒，和一捆草一起被喂给了牛。他机巧地躲开了牛的牙齿——我们总能在勇敢的主人公身上发现这种天生的敏捷——来到了牛胃里，奇怪的住处，没有窗户，阳光照不进来，那些相信可用属日元素解读童话的神话学家肯定会注意到这点。聪明的大拇指用尽全力大声喊道："别再给我喂草了！"牛腹里发出的声音把仆人吓了一大跳，她跑去告诉主人："噢，上帝啊！奶牛说话了。"奶牛着魔了。人们把牛杀了，牛胃被扔到肥堆上。一只饥肠辘辘的狼吞下了牛胃，大拇指不曾有时间逃出来。可狼还是觉得饿。小"约拿"就建议狼到他父母的厨房里去。瘦骨嶙峋的狼从水槽洞里钻进去，它一直在吃，最后没办法从原路返回了。狼掉入陷阱；被关在小房子里，就像被吞进一个肚子里。大拇指鼓足力气大叫。他的爸爸和妈妈被喊醒了，过来把狼杀了，妈妈一刀劈开狼肚子，救出了他们可爱的孩子。只剩下给孩子缝一套衣裳了，因为大拇指身上的旧衣服历经这么多的冒险后已没法再穿了：看看，童话想得多么周道。

蛇吞蛇的故事，也经常被人讲述。① 大仲马（《女孩、风流女子、高等妓女》，第173页）补充了一则故事的变体。因为被吞之蛇的

---

① 最有趣的莫过于扎拉的蛇。"蛇吞下自己的尾巴，整个里面翻到了外面，像手套一样"（《反智者》，前揭，第182页）。游戏继续，最后蛇又恢复了原样。这是一种新的衔尾蛇形式。这个自发-约拿成为有趣的永恒象征。

尾巴还在另一条蛇的嘴里，植物园里的两个守门人就各抓了一条尾巴在手里。"把小蛇从大蛇嘴里抽出来，好比把剑从剑鞘拔出来。"最后两条蛇言和，各自吞下一只胖兔子。所有这些故事中，吞咽死亡都是一条极易抹去的意外。

这些叙述想开玩笑的欲望，很是明显。必须重视玩笑功能。从明晰精神层面来看，这些玩笑可掂量出"讲述者"的才能与"听故事者"的轻信。但如果来到"物之深处"，我们就会发现，这些玩笑无论在祖父还是孙子的潜意识中都扮演了极佳的角色。它们是在所有人潜意识中盘踞的恐惧的"掩护"。藉约拿情结，玩笑精神分析行为极容易被测到。我们可以在许多精神分析疗法中，找到玩笑的这种行为。精神分析学家们相互之间也会开开玩笑，以消解职业的愁闷。

米洛茨的一则童话（《旧日立陶宛童话寓言集》，第96页），让我们得以追踪被吞的吞噬者这个形象近乎隐蔽的潜意识行为。精神分析学家肯定一下就能在这则童话中发现肛欲情结。然而，确切说来，约拿的陈旧形象，在故事的最初几页并不明显，要等到后面（第97页）才会浮现，米洛茨好像用与梦境相反的顺序写下了这则童话。精神分析或许不会对暗示形象和明晰形象做出足够的区分。精神分析竭力寻找完全属于潜意识的情结，通常不会注意那些明晰的形象，而清晰描绘出的形象正是深层情结的天真掩护。在我们看来，鲸鱼肚中的约拿形象，可以作为精神层面的消化不良问题提出。这个形象清晰，简单，带有虚假的稚气，可以作为消化心理这个无垠领域的一种分析手段，它虽初级却有用，而且人们对这个领域的研究很是不足。

藉助这些纯朴形象，我们能更好地评判某些理性化的天真，获得这种缩减心理的评判元素，以分析某些简化的精神层面，无论在形象领域还是理念领域，都可行。比如，可将中世纪的这个观点看成是传统形象的理性化，隆戈鲁瓦在总结《宝藏之书》时提到：人们一般认为鲸鱼"遇到危险时，会把孩子吞下，用自己的身体保护它，之后再把它吐出来"。在我们看来，精神分析学家不会认为这是具有回归母性特征的幻想行为。因为这里的外在形象、明晰形象、传统形象，实在过于鲜明。必须回应转义想象的恳求，不能把所有行为都归到深层情结上。我们从这些文字分析出的单薄信仰，最终显得极不规则。根本无法给出一个与约拿形象完全契合的例子来。142 贫瘠的形象，在这个意义上，能在很大程度上帮助我们感受到简单并列却并未联合的元素活动。

四

民间梦想常把肚子看成一个友好的腹腔。睡觉时张着嘴巴，等于为四处乱钻的动物提供了一个住所。翻阅德普朗希*的《地狱辞典》，很容易就能找到传说中的肠胃动物志，里面集中了会让人类发呕的所有动物。比如在熟睡者嘴里进进出出的黄鼠狼（见Gontran 和 Morey 词条）。一个游荡的灵魂？邪恶咒语词条，提到一个被诅咒的女孩，"吐出来一堆小蜥蜴，它们钻入地板上的一个小洞内，消失了"。怪不得人们常说人因口腔"着魔"（誓言词条）：女孩吞下了魔鬼。

---

* 德普朗希（Jacques Albin Simon Collin de Plancy，1794-1881），法国作家，写过不少神秘主义、异象和幻想主义作品。——译注

加尔丹讲了吞下蝰蛇的沉睡者的故事,他吸入烧铜的烟后被救(《加尔丹之书》,法译本,1556年,第199页)。被烟呛着的蛇,从病人嘴里钻了出来。拉斯帕伊*洋洋自得地转述了1673年的一个版本(1,第308页):"王子身边有个傻瓜,吃带整壳的生鸡蛋玩,结果弄得肠腹绞痛。人们给他喂下烟草煮的药水,傻瓜大吐不止,吐出了一只五脏俱全就是没长毛的死鸡来。"

143 生喝河水可能会吞下青蛙。这类主题的童话真是应有尽有。一旦开始"放大",什么都无法阻止想象。布拉岱**收集的一篇加斯科尼***童话里,驴子吞下了在河里睡觉的月亮。诗人们,直觉地用到了同样的形象。俄罗斯诗人叶赛宁说:

> 水中望见的月亮
>
> 被马饮下

民间流传的高康大传说,讲述的正是张着嘴巴睡觉的巨人故事。①"暴雨骤降,牧羊人和羊群躲到一个大洞里,却发现洞原来是高康大的嘴巴。牧羊人用牧羊棍顶了顶高康大的上颚。巨人觉得隐隐发痒,就醒了过来,一口咽下了牧羊人和羊群。"一只小老鼠从熟睡的矿工嘴里钻出来的故事很是常见(见丢尔勒:《歌德及德国浪

---

* 拉斯帕伊(François-Vincent Raspail,1794—1878),法国化学家、植物学家、政治家。——译注

** 布拉岱(Jean-François Bladé,1827—1900),法国法官、历史学家、人类学家。——译注

*** 加斯科尼(la Gascogne),法国古地区名。——译注

① 格奈普(Arnold Van Gennep):《布尔根尼民间传说》(Le Folklore de la Bourgogne),文中多处。

漫派论采矿的意义》，前揭，第 70 页）。在地下深处工作的矿工，吞下了不知多少地下世界的生物。

高康大的民间传说，能为吞咽一切的心理学提供不少例证。

在塞必尤的著作中，① 我们可看到高康大吞下的东西：一堆动物，整整一支军队，一个伐木工，伐木工的大车，伐木工的子女还有老婆，一群僧侣，一架风车，高康大自己的几个乳妈，还有不少铲子、石头，甚至一条河。他还吞下几只大船，读者只要稍稍遐想，就能获得有趣的置反形象：我们不是说过，鲸鱼肚里的约拿，其实就是躲在货舱深处的旅行者？这里，人吞下了船。对梦想的人来说，这完全不是难事。

另外一个置反之例，高康大没有吃药，反是把医生给吞了，没有吸奶，反是把乳妈吸下肚了。第二个形象中，孩子吸奶吸得有点狠，把乳妈吸下去了，这正是约拿情结属于吞咽心理现象的证据。从很多方面来看，都可认为约拿情结是断奶情结的一个特例。

弗洛布尼斯*特别提到许多与约拿形象对应的非洲神话。不少此类神话中，肚子被看成一个锻炉，神话主人公由锻炉烧炼而成。希勒贝尔没有错失比较的机会，一方面将之与属日英雄对比，另一方面与炼金士实践作比。② 这是具有多重确定性的形象例子。换句话说，伟大的形象总是超确定的，它们通过丰富的增值，与更强的

---

① 塞必尤（Paul Sébillot）:《民间传统中的高康大》（*Gargantua dans les Traditions populaires*），文中多处。[译按]塞必尤（1843-1918），法国人类学家、作家、画家。

* 弗洛布尼斯（Leo Viktor Frobenius，1873-1938），德国人类学家、考古学家。——译注

② 希勒贝尔:《论神秘主义及其象征》（*Probleme des Mystik und ihrer Symbolik*），第 92 页。

确定性相联。炼金物质在炼金士的消化锻炉中完善，太阳在大地腹中准备着新生，约拿在鲸鱼肚中休养，这三个形象外表没有共同点，却处于相互的隐喻关系中，表达的是同一种潜意识倾向。

五

145　　腹语可构成一个独立主题，值得深入研究。它为想通过玩世不恭来欺骗的意志提供了机会。下面给出一则奇怪的例子。在《鸟类名称》一书中，范斯洛神甫花了整整一页（第104页）来讨论地啄鸟，说这种鸟会发出癫痫病般的颤抖，又批评鸟太懒惰。"最后，地啄鸟喜欢在它安家的空树洞底嘤嘤作语；鸟会从阴暗的藏身处跳出来，看看听众们的反应，而后又继续用腹语歌唱，间或小憩一下，或是扭曲肢体表演一番，简直是个地道的街头卖艺者。"从吞剑者到腹语者，这场滑稽的肚子喜剧，道出了大肚皮形象的多样趣味。

　　有时，腹语被看成恶魔的声音。玩笑，就变得恶毒起来（德普朗希，前揭，邪恶咒语词条）。佩罗童话中，坏女孩每说一句话，嘴里就跳出一只癞蛤蟆。肚子藏着恶毒意识的所有声音。①

　　所有这些形象显得遥远散落。可一旦抓住根源，就不难发现，它们其实都是存在彼此寄生的形象。这些形象在岩洞现象学中有属于自己的位置。

---

① 格林童话：《森林里的三个小矮人》(*Die drei Männlein im Walde*)，有金子般心灵的善良女孩每说一句话，都会吐出金子来，可她继母的女儿心地不纯，一说话就吐癞蛤蟆。

六

荣格在《移情心理学》中(第135页)展示了一场名副其实的约拿形象的炼金演绎。在我们看来,这场演绎十分珍贵,因为它通过对物质内在性的参与,将传统形象在形式领域内表达的东西,物质性地表述出来。炼金语言要涉及的,不再是一个想找回青春的人物,而是希求更新的物质原则。在炼金船的肚子里,待提纯的物质被交付给原初之水,交付给哲人的墨丘利(mercure/水银)。形式化形象若继续存在,就成了隐喻。比如,革新的联合体在妊娠的子宫羊水中生成(in die Amnionflussigkeit des graviden Utrus)(第130页)。

炼金士的全部潜意识都参与进来,带着极其人性化的内在标记,我们不应对此感到惊讶。阅读这个炼金约拿时,我们被邀请进入深层,去梦想,去探索形象的深层涵义。下面是这个潜入过程的图示,它自始至终都要在减少形式化形象的同时,获得更多的物质形象:

> 肚子,
> 乳房,
> 子宫,
> 水,
> 水银(墨丘利),
> 融合原则——根本的湿性原则。

147 这个下降图示，必须帮助我们降到自己的潜意识中去。它能重整象征的顺序，传统精神分析常常过快地将它们作为等同物给出。①

形象逐渐失去意识生活图画的同时，似乎获得了潜意识的热度，那是温和的热度。具体讲来，水银能把流动性和吸收溶解性物质化，荣格把水银看成潜意识的地底之神，它既是水又是土，还是深厚的浆团。但是，真正具有潜意识最深之"深层"的，还是水。水如胃液般，消化一切。

尽管后文有机会将机灵的尤利西斯的特洛伊木马和约拿的鲸鱼作比，但最好还是先对不同的潜意识心理结构加以区分。鲸鱼在大海里生活，它与水合二为一，拥有水最强大的威力。它的存在（它积极与消极的存在主义），在水瘾与水肿辩证间嬉戏。一旦将绘画形象的明晰度减弱，或确切一点，一旦开始沉思炼金士的物质演绎，我们就能感受到这种辩证活动。如荣格说的（前揭，第165页）："Ja selbst die *Mater Alchemia* ist in ihrer unter Körperhälfte hydropisch"，对在元素层面梦想的人来说，孕期好比一场水肿。它是水的过度。

148 抹去所有的天真形象后，若追随炼金士的脚步，去体会他的种种思索，试图描绘出触及物质内在性的抽象想法，那我们面对的就是一个圆与方的游戏。我们会觉得自己远离了深层梦想，而实际上，我们离原始意象很近。

实际上，画圆的人，或多或少把肚子这个沉闷梦想的象征意义

---

① 希勒贝尔，前揭，第156页："Erde, Höhle, Meer, Bauch des Fishes, u.s.w., das alles sind auch symbole für Mutter und Mutterleib"（大地、岩洞、大海、鱼肚等等，这些都是母亲与子宫的象征）。当然，炼金图示中，炼金小人儿（homonculus）总是浮在或站在蒸馏器的中心。但要想获得原则，必须抹去表征意义，必须到深层去梦想。

赋了了圆；画方的人，则是倾注了建构居所的象征意义。人们不会为真正的几何意义而轻易抛弃潜意识意义。

若想在原始意象领域内上溯得更远，那或可用圆来表示阴性约拿，用方来表示阳性约拿。阿尼姆斯与阿尼玛就找到了充满遐想的图示，与它们的潜意识强力相应。如果认同荣格提出的阿尼姆斯与阿尼玛的根本二元性，就会有下图中的两个根本约拿：阿尼玛在阿尼姆斯里面，阿尼姆斯在阿尼玛里面。总之，阿尼玛与阿尼姆斯是发展的辩证关系，而不是分解的辩证。正是在这个意义上，最原始的潜意识均是雌雄同体。

荣格在《心理学与炼金术》（第 183 页）中，借用了 1687 年一本炼金书籍中的图示：方中有圆。圆内是两个小人儿，分别代表男人和女人。图的标题是：圆的等面正方形。若用炼金士作者的笺注来分析，这个图示就不那么超乎寻常，反会让人注意到其中所含的多重信念特征。人想藉几何直觉，照亮现实直觉。圆的等面正方形，其实是男性与女性的联合体，与我们上面两幅图示寓意相同，圆在方中，或方在圆中。明晰象征与潜意识信念的价值融合，很明确地彰显出此类遐想的情结特征。①

---

① 罗芬勒尔-德拉肖（Loeffler-Delachaux）：《圆：一个象征》(*Le Cercle. Un Symbole*)，文中多处。

我们认为以上图示仅是抽象思维的表象。它们把我们放到表征、表述需求的根源,用表征与表述保证内在现实的需要。人类的一个伟大梦想是院墙或栅栏的围护。重新找到原初憩息的关闭处,人一旦在安宁中梦想,就会产生这样的欲望。我们用了很大篇幅来研究居所形象,想象似乎必须消除现实的困难,存在似乎不停地受到威胁。事实上,从开始分析约拿情结以来,我们就看到它代表的其实是舒适生活的价值。约拿情结给所有居所图象印上了温暖舒适、从不受威胁的原始记号。这是真正绝对的内在性,是绝对幸福的潜意识。

要想看护这种特性,一个象征足矣。潜意识会如最警惕的几何学家一样,信任圆圈的封闭性:若让内在遐想自由发挥,我们就可通过持久的内倾过程,找到全部的包裹强力,梦想之手就会画出原始之圆来。潜意识似乎早就知道作为存在象征的巴门尼德圆球。这个圆球没有几何容量的理性之美,却有肚子般的巨大安全感。

七

精神分析学家因为总能提出崭新的心理解读类型,就有了这样的倾向,即想用一个字来回答一位普通心理学家提出的众多问题。如果我们有些严肃地问他们,约拿形象带来何种益处时,他们会回答:那是自我确认的一个特例。潜意识实际有着令人震惊的消化能力。它被不断重生的欲望激活,能吸收所有事件,这种吸收是如此透彻,以致潜意识无法如记忆那样,在展示过去的同时,摆脱自己的吸收物。往昔印在潜意识里,但潜意识并不阅读往昔。这也是潜

第五章　约拿情结

意识意义表述问题之所以重要的原因。既然我们想用一般的吸收规律来分析约拿形象，那么，接下来就来看看这些形象如何增多，如何分开，它们为何要寻找如此不同的表述方式。精神分析必须面对这个表述问题，最终将表述看成是真正的吸收辩证。

要想考察投射在形象上的幻想这个问题，约拿情结非常适合，因为约拿形象有着直截的客观特征。可以说回归母性在这里还是有所显露。斯特凯勒① 转述了这样一个病人，他十三岁时有这样的幻想：他想到巨人硕大的身体内去，从内里去认识巨人。他想象在巨人体内装了一架秋千，这真是让人浮想联翩。巨人肚子有十米高。斯特凯勒看到的是，十三岁的梦想者将巨人的大肚子，投射为与母亲相联的胚胎。精神分析学家们称为回归母性的晦涩冲动，在这里找到了视觉上的天真表现。看的欲望在这里十分明显，欲望是如此鲜明，甚至将梦想者带到出生前的时间，只是梦想者那时无法看见。对这则例子稍加沉思，我们就能一直深入到形象需求的根源中去。当然，这种需求在此虽大致得到满足，却依然保持了天真。梦想者毫无差别地将潜意识元素与意识元素联结起来。但正是这种无差别，使得约拿形象成为一个有用的范型，可用于对回归母性幻想的精神分析考察。

八

有一个神话元素，通常会被精神分析忘却。人们往往不记得，

---

① 转引自希勒贝尔，前揭，第 198 页。

约拿最后又重见天日。这个"重见天日",与太阳神话的解读无关,有一类形象值得注意。从腹中出来,自然就是进入了意识生活,甚至是想要新意识的生活。约拿重见天日这个形象,很容易让人想到真实的出生主题——还有入门仪式后入门人的诞生主题——以及物质革新的炼金主题(希勒贝尔:《重生》[*Wiedergeburt*],前揭,第194页以下)。

弗洛尔诺依医生对徽章图案做过仔细研究,他得出以下结论:① "有时候,我们在纹章上看到(一个)喷着火或是嘴里含着小孩的游蛇(形象)。我认为,纹章学家解读这个形象的时候犯了一个错误;动物并不如他们想象的那样,把小人儿吃了下去,而正把孩子吐出来。这种解读,在我看来是最简单的……喷火的蛇,因其男性生殖器的象征涵义,它既然是创造强力的出色代表,那么,吐出小孩的游蛇形象,会让这种象征性更突出。"在此我们看到一种傲慢的创造,男性能在书面意义上吐出孩子来。

疏通多产的文学形象,很容易积累。下面大致看看这个例子。"水果裂开,生出了年幼的鳄鱼,鳄鱼嘴里又窜出男人和女人的头来。这些头彼此追逐着,相互咬住舌头,成双结对地连起来。"② 这正是(约拿)^2[约拿二次方]的反面,一个充满幻想的代数家为图归类方便,平静写下的(约拿)^2[约拿二次方]。

"理性"的读者很快就会批评这个形象的不劳而逸,认为这是

---

① 《国际精神分析学刊》(*Internationalen Zeitschrift für Psychoanalyse*),1920。
② 里布蒙-德赛尼(Georges Ribemont-Dessaignes):《闭着眼睛的鸵鸟》(*L'Autruche aux Yeux clos*),1925。[译按]里布蒙-德赛尼(1884-1974),法国作家、诗人、戏剧家、画家,达达主义先锋人物之一。

超现实主义才有的美好图景。然而，若将它与古图画集对比，就能更好地欣赏里布蒙-德赛尼笔下这幅形象的遐想意义：从鳄鱼嘴里钻出来的女人，恰是一条美人鱼。

荣格《心理学与炼金术》第610页借用了十八世纪的一幅微型画，印度神毗湿奴正从一条鱼的嘴里钻出来。同样，古代版画中的美人鱼，通常让人联想到从鱼皮中钻出来如鱼鞘般的女人。尽管人们通常对遐想置若罔闻，遐想却极易追随形象的这种恳求，仿佛美人鱼是属洋生命根源的一次诞生，或是它的一次总结。任由潜意识在这样的形象面前显现，我们马上就会发现，水中的美人鱼不仅是两个形式的简单叠加，她的根源涵义远远超过了展示着自在肌体的女性泳者。美人鱼的形象，触及的是属水子宫的潜意识领域。

九

当然，人体内有动物生存之说是否合理，我们不想追究。仅举几个例子。

拉斯帕伊非常重视动物对人体健康的影响，收集了不少蛇钻入人体的轶闻。[①] "蛇喜欢乳制品，特别爱喝能让它们发晕的酒。有人见过缠在奶牛身上吸奶的蛇；还有奶桶底部淹死的蛇！蛇能钻到器官当中，钻的时候不会带来任何疼痛。蛇会到奶制品作坊去喝奶，到酒桶中去喝酒，为何就不会到孩童的胃中去喝奶，不会到酒鬼胃中去喝酒呢？"还有："想象一下，天变冷了，一条小蛇四处寻找蛰

---

① 拉斯帕伊：《健康与疾病等的自然史》(*Histoire naturelle de la Santé et de la Maladie...*)，1843，卷1，第295页。

居和取暖的地方，结果钻到一个熟睡的乡下女子裙内；冬眠的欲望难道不会驱动蛇从女子的阴道滑进去，一直钻到子宫内，待自己的身体迟钝下来，好蜷缩过冬？"

这则讨论的论据有着或多或少的客观性，除此以外，我们在拉斯帕伊处发现一种非常奇特的表述，能把我们带到梦想世界中去。

普林讲的女仆生下一条蛇的故事，在拉斯帕伊看来一点都不好玩，他说，"不妨想象这条小蛇趁熟睡女仆*梦中的痉挛*①，钻进她的阴道，蛇出来后，变得更加不逊，好像受尽折磨，成为女仆流产时万般疼痛的原因"。*梦中的痉挛*，非得正好碰上一条正在寻找住处的小蛇不可？只有梦神才能如此巧妙地安排这个偶然原因，将现实世界和梦想世界联系起来。既然用梦中的痉挛作为轶闻的开头，那这又何尝不会是一场噩梦呢？

十

鲸鱼肚中的约拿形象，尽管流传甚广，肯定拥有比取乐传统更深的渊源。它必然与那些不太客观但更为内在的梦想有关。

这些梦想实际上从性别肚子和消化肚子而来，两者常被精神分析学家混淆。下面对这两个潜意识领域稍加辨析。

消化形式的约拿形象，与吞咽贪婪对应，几乎没有时间咀嚼。在潜意识原始快感的驱动下，馋嘴习性似乎回到了吮吸期。一位生理学家会发现吮吞牡蛎之人的特征——西方少见的生吞菜肴。似乎

---

① 强调为本书作者所加。

可以辨别出口腔潜意识的两个阶段：第一个阶段对应于吞咽时期，第二个对应于咀嚼时期。约拿的鲸鱼和小拇指的食人魔，可作为两个时期的代表形象。注意，相较于第二个形象的受害者，第一个形象吞下的受害者几乎没有恐惧。比较吞噬者，两个形象遇到的对抗程度也不同。吞咽欲望比咀嚼欲望弱得多。意志心理学家必须为这两个如此不同的能动形象，加入不同的分值系数。精神与烹饪双重筹备的美食艺术，可由此获得新生。一顿饭，不仅要从营养层面来衡量，还要能为整个潜意识存在带来恰切的满足感，这点很容易理解。一顿佳肴，必须融合意识价值和潜意识价值。在能满足咀嚼欲望的物质旁，也要怀念一下闭着眼睛吞下一切的美好时光。

让人震惊的是，神话学家在不自觉地状态下，认识到了这两种行为不同的潜意识层面：咬和吞。普罗瓦*写道："吠陀牛吞下主人公，主人公消失了，牛让他得以隐身；我们面对的肯定是一个神话事实，因为主人公被整个吞下而没有被咬嚼；他最后会出来。"被整个吞下而没有被咬嚼，这是讨论白日神话与黑夜神话时可以指出的区别。当然，理性解释总急着要理解，它不会在意梦想的价值；它会说：既然故事要在光天化日之下把主人公还给我们，自然不会事先把他碎尸万段。但我们真是不明白，神话为何突然懒得来创造奇迹。实际上，咬嚼彰显的是更意识化的意志。吞咽是更原始的功能。这正是吞咽为何是神话功能的原因。①

---

* 普罗瓦（Charles Martin Ploix，1824-1895），法国海军水文学工程师，其论著涉及考古学、神话学、民间传说等领域。——译注

① 布莱耶尔（Bréal）：《大力神赫尔库勒斯与喷火巨人卡库斯》（*Hercules et Cacus*），1863 年版，第 157 页。

被吞者并不真地不幸，并不必然就是悲惨事件的玩具。他留有一种价值。如荣格指出的（《发现灵魂的人》，法译本，第 344 页）："人被龙吞下，这并不只是一个负面事件；只要被吞者是一位真正的英雄，他肯定就能钻到怪兽的胃中去；神话说，英雄和他的船、武器一起被吞到鲸鱼胃中。他用小船的碎片把鲸鱼胃戳破。鲸鱼胃里黑暗深邃，闷热得让他头皮发麻。英雄在怪兽体内点燃了火把，想找到一个器官，心脏或是肝，好用剑劈开。在他探险的整个过程中，鲸鱼从西海游到了东海，它在东海边搁浅，死在了沙滩上。英雄发现鲸鱼死了，就打开它的胁部，从里面钻了出来，此时，太阳正在升起，他则像个新生的婴儿。故事还没结束，他不是一个人从鲸鱼内钻出，钻出来的还有他死去的父母，祖先的魂灵，甚至他家以前养的牛羊。英雄领着大家来到阳光底下；对人和动物来说，这是复生，是自然的完美更新。这就是鲸鱼或龙的神话。"

要想保存住神话价值和潜意识功能，事件必须简要。过于复杂的叙述会让神话价值流失。如果作家过于人为地让主人公变得敏捷，那就会抹杀他的宇宙强力。给孩子们讲的神话，通常有这个缺点。来看看霍桑如何讲述卡德姆斯与龙搏斗的故事：[①] 龙的嘴巴"让人想到一个血腥大洞，岩洞深处还能看到龙上次整个儿吞下的受害者的双腿……"将龙的大嘴和岩洞作比，会带来一个问题，待我们研究岩洞形象并理清深层形象的同构性时，会更好地理解这一点。

[①] 霍桑（Nathaniel Hawthorne）：《奇妙故事汇编》（*Le Livre des Merveilles*），第二部分，法译本，1867，第 123 页。［译按］该书数据版，见法国国家图书馆网页公开数据：https://gallica.bnf.fr/ark:/12148/bpt6k9602419c.r=bertall%20cadmus?rk=21459;2，可以欣赏书中贝尔塔勒的插图。

还是继续美国作家的故事。主人公来了。面对这个血腥的嘴-洞，他"拔出剑……在一瞬间冲入可怕的深渊。这个大胆的诡计战胜了龙。因为卡德姆斯一下子冲得很远，一直冲到龙的喉咙里，龙的牙齿没来得及合上，所以没伤到他一根毫毛。"卡德姆斯躲在怪兽嘴里的三排牙齿后面，攻击它。他"劈开肠子，在里面翻来翻去"。怪兽断了气，英雄从怪兽肚中钻出，成为凯旋者。霍桑《奇妙故事汇编》法文版贝尔塔勒*的插图，很是有趣。版画因幼稚的英勇而受到所有孩子的欢迎。它天真地考察着约拿情结的快乐结局，轻易激活了价值的二元性，将吞咽者和被吞者谁更强大的问题悬搁起来。霍桑的书中还有其它不少过于明晰的神话例子。许多确实的遐想萌芽，在情节发展过程中被生生掐断，这些神话太爱用形象来给孩子讲道理。

但是消化的约拿形象通常与性元素相联，下面概要讨论一下。这个形象可以很明确地与出生神话联系起来。德普朗希说，佛的母亲"梦见自己吞下一头白象而受孕"！** 医学记录对这些真正的个人典故感兴趣。拉斯帕伊还讲了一个年轻女子"往自己阴道里塞了一只鸡蛋，蛋被孵化成熟，女子后来好像还生出一只活着的小鸡来"。这两个传说中的女子，一位吞下一只大象，结果生下一个神，另一位如此亲密地孵鸡蛋，我们可以说这些完全都是幻想。萌芽嵌合理论，可以是学者型约拿的情结。这个理论没有任何可述基础，相反，

---

* 贝尔塔勒（Bertall，全名 Charles Constant Albert Nicolas d'Arnoux de Limoges Saint-Saëns, 1820-1882），法国插画家、漫画家、版画家。又名 Tortu-Goth，十九世纪最盛产的插画家之一，摄影兴起之初的先行人物。——译注

** 佛经故事（《因果经》等），释迦牟尼之母摩耶夫人梦六牙白象入右胁而受孕，生下释迦。——译注

要找到相应的传说,却不难。有位作者以《自然化学》为题,来讨论妇女疾病(敦康,前揭,第二部分,1687,第164页):"德国报刊报道说,有个小女孩出生时就怀孕了,像从母鼠肚子里钻出来的老鼠一样,肚子滚圆滚圆的,当然,如果相信自然学家的话。"对这样的文本稍加思考,我们就会相信,一个契入极深的约拿情结,总含有几份性成分。

波都安将约拿情结与重生神话联系起来。他说,"主人公不满足于回到母亲乳房,而希望重新获得自由,好比从鲸鱼肚中出来的约拿,或是从方舟中出来的诺亚。"波都安将这则评论用到雨果身上。① 他引用了《悲惨世界》中这段奇怪的文字,小主人公贾弗洛什躺在巴士底广场一头石象的肚子里过夜。雨果说,贾弗洛什在这个藏身处体验了"圣经讲的约拿在鲸鱼肚子中的感受"。重读《悲惨世界》这一页,就会发现,这两者间的关联,在意识层面并不明显。需要找到理智不知道的理由。后面我们将看到,雨果作品很注重对潜意识心理结构的考察。

十一

上文引用的这个形象,在意识生活中不会有人相信,但在潜意识生活中会有人相信,那我们引用这样的形象,目的何在?我们想证明,最离奇的形象往往拥有近乎自然的根源。以上讨论可说对形象作了粗略勾勒,现在要想推测出那些"隐藏的约拿",就不难了,

---

① 波都安(Charles Baudouin):《雨果的精神分析》(*La Psychanalyse de Victor Hugo*),第168-169页。

即使人们没有用传统名称来命名这个形象，即使这个形象本身也没有特征性的线条。

那些展示过分的形象，最好避免来考察，因为它们往往丧失了神话魅力，使得文学精神分析与心理精神分析面临同样的困境：彰显形象并不总是隐藏形象的活力标志。这里需要的正是物质想象，它在形式形象之下想象，以发现潜意识深处的心理结构。展示过分的形象，我们仅想举出一个例子，希望不落入文学作品的陈词滥调。左拉在《萌芽》（巴黎，卷1，第35页）开头写道："矿井能一口吞下二三十个人，井自身毫无知觉，这么多人咕噜一下，就从井喉里滑下去了。"形象在第36、42、49、82、83页中继续，因为作者的坚持，矿井变成了一个吞人的社会性魔鬼。所有这些形象都被作者提着，指向他想给出的最终隐喻。它们失去了直接意义。

下面来看看外表不那么确定但更具彰显性的形象。

我们会明白，为何克洛代尔在"隐蔽约拿"的驱动下，顺从内在性规律，从屋檐过渡到了肚子。① "屋檐完全是人的一个创造，希望自己的岩洞能像坟墓那样完全封闭起来，或如母亲的肚子，人在屋檐下饮食休憩，仿佛又重新回到母亲肚中。现在这个岩洞得到充分使用，滚圆得像个活物。"我们想顺便提提这个形象巨大的综合特征。心理情结的多元性，人们如何能忽视？我们可从多个角度来解读：好好休息还是好好消化？然而作者谈到的仅是一个屋檐！还是仅追随形象的一条线索吧。要想好好休憩，要想在受到很好庇护与保护的地方休息，要想暖和地休息，母亲的怀抱是最安谧的地方。

---

① 克洛代尔（Paul Claudel）：《诗学》（*Art Poétique*），第204页。

最微不足道的住处召唤着理想的居所之梦。回家,回到摇篮中,都在通往最伟大梦想的路上。

小屋子比大房子更适合休憩,① 更妙的是,母亲的肚子就是这个完美的岩洞。克洛代尔的几行话,呈现出梦想者全身心投入回归岩洞之梦的多元性特征。

理解死亡的梦想母性,可有更清楚的例子?母亲的肚子和石棺,难道不是处于不同时段的同一个形象?死亡,睡眠,是同一个蛹,存在者必须自己醒来,必须重生。死去,睡去,就是把自我关起来。这就是为何布卢*只需两行诗,就能打开梦想大道的原因:

> 他想死
> 好让自己蜷缩起来
>
> ——《严酷》,第 24 页

我们不会奇怪,像埃德加·坡那样被恋母情结与死亡念头双重萦绕的天才,在某种意义上会将死亡的镶合加重几倍。他的僵尸故事中,一个已缠上绷布的人,还要三层棺材来保护。

十二

下面是一些表述上更简单的形象,但它们的意义并不因此减弱。

---

① Parva domus, magna quies. 小房子,大安静。
* 布卢(Noël Bureau, 1892-1967),法国诗人、记者、画家。——译注

第五章 约拿情结

吉尔维克的一行诗道出了形象的本质:

> ……山峦上
> 卷心菜的肚皮鼓得比所有肚子都大。
>
> ——《地球》,第 43 页

这首诗名为《出生》。若畅想吉尔维克随手给出的这个形象,会自然地让人联想起卷心菜生小孩的传说。这的确是一个传说-形象,形象自己讲述着传说,吉尔维克这位深刻的物之梦想者,常能发现明晰形象的梦想本质。我们的语言泛滥着形式形容词,有时需要沉思,才能找到物,才能在看到肚皮鼓鼓的事物时,再次经历肚中的生活。

肚子的形象一旦出现,看到这个形象的人,似乎就被激活了。在《埃莫库尔》(见雷尼埃尔:《雅思培的拐杖》,前揭)这部短篇小说的第 24 页和第 25 页,我们会读到,"大肚子船身"替船头雕像唤来几个"猪嘴"。"鼓着大肚皮的"巨轮"喝着船尖喷出的脏水"。

莫泊桑作品中有许多肚子——这些肚子往往都不快乐。《皮埃尔和让》这部小说中就有多处提到肚子(第 106 页):"……所有臭味似乎都是从房屋的肚子中钻出来的";"篮子的饱腹里升起一股出水海鲜的腥味儿来"(装鱼的篮子)。① 摆钟里藏着个羞怯的"约

---

① 篮子肚腹的形象,虽然很是站不住脚,但若与林哈特(Maurice Leenhardt)讲的美拉尼西亚人的身体概念联系起来,则很有趣。肚子和篮子,被强烈形象连接起来(林哈特:《真人:美拉尼西亚人世界中的人与传说》[*Do Kamo*],第 25 页以下)。[译按]林哈特(1878-1954),法国牧师、人种学家、传教士。

拿",它仅对腹语敏感(第 132 页):"摆钟……声音深沉,这个小小的钟表仪器好像吞下了教堂的大钟"。① 如果人们批评我们将潜意识倾向过分系统化,我们就请他们试着用明晰形象、具体描绘的形象、意识形象来解释莫泊桑的摆钟。壁炉上的摆钟居然能吞下教堂的大钟,这个梦想从何而来?我们认为,若从潜意识层面考察,则一目了然:约拿情结,作为更深层情结的形象化形式,在莫泊桑的这部小说中扮演着前科学发现的角色,精神分析必须深入到潜意识中才能有此奇遇。②

有时肚子形象的功能会增多。牛头怪*已是会消化、会发烫、会生育的肚子了。《奥利奥勒山》**中的肚子也很活跃。可还记得《奥利奥勒山》开头讲的那段漫长的"炸"石头***的故事。这段故事,如果在年少时读到,若不加入精神分析元素,会显得十分乏味。一旦从精神分析角度来看,则完全不同了。老奥利奥勒花了整整一个星期,在石头里钻了个洞。费了这么大劲后,这个洞成了"巨石的空

---

① 雷诺(Ernest Reynaud)在《波德莱尔》(Baudelaire)中对路易-菲利普风格的描绘,仍停留在形式层面:"到处都是肚子,连摆钟也是。"[译按]路易-菲利普风格(le style Louis-Philippe),路易-菲利普统治期间(1830-1848)风行的法国家具风格,对建筑也有影响。

② 比如小说开头有个人物跑着去找助产士,小说在后面会告诉我们,他其实就是孕妇的情人。莫泊桑指出,情人因为太着急,选错了要戴的帽子:他拿了孕妇先生的帽子。在精神分析学家看来,小说从第 40 页开始,变得明晰了。文字具有的不可知系数,对十九世纪和二十世纪的读者来说,并不相同,后者已受过精神分析方法的些许训练。

* 牛头怪(Minotaure),古希腊神话中的可怕怪兽,人身牛头,食人肉。——译注
** 莫泊桑 1887 年出版的第四部小说,前揭。——译注
*** 《奥利奥勒山》开篇讲了恩瓦勒山谷(la vallée d'Enval)的人等了十年的一件大事:le "rô du morne",即当地富有的农夫老奥利奥勒(père Oriol)要在田里"炸掉"(rô)一块"石头"(morne)。——译注

肚子"。人们往肚子中塞满了火药粉,温柔的克里斯琼*对这件事很感兴趣,"爆炸的念头"在她心内萦绕许久。小说接下来用了十页文字,对爆炸作了戏剧性描述。结果呢?原来石头下有个水源。

肚子在震耳欲聋声中炸裂,石头中所有的压缩物质都燃烧起来,一道强劲的水喷涌而出,这就是一块有实际经验的岩石,石头肚子知道自己的威力。毫不奇怪,老奥利奥勒早就料到,当着女儿们的面喷出来的这泪水,饱含矿物质、良善而利于身心,是健康与财富的保证。小说用了五十页文字来澄清夸张的心理情结,之后才来讲人类戏剧。

从一般的想象规律来讲,像莫泊桑这位依恋意识价值并相当注重现实细节描述的现代作家,居然会毫不迟疑来阐述一个十分古老的主题,这很是有趣。这段小说涉及的其实是石头喷水这个主题。如果从这个角度来读圣提弗**《圣经民俗论》中对这个主题的讨论,就会发现其重要性。

人们会批评我们为这段叙述套上了潜意识冲动,而叙述本身仅想讲述真实事件和彼此相关的事件。但如果追问莫泊桑这段叙述的目的何在,我们立即就转移了争议。要知道,作者在开始这段漫长描述的最初一刻,就知道石头炸开后,会有泪泉水冒出来,而且这道泉水珍贵有益。潜意识中活跃的这个原始意象,自始至终吸引着他。如果第一遍阅读中,这段叙述给我们带来的是冰冷惰性的感

---

*　克里斯琼(Christiane),小说人物 Christiane Andermatt,侯爵之女,嫁给了 William Andermatt,当时二十一岁,来到恩瓦勒山谷,试图治愈不育之症。——译注

**　圣提弗(Pierre Saintyves,原名 Émile Nourry,1870-1935),法国人类学家、人类学开先河者。——译注

觉，那是因为作者没有为我们的期待指明方向。读小说的时候，我们没有与作家的潜意识完全合一。作家比读者提前进入梦想，使得读者没有做好遐想准备，以进入完整阅读，能重新想象现实价值与潜意识价值的阅读中。

要想激发出"一个约拿"来，其实不费吹灰之力。闷热的某日，洛蒂乘着一条中国式平底帆船，行驶在乌云密布的天空下，他写道（《流放之语》，第232页）："弧形屋檐，如同鱼背，从我们头顶上倾轧过来，整个屋架仿佛一堆椎骨，让我们有困在野兽肚中的感觉。"让人"有困在野兽肚中的感觉"的客观细节，如果一个一个来研究，我们会发现没有一个会激发出肚中的形象来。现实在形象形成过程中完全无能，这难道不是要告诉我们，形象的源头在别处？这个源头其实藏在叙述者的潜意识中。一层薄薄的约拿情结，只需一点藉口，就会激发出传奇形象。这是一个无法用于现实的形象，但作家似乎潜在地相信，这个形象能让读者找到沉睡的形象，将各种不同的印象综合起来。我们不曾坐过一条中国式平地帆船，也不曾在一头野兽的肚中停留过，但我们认同——通过潜意识的参与——梦想着的旅行者给出的形象。

有些时候，约拿不从一个细节形象开始。它以一种隐喻传译出现，它传译的是恐惧，比惊慌更强大，一种与潜意识深层的原始意象相联的恐惧。如在李维拉*的《橡胶树林地狱迷失记》（《比弗尔期刊》，8）中，我们可以读到："我们迷路了。"这句话，如此简单，如此平常，在深林中道出，其透露的恐惧，远非溃败者"落荒而逃"的

---

* 李维拉（José Eustasio Rivera, 1888-1928），哥伦比亚作家。——译注

恐惧可比。听到这句话的人,脑海中立即浮现出食人深渊的幻象,森林在人面前敞开,好比一张吞人的大嘴,饥饿与威胁在它的上下颚间晃动。奇怪的是,没有一个表象细节有根据:森林没有嘴,也没有上下腭。可形象就是有震撼力;让人再也无法忘记食人深渊。168 约拿的原始意象是如此根本,能与最不同的形象相联。

十三

肚子的形象价值如此丰富,它自然会对对立价值间的辩证游戏十分敏感。同一位作家那里,肚子可引人发笑,也可让人发恨。

"祖辈用我们称为锅炉的东西,造出了怎样一头奇妙的喷火怪兽,它狮头龙尾……他们用这锅炉做成了一个长满鳞角的可怕肚子,一副硕大的甲壳……"(雨果:《法国与比利时》,第121页)。在《精神的四道风》中,雨果说:

喝吧,吃吧,让肚子鼓起来。

但其它地方又出现了相反的意义:"对人性来说,肚子有极重的分量;它能在每一瞬间打破灵魂与肉体的均衡。肚子充斥着历史。它几乎是所有罪行的魁首。它是装满罪恶的大肚皮"(雨果:《莎士比亚》,第79页)。

仅需给出两个隐喻的反命题即可。可以不费力给出许多例子来。不过,考察强烈参与到潜意识中的形象的意义游戏,将更有说明性。具原始想象力的想象,认为肚子是一个快乐、温暖、安静的

169 地方。不妨看看一个天真快乐的形象,看它如何在萨特充满痛苦的《恶心》中自我摧毁,会很有意思。萨特这本书对潜意识的威力极其忠诚,虽然在介绍主人公罗肯丹的时候,用的是不连贯的意识印象。就算是一位恶心者,一位什么都不想吞咽的存在者,一位受"反-约拿"折磨的存在者,肚子还是无处不在。如咖啡馆的长凳(《恶心》,第130页):"这个大肚子的血腥肚皮露在外面(因为裹着红色长毛绒),它圆鼓鼓的——肿胀着,几条僵死的腿。灰暗天空下,这个咖啡馆里漂浮的肚子,不是一条板凳。它也可以是一头被水胀死的驴,漂在一条阴沉的大河上,河水泛滥,驴肚朝天,随波逐流;我坐在驴肚上,双脚浸在清水里。物摆脱了名称。它们就在这儿,怪诞,倔强,硕大,称它们是板凳,对它们做出任何评论,都是对它们的侮辱:我在物中,不可名状之物。"

不可名状之物,一旦引起潜意识的注意,就会不断寻找一个名称。将原本是板凳的物体命名为肚子的瞬间,足以让潜意识从窒息的情感中释放出来。纪尧姆指出,人们喜欢用人体解剖学或动物解剖学中最普通的名词,为物贴上滑稽的名字。我们常说桌子脚,壁炉尾巴〔灰鹡鸰鸟〕,牛眼〔建筑物上的圆形或椭圆形开口〕,或汤眼〔汤上漂的油花〕。但所有这些形象一点都不会对人起作用。潜
170 意识兴趣触及的形象不一样。即使在死肚子的外表下——一只漂在水上的死驴肚子,极罕见的景象,因卑鄙行为导致的一场死亡,极沉重的象征——肚子也行使着生命形象的功能。它保留了中心想象的品质。它就是阴沉大河的中心,被雨清洗过的天空的中心,泛滥河水上漂着的浮标。它笨拙地消化着宇宙。肚子是一个完整形象,它协调着无序的遐想行为。

现在我们或许能理解某些形象遐想的综合精神行为。如果无法从萨特的文字看出遐想连贯性，那只需将它与有趣的即兴形象对比即可，雷纳尔诗兴焕发时常能慷慨地给出此类形象。我们会看到，游戏若对外在形式极其依赖，那它暗示出来的内涵则很贫乏。萨特的例子不错，因为简单。如果仅注重外表，那么肚子就是一个球，球就是肚子。光这么说，就很有趣。一切都因内在参与而改变。最寻常的滑稽，如胖的程度、膨胀的过程，沉重感，这些都被抹去了。不可表述的外表下，奥秘成熟了。德勒·瓦斯托在谈到一位印度神时，如此写道（《朝圣源头》，第32页）："如大象一样，他有属土物质的沉重与地下强力的黑暗。他的肚子很大：一颗豪华的大球，一个能让世界上所有隐蔽财富成熟起来的果子。"

十四

接下来看看，约拿情结如何确定形象的某些深度，如何在这个意义上、在叠加形象之下活跃着。《海上劳工》中的一页文字，特别有启发性，因为其中的最初形象将深层"约拿"完全遮掩住。

在《一座海底建筑的内部》中——水流淘出的岩洞——这个岩洞立即成为一座"大地窖"。这个地窖"以石头为天花板；以水为地板；阵阵海浪被四面墙紧紧拥抱着，仿佛颤抖着的巨石板"。

这座闪烁着"潮湿光芒"的地窖，被描绘成一处仙境。祖母绿石"融化"在冰冷中；蓝晶石裹着"难以置信的柔美"。这些真实形象，对神思恍惚的吉利亚来说，早就成为幻想中的一份现实。

形象之梦如此开始。吉利亚在一个头颅之内，在人的头颅之内:"吉利亚头顶上有个什么东西,像一个偌大头颅的下部。这块头颅仿佛刚被解剖。拱顶上淌着水的岩石条纹叶脉,仿佛纤维的岔枝,仿佛骨盒的锯齿缝线。"直观现实表象覆盖的形象,又会重复多次。接下来一页,我们可以读到:"地窖藏在巨大而壮观的死人头颅内;头骨是穹顶,口腔是拱;没有眼洞。这张嘴吞吐着潮汐,正午时分向外张开,纳取阳光,吐出苦涩。"该章末尾:"穹顶的叶片仿佛大脑,那些攀爬的分支像密布的神经,闪耀着绿玉髓的柔光。"

172 　　岩洞(caverne)、地窖(cave)、头颅(crâne)的形象综合似乎实现了——坚硬字母"c"的凯旋。尽管如波都安指出的,雨果作品中前额神话与头颅神话非常强大,但它无法超越独特形象的价值,这个形象如此特别,与超乎寻常的情境无比契合,这一点波都安也注意到了。这样一个形象有可能让读者的想象好感止足不前。可翻到前面几页,下降到潜意识深层,我们就会发现,这个岩洞,这座地窖,这块头颅,其实就是一个肚子。它有横膈膜:"在这个地窖,可以感觉到大海的颤动。外面的波动让它鼓起来,内里水面随均匀的呼吸瘪下去。这个无声开合着的巨大绿横膈膜里,仿佛住着一个神秘的灵魂。"

　　明晰的解剖学或许会对这个肚子-头颅吹毛求疵,但是,潜意识形象的真相还是从中浮现,彰显出梦想的综合(或融合)强力。这位吉利亚,这位梦想者,这个洞-梦想,相信自己在一个海底岩洞探险,相信自己下降到大海的地窖,碰到一个死人头颅,他就在大海的肚腹中!热爱缓慢阅读的读者,喜欢用伟大形象的文学复调来丰富阅读经验的读者,会理解,作家没有被这个形象呛住。最终约拿梦想又折了回来,承纳下这个特殊的头颅约拿。

第五章　约拿情结

倘若岩石肚腹深处现在爬满了可怕的章鱼，那这也是石肚正常的肠子，章鱼正是这样的存在，它吸纳海底世界的流浪尸体和漂流尸体。针对伯奈（Bonnet）*骇人听闻的消化目的论，雨果如此解读："埋尸者贪吃。"即便在海洋深处，"死者也需要埋葬"。我们是"坟墓"，肚子是石棺。该章如此结束，集中了海底岩洞所有的印象："不知是死亡的哪座宫殿，安宁。"

安宁，因为满足。岩洞-肚腹的初步综合，似乎向彼岸跨出了新的一步。吉利亚在死亡的屋穴内，在死亡的肚腹中。死人头颅，石化骨盒，仅是一种过渡形式。这种形式有形式想象的全部不足，无法胜任遥远的比较。它停留在潜入大海的梦想中。但是，一旦接受最初的内在性梦想，一旦感受到死亡的收留作用，这个形式就成为一个怀抱。我们在"这个"被推到极限的"约拿"处，识辨出死亡母性的主题。

十五

道出深层人性的伟大形象，都是同构形象，这种深层人性，人可在自身感觉到，也可在物或宇宙中感觉到。这就是为何这些形象天生就是隐喻的原因。同构这个词，其实无法恰当描绘出这种通感，因为通感在同构形象失去形式的瞬间才会实现。形象虽然失去了形式，却对它依依不舍，要来解读形式。实际上，梦想之居的处

---

* 伯奈（Charles Bonnet de Genève，1720-1793），日内瓦自然学家、哲学家。——译注

所之梦与回归母体之梦间,存在渴求保护。克洛代尔的话,在我们看来,仿佛一个连字符:屋檐是肚子。① 里布蒙-德赛尼在《看哪,这人》(*Ecce Homo*)中说得更清楚:

> 房间围绕着他们
> 仿佛一个肚子
> 一头怪兽的肚子,
> 野兽已开始消化他们,
> 在永恒深渊的底部。

这些失去形式的同构性会重新获得意义,② 如果人们愿意追随我们,一起来到我们选择的研究领域,自发地考察形式之下被想象的物质。人们就会发现某种物质化的憩息,柔静热度的鲜活矛盾。似乎存在一种深层物质。深层将我们同化。它完全不同于深渊的那种深,后者让人沉沦,我们上本著作末章讨论的重力心理学曾对此有所涉及。*

下面给出此类物质同构性的一则例子。这种深层物质,具体说来,可以是山洞、肚腹、地窖内的封闭夜晚。布斯奎在《迷宫》(n°22,第19页)上发表过一篇出色的文章,提到在物质上活跃的一个夜晚

---

① 克洛代尔(《金头》[*Tête d'Or*],第14页)说:"我从房屋的肚子里走出来。"而后:"任由它指挥,就像无法违抗的肚子"(第20页)。
② 论及有关房屋的吠陀诗时,我们曾引用过将房屋比成大肚子的一行诗。[译按]见第四章,第四节末尾。
* 《土地与意志的遐想》最后一章。——译注

它如腐蚀盐一般,有渗透性。这个"盐的夜晚",既是被大地隐藏的地下夜晚,也可以是有生命体内部的深沉夜晚。布凯还说,这是一个"活着的贪婪夜晚,呼吸的存在,都与它内在相联"。从第一句话开始,我们就有超越习惯知觉形象领域的感觉。这种夜晚的超升,这种夜晚-现象的彼岸,须藉物质想象达到。我们掀开夜晚的黑幕,如布凯所说,来看至-黑之夜:"其他人心怀恐惧地提到它,他们想谈论它,却没有语词。这个夜晚不允许人们将它分解,它如拳头般把自己抓紧,把空间渗入的东西全部挡在外面。它是肉身形成之前的夜晚,它让人拥有如花的眼眸,让眼眸拥有绚丽的宝石颜色。这些宝石色与植物、头发、大海一样,都源自同一个黑夜。"

在肉身之前,或在一个肉身之内,在肉欲叶片中,死亡是重生,眼眸又会如花般绽开,对世界充满惊奇……

我们其实曾多次提到,平庸的诗歌中,形象往往拒绝被梦想融通,拒绝彼此联合。这里,头发知道海底岩洞之夜,大海知道植物的地下之梦。深层的夜晚,呼唤着所有形象——它不仅呼唤黑暗无垠的苍穹,——还呼唤着黑暗的物质,被根消化的泥土。无论是消化还是埋葬,我们追随的都是同一条超越之路,或如瓦勒所说,物性地追随它,比欲想更强烈:

> 身在凹处,人是多么舒服
> 有肉身最初的黏土。
> ……………………
> 沉下去……
> 沉到陌生的国度去

那里，无知是晨曦。

——瓦勒:《诗集》，第 33 页

布凯多次提到了夜晚肉身的监狱，尽管大同小异，都认为约拿仅是一个过于天真的故事。他在提到诗人的时候写道："他的身体，我们的身体，被一个积极的夜晚裹住。夜晚吞下将诞生的事物，然而，在这个硫化的夜晚，他也任由自己被夜晚吞没。"

在所有这些形象中长久驻留，从一个形象转到另一个形象，自由而缓慢，这样就能体会到复合形象带来的超常乐趣，这些形象能同时联结想象生命的多重心理结构。这正是现当代文学显著的新文学精神的本质，它擅于转换形象层次，沿中轴升降，从有机界到精神界，或相反，它从不会满足于单一的现实层面。文学形象有可用作形象或思想的优势。它包含内在与客体。毫无疑问，它是表述问题的中心。

我们现在可以明白，为何布凯会说"肉体的内在身影，使得诗人在所见之物中迷惑"，或者，更快地，诗人"在物中迷惑（s'enoûte）"。布凯，用一个深思熟虑的动词，为迷惑（l'envoûtement）带来新的涵义，但是，自我迷惑（s'enoûter），这个深思熟虑的动词，它的箭头是朝外的；它含内倾与外倾两种标记。"在……中迷惑"（s'enoûter dans），是一个少见的表述，它同时拥有想象的两种基本运动。最外在的形象：白日、黑夜，成为内在形象。这些伟大的形象，在内在性中找到信念之力。从外在而言，它们仍然是明晰精神的感应手段。但内在感应更有价值。约拿，与梦想之居和想象的岩洞一样，都是无需现实经验就可对所有灵魂起作用的原始意象。夜晚迷惑着我们,岩洞和地窖的黑暗把我们拢入它们的怀抱。实际上,只要触及这些在人类潜意识中拥有遥远根源的复合或超复合形象,哪怕仅摸到一个棱角,它们的些微振动就能传至各处。如同我们经常指出,且一有机会就会重复的,母性形象彰显的形式,最纷杂、最出乎意料。布凯的文章,将苍穹之夜与肉体之夜并提,将无-形象的深度赋予了约拿形象,留给读者完美或缓和形象的自由,但又确信将外在之夜与内在之夜的并行性传达给了读者。"(诗人)体内活着的夜晚,一心将孕育诗人的母性之夜内在化。子宫内,即将出生的肉体,喝下的不是生命,而是黑暗。"顺便提一下,这恰好证明了奶暗藏的黑这个形象的梦想真率性。

十六

我们多次看到,遐想深入时,约拿形象就获得了潜意识成分,肚子仿佛一个石棺。这种衍变能在特别清晰、表面看来完全理性的形象之下进行,这点让人十分震惊。比如特洛伊木马战略,人们给出的解释最清楚不过了,不过,仍然有质疑出现。舒勒*的著作(《柏拉图的虚构》,第 75 页以下)就阐述了他的疑点。特洛伊木马(好比圣经中的鲸鱼),或许是古希腊船只的名称,这些船或许是波塞冬的"马"?那些被食人牛头怪打动的历史学家不禁自问,所有这些动物-汇集地会不会只是些衣冠冢。① 比卡讲述说,据希罗多德,

---

* 舒勒(Pierre-Maxime Schuhl, 1902—1984),法国哲学家。——译注
① 比卡(Charles Picard):《米迪亚的衣冠冢与美奈拉斯的巨人像》(*Le Cénotaphe de Midea et les Colosses de Ménélas*),《语文学期刊》(*Revue de Philologie*), 1933,第

米凯利诺斯*的女儿死后葬在"一头金木母牛(奥托女神的象征)**体内,供在萨伊斯***的宫殿,受人祭拜。母牛四周点着灯,熏着各类香料。神化牛科动物的祭拜风俗,米诺斯人保留下来,并传给迈锡尼人,祭拜形式多样,动物可以是公的或是母的,被认为有保护力量,在冥界也能发挥作用。到古希腊人时,他们已不能理解这种风俗。"舒勒在引用希罗多德的这段文字时,提出或许可对特洛伊木马传说做出类似的解释。舒勒引用了奈特的一个观点:"特洛伊木马更属于魔法或宗教,而不是一个军事策略。"它是"打破保护伊里昂城墙魔法的一个手段"。特洛伊木马这个超-明晰的形象,意识已给出不可改变的定局,我们希望运用崭新的心理学理论,用深入潜意识的形象,作些补充解读。这也说明了成对精神的存在,有详细评注的视觉形象和有强烈情感力量的神秘内在形象,被它融合。

我们假若有机会讨论所有的葬礼神话,就会看到其中充满了这种能将外在形象与内在形象联合起来的双重性。我们也就达到了生命与死亡的均衡:石棺是肚腹,肚腹是石棺。从肚子出来是出生,从石棺出来是重生。约拿在鲸鱼肚中住了三天,好比耶稣在墓穴中待了三天,故而约拿是一个重生的形象。

341-354 页。[译按]Midea, 古希腊伯罗奔尼撒一座迈锡尼古城。Ménélas, 特洛伊战争英雄之一,斯巴达之王。Charles Picard(1883-1965), 法国古希腊历史学家与考古学家。

* 米凯利诺斯(Mykérinos), 古埃及第四王朝的王,统治时期约在公元前 2500 年。——译注

** 奥托女神的象征(symbole hathorique), "hathorique",源自古埃及神话中的女神 Hathor, 是爱、美、音乐、母性与喜悦的女神。——译注

*** 萨伊斯(Saïs), 古埃及地名,处于尼罗河西部三角洲的分支上。——译注

十七

还有不少形象可用这种标记——从死亡约拿到母性死亡主题的过渡——来研究。从这个角度来看,蛹的主题值得专门讨论。

蛹天然具有包裹形式的魅力。它仿佛一个动物果子。④ 但是,如果知道蛹是毛虫与蝴蝶的中间存在,一个全新的意义领域就在我们面前打开了。观念从而激发出梦想。

罗扎诺夫《当代启示录》(法译本,第217页)中对蛹之神话的研究,意义重大。他认为,"毛虫、蛹和蝴蝶,可从宇宙学而不是生理学上解释。从生理学来看,它们不可解释,甚至不可表述。然而,从宇宙学角度来看,它们则完全可以理解;几乎任何有生命的东西,都如此参与着生命,坟墓的生命和重生的生命。"

我们几乎无法明确区分科学解释与神话解释的差异。学者会说,如果他一天又一天观察了变形的每个阶段,那他就能把整个过程清楚地描绘出来。可象征需要另一道光芒来照亮自身。神话希望物能被世界解释。存在者的生成发展,必须用"生命、坟墓、重生"来解释。如罗扎诺夫所说,"昆虫的生存阶段,折射出所有的生命过程。"毛虫:"我们爬着,吃着,单调,不爱动。""蛹是坟家与死亡,坟家与植物生命,坟家与希望。蝴蝶,是沉浸在太空的灵魂,它盈盈起舞,只认识太阳和花蜜,只会潜入偌大花冠寻找饮食。"罗扎诺

---

④ 《泉》(第60期,第226页)上曾载有一篇讨论布莱克(Blake)的文章,里面翻译引用了斯温伯恩(Swinburne)的一段妙文:"蛹,母性的标志,在他头顶上,卷曲着,蜷缩着,如裹在肉体外面的叶片,把人类肉身生成的水果关在里面,又放了出来。"

夫将食用"泥浆和垃圾"的毛虫的"嗜土性"(géophagie),与在花中采摘太阳花粉的蝴蝶的嗜日性(héliophage),加以对比。

罗扎诺夫详细讨论了蛹和木乃伊的形象(第 279-280 页)。木乃伊就是人的蛹。"每个埃及人,在变成蛹之前,都先要准备一块光滑的长方形茧,跟毛虫织的一样。""可看到一个漆成棕色的粗糙硬壳:石棺,总漆成棕褐色。石棺似乎是石膏做的;如果真是这样,它的质料也让人想起茧的外壳,因为毛虫身体能分泌出一种石灰来。一般而言,埃及人的葬礼,与毛虫变成蛹的过程一样;这就是为什么——要点——甲虫,这样一只昆虫,成为埃及人通往来生象征的原因。""埃及人最重要的发现,是属虫的来生。"我们当下在大地上的生活,正是属虫的生活。空中的生活,我们仅能通过花上的蝴蝶来了解。可人的花在哪里,涵有可食的属天之金的花在哪里?罗扎诺夫说,如果这种花真地存在,那"它就在坟墓的彼世之中"。①

这样,在这些形象中,坟墓成为一个蛹,一副吃掉肉体之土的石棺。好比蓬日所说,木乃伊,如同被蛹的绷带紧紧包住的毛虫,"匀称双翅的燃烧,这场真正的乍现",让它光彩夺目。② 蛹和石棺的形象碎片,居然能如此联合,真是有趣。因为所有这些形象有同一个兴趣中心:一个被封的存在,一个被保护的存在,一个隐藏着的存在,一个把奥秘还给深层的存在。这个存在会走出来,会重生。这里的形象有一个命运,它命令形象必须重生。

---

① 斯特林堡:《地狱》(*Inferno*,前揭),第 47 页:"毛虫在蛹中的变化,与死后重生一样,是一个奇迹。"

② 转引自萨特。萨特对这一形象的评论,见《人与物》(*L'Homme et les Choses*),第 51 页。

第六章 岩洞

"堂吉诃德走出蒙泰西诺斯岩洞:'这里根本不是地狱,我在这儿度过了美好的时光。孩子们,坐下来,听我好好讲,一定要相信我哟。'"

——塞万提斯:《堂吉诃德》,Florian 法译本,第 2 部分,第 20 章

一

这一章可能会比其它章节更容易暴露出我们研究的肤浅,这与我们强加给自己的限制有关。我们实际上不想深入研究纯粹的神话领域。如果真有这样的愿望,那我们每一章都该是另一幅模样,而且必须做出很大篇幅的延伸讨论。比如,要想确切考察岩洞和山洞生命的全部强力,就必须考察所有关于地狱之神的祭拜,还有旧日教堂埋葬死尸的地下室礼仪。这根本不是我们的任务。圣提弗译出波斐利*的《山林水泽仙女的岩洞》**后,写下了《论巫术-宗教与

---

* 波斐利(Porphyre de Tyr, 234-约310),新柏拉图学派哲人,普洛丁(Plotin)的学生。——译注

** 该书是对《奥德赛》(十三,102-112)片段的寓言性解读。——译注

原始象征中的岩洞》，对此类主题有所涉及。岩洞中举行的地下礼仪、秘密祭拜、入教仪式，让岩洞成为一个天然的庙堂。狄美泰*、狄奥尼索斯、米特拉**、茜贝乐***、安提斯****的岩洞，提供了某种意义上的仪式综合地点，圣提弗在文中清楚提到了。地下宗教有不可抹灭的痕迹。然而，再重申一次，这种类型的深层研究，不是我们要做的。我们只想考察梦想，考察被表述的梦想，具体来说，考察那些欲求文学表述的梦想，总之，我们的主题仅限于文学岩洞。

对主题的这种限制能产生一种效果，这点，我们希望讲明。在我们看来，实际上，若仅限于文学形象，就能将与既得认知无关的弱化神话隔离开来。作家当然认同从学校习得的知识，但一种骤然的差异，有时会暴露出他对传说活跃性、对纯传说想象的认可。为此，仅需一个新颖的表达，一种表述的更新，一道语言的骤然灵光。语言一旦超越现实，就有成为传说的可能。我们就会给活跃起来的神话一个意外。当然，这种神话，忽而天真忽而傲慢，通常过于简短，几乎无法抵达传说的中心。虽然如此，它却能提供传奇尝试，以保证对想象倾向的研究。信念与表述之间也就形成了一种新的关系。藉由文学，表述似乎渴求自主，信念似乎围绕塑形良好的文学形象生成，虽然它轻盈和短暂。诚挚形象，在最巧的笔下诞生。

---

* 狄美泰（Déméter），古希腊神话中农耕与收获女神。——译注
** 米特拉（Mithra），原为印度-伊拉尼亚神，公元二、三世纪罗马帝国兴盛起对该神的祭拜。——译注
*** 茜贝乐（Cybèle），希腊罗马神，诸神之母。——译注
**** 安提斯（Attis），希腊罗马神。——译注

二

接下来考察"文学"岩洞,我们可能无法讨论此类想象的所有层面。

要想为形象归类,我们必须不停地增多差异。形象一旦被孤立,我们就可以找到那些中间形象了。比如,岩洞形象和地下迷宫形象,可以区分开来,尽管它们经常被混淆。强调出差异后,可以说,岩洞形象彰显的是憩息想象,迷宫形象彰显的则是艰难运动、焦虑运动的想象。

岩洞实际上是个庇护之地,人在里面自由遐想。被保护憩息、宁静憩息的梦想,在此一目了然。穿越了一定程度的神秘与恐惧,走进岩洞的梦想者,觉得自己可以在这里住下来。只需停留几分钟,想象就已搬了进来。它看到可以在两块大石头间烧火做饭,角落里可以铺上蕨草床,还看到一扇窗,躲在爬藤与花朵点缀的花环后,向蔚蓝天空敞开。天然窗帘,在文学岩洞中屡屡出现。弗洛里昂的田园岩洞(《埃斯苔勒》,第295页),挂的是"野葡萄"。有时候,一扇乡村风格的窗户,若覆上树叶,就变得神秘,通过一种奇怪的置反,会让人觉得那是岩洞的窗!就这种置反,后文将举出乔治·桑《一位旅行者的来信》中的一则例子。

窗帘功能与我们前面提到的阁楼小天窗原理对接上了:躲着看,好比我们老香槟区人说的——躲在小开口后朝外看,偷看/装傻。波都安指出(《雨果》,前揭,第158页),雨果经常在作品中用到fenêtre-naître(窗-生)韵。在提到此点的同一章中,波都安还说,好奇的欲望其实就是想窥探生育秘密的欲望。

有时，叶子帘帐让人有身处岩洞的感觉。雷尼埃尔的《埃莫库尔先生》中，有一个小小的岩洞，一位上流社会的女士走进去休息，作者给出这段简洁描述："绿藤垂下，遮住了阳光。一片荫凉"（《雅思培的拐杖》，前揭，第71页）。

要列出岩洞入口的所有象征，必须做长久的考察。门的明晰功能，不应急切加入。马松-胡塞勒*指出（《门的欧亚象征》，《新法兰西杂志》，1933年8月1日），岩洞是没门的住处。想象不要过于匆忙，夜晚降临，人将一块石头滚动搬到岩洞口，好安心睡个觉。躲避处与恐惧的辩证，需要一个出口。人想被保护，但不愿被关住。人类存在懂得在外与在内的价值。门既是一个原始意象，又是一个概念：它是潜意识安全感与意识安全感的综合。它将门槛的守卫者物化，而所有这些深层象征目前都埋在潜意识里，作家的梦想无法抵达。躲避处的明晰价值过于活跃，阻碍人们去发现那些隐蔽的价值。实际上，只要人有被庇护的感觉，居住行为立马就会发展起来。

如所有高贵灵魂一样，乔治·桑懂得贫穷的魅力。她的小说里总有一个岩洞，来作为乡间的房屋。甘苏埃罗**的监狱，很快变得可以"居住"了。拥有一颗温柔的心灵，岩洞中的孤独梦想者，憧憬着隐藏的爱情，朗诵着乔斯林***的诗歌。

---

* 马松-胡塞勒（Paul Masson-Oursel, 1882-1956），法国东方学学者、哲学家。——译注

** 《甘苏埃罗》（Consuelo），乔治·桑1843年出版的一部历史小说，以十八世纪的欧洲为背景，讲述了流浪歌者甘苏埃罗在社会上发迹的故事。——译注

*** 拉马丁（Alphonse de Lamartine, 1790-1869），法国诗人、小说家、戏剧家，法国浪漫主义主要人物之一。《乔斯林》（Jocelyn）为拉马丁1836年出版的一部诗歌体小说。——译注

第六章 岩洞

隐藏爱情的梦想价值，会将我们带到大自然那些神秘的地方去，秘密的房间即岩洞。梦想中的炽烈爱情，不可能属于城市，要为它梦想一个宇宙背景。邓南遮在《若仅如太阳》，法译本，第45页）给出了一个奇怪的置反："我走进我们的房间，那个你称为潜水艇的绿房间，我们曾在里面相爱，畅饮欢乐，它仿佛一个带着盐味的岩洞里……"

一点点岩石感，就能给出这样的印象和遐想。德·赛南库尔笔下有个敏感的男人[①]："沉在水中的一块岩石，荒凉沙滩上一截树枝的倒影，都让他有流放、平静、孤独的感觉。"同样，梭罗（《瓦尔登湖》，前揭，法译本，第34页）也说"玩房子游戏的小孩"好像"在玩骑马"。"谁不记得小时候曾兴致勃勃地盯着悬垂的岩石看，或是仔细观察过岩洞的周边环境？"我们能明显地体会到，大自然中一个微不足道的藏身处，会直截成为憩息形象梦想的偶然因素。比如，伍尔夫的一部小说中（《波浪》，法译本，第28页），两个小孩趴在一株茶藨子树*下；一个地下世界立即在他们的想象中敞开。居所想象为岩洞。孩子们说，"我们住进地下世界吧。这是属于我们的秘密地盘，茶藨子垂挂着，如枝状吊灯为我们照明，一边是透红的光亮，另一边是黑暗……这是属于我们的宇宙。"[②] 同样，斯蒂芬斯

---

① 德·赛南库尔(De Sénancour)：《原始人》(*Primitive*)，第59页。[译按] Étienne Pivert de Senancour(1770-1846)，法国第一波浪漫派作家。

* 常见落叶灌木，高1-3米，小枝灰色或褐灰色，果实成串，熟透后晶莹如红宝石，味酸可食，欧洲人爱用来做水果塔饼、果冻或夏季糖浆饮品。——译注

② 这种想立即住下的意愿，被莫泊桑用十分奇怪的方式表达出来，他走进一个陌生的房间（《月光：我们的信函》[*Claire de Lune. Nos lettres*]，第287页）："房间里只有我一人，我认真观察它的墙壁、家具，还有整个公寓的样子，好在其中安住下我的精神。"

的《金钵》中,也有小孩这么玩耍:"山楂树下的地盘是他们小房子的炉膛。"此外,我们还注意到,一个不起眼的形象能激发出一堆基本形象来。藏身处让我们有拥有整个世界的感觉。尽管岌岌可危,它却能提供所有的安全梦想。

对罗斯金*来说,梦中短暂之物,外表总是很犀利:"大自然对人类需求的顺从,使得希腊人仅在看到呈岩洞状的石头时,才会感到某种满足。若看到其它形状的石头,尤其是插满尖刺的空心石,他们会惊恐不安;但如果这些石头被抛光,被'雕'成石船的侧面,或是一个可以住人的岩洞,则变得可以忍受"(《现代绘画》,法译本,第47页)。

虚假岩洞是对自然隐居想象的致敬。德·赛南库尔在山的侧翼建了一个假岩洞。拜勒吉奥角索公主**在罗查蒂***城堡内,有一个秘密的工作间,钥匙穿在她的手表链里。她在给梯叶里****的一封信中写道(第86页):"我正在巫婆的岩洞内,没人能看见我,阿勒岑*****好像亲手教过我。"于岩洞中,我们可看到外面,而不被人看到,这正是黑洞作为宇宙缩影的矛盾方式。盖兰******在给布列塔尼

---

* 罗斯金(John Ruskin, 1819-1900),英国作家、诗人、画家、艺术评论家。——译注

** 拜勒吉奥角索(Cristina Trivulzio Belgiojoso, 1808-1871),法国人称她是拜勒吉奥角索(Belgiojoso)公主,意大利女文人。——译注

*** 罗查蒂(Locate di Triulzi),意大利米兰的一个区。——译注

**** 梯叶里(Jacques Nicolas Augustin Thierry, 1795-1856),法国历史学家,公主生前好友。——译注

***** 女魔术师,此处暗指韩德尔(Georg Friedrich Haendel, 1685-1759)的三幕歌剧《阿勒岑》(Alcina, HWV 34)。——译注

****** 盖兰(Georges-Pierre Maurice de Guérin, 1810-1839),法国诗人、作家。——译注

地区的一位朋友的信中写道（转引自德卡奥斯：《论文》，第303页）："……如果我能在你们小海湾的一块岩石中心挖出一个荫凉的暗洞来，能住在里面，用一生的时光，像个海神一样，凝望着远方无垠的海面，那该多么诱人。"

不少建筑师梦想在房屋和岩洞间架构起真正的关联，想让住所拥有尽可能多的宇宙感。布列东在车瓦勒邮差（facteur Cheval）*的建筑中，看到了将房屋与岩洞、自然石化联起来的"通灵"元素。[①]

《一个孩子的小说》的许多篇幅，也向我们讲述了令人难忘的岩洞形象的强力。小洛蒂生病了，哥哥为他在庭院里，"在院落深处，在一个让人喜爱的角落里，在一棵老李树下，造了一块小小的湖；他先把土挖了，浇上混凝土，做成一个蓄水池……，然后找来石头，在湖边摆好，又挖来整片的青苔，好让湖边充满自然情调，有石头，还有岩洞……"哥哥送了一个宇宙给他，对一个病愈的孩子来说，这是一件多么喜悦的事！"哥哥告诉我，这属于我；这超过了我能想象的最美好的事……我感受到一种内在的欢乐，似乎永远不会穷尽。噢！拥有这些，真是意料之外的幸福！每天都能享受，

---

* Joseph Ferdinand Cheval（1836-1924），法国人习惯称之为"facteur Cheval"，一位几乎没有上过学的乡间邮差，每天在乡间间步行30多公里送信。有一日他在送信途中被一块石头绊倒，可这块石头却启发了他生命的绵绵灵感，促使他想盖一座梦想中的宫殿。之后每天出门送信，邮差都会推着他的手推车，在路上寻找可用的石头。他前后用了33年的时间，在自家菜地里，用大自然中随处找到的材料，盖出了他的"理想宫殿"，里面刻有各类主题的仙女、巨人、动物等等。1930年代曾有多位艺术家（毕加索、布列东等）对邮差的宫殿倍加推崇，认为是自发艺术的代表作。1969年在时任法国文化部长的马尔勒（André Malraux）的大力推荐下，列入法国历史建筑名单。宫殿如今对公众开放，每年有许多游客前来观光，车瓦勒邮差的故事，也被后人写成故事或拍成电影。邮差先生的宫殿网址为http://www.facteurcheval.com/。

[①] 布列东（André Breton）：《晨曦》（*Point du Jour*），第234页。

即将来到的温暖美好季节的每一天！……"（第78页）

每一天？是啊，形象的自然价值，一生受用不尽。这不是成为物主的那种拥有感，而是成为大自然的主宰。孩子收到的是一份宇宙玩具，一处自然居所，憩息山洞的原型。岩洞再也不会离开孩子心中那些基本形象的行列。洛蒂说（第80页），"那是世界的角落，在爱过其它许多东西之后，我对它依然眷恋不舍；世界上没有其它任何地方，能让我感到如它那般的安宁，能让我重新振作，享受青春和新生的馈赠。它是我的圣麦加*，这个小小的角落属于我；如果有人来这个角落打扰我，似乎就会打破我生命中的某种平衡，我会失魂落魄，几乎就是生命末日的开始。"洛蒂在那些遥远的旅行中，肯定常在清凉幽深的岩洞阴影中沉思。他肯定会将真实景象与不可抹灭的记忆联系起来。"微型"岩洞，记忆深处的悠远小形象，"在旅途中那些低沉忧伤的时刻，常常陪伴着我"……通过对回忆的奇怪凝缩，洛蒂把岩洞与故居融合起来，他梦中的岩洞是他曾经居住过的房屋的真正的原始意象。"在世界各地流浪的那些忧伤岁月里，我的寡母和姨妈克莱尔穿着她们一成不变的黑裙子，在那座如坟墓般空寂的可爱的房子里，孤单地走来走去；那些岁月里，一想到那个空荡荡的房子，一想到我童年熟悉的那些物件变得无比陈旧，我的心就抽紧了；我特别担心，时间之手、冬日的雨会不会毁掉我那座岩洞脆弱的拱顶；说起来真是奇怪，要是哪天那些长满青苔的又旧又小的石头真地倒下来了，我几乎就会觉得自己的生命中从此有了一道裂缝，不可弥合。"我们住在梦中找到的一座居所中，那

---

* 伊斯兰教第一圣地。

里聚集了憩息的全部象征。若想保留住梦想的强力,梦想须与原初形象统一。洛蒂的文字,就是梦想忠诚于基本形象的一则例子。与其给出不明确的含糊梦想,人们总喜欢给出西班牙城堡之梦,岩洞则是一个凝聚的梦。西班牙城堡和岩洞,构成最明晰的居住意志的悖论。在别处,在此处,不是只有几何视角可以表述。还要有一种意志。居住意志,似乎能在地下居所凝聚起来。神话学家常提到,原始思想中,岩洞是精神力量(mana)凝聚的场所(圣提弗:《论岩洞》;波斐利:《山林水泽仙女的岩洞》文后[前揭],巴黎,1918)。

为遵循仅限于讨论那些依然活跃的想象材料的研究原则,我们就只能来看看现代想象可以展示的层面。只需在岩洞中住过,在里面梦想过,或仅通过意念回想,就能感受到其中凝聚的内在力量。这些内在之力不久就会活跃起来。还记得那些"文学"岩洞吗?对岩洞内部构局的简单描绘,就能挑起对它的兴趣。不妨重温鲁滨逊*充满灵巧创造的孤独时光,或凡尔纳《神秘岛屿》中的海上遇难者。热心的读者会参与到乡间的舒适生活中去。家具的乡野味,似乎能为自然居所带来真正的精神力量。

如果我们将居住的活跃方式与消极方式对峙,就能更好地体会地下住所的积极想象。盖兰有一段奇怪的表述(《绿皮书》,Divan版,1,第223页):"正逃跑的猎物,被长时间追赶,在一棵老橡树根下的空洞,在某个石缝里,停下脚,找到自己的认命之处。它迅速钻进窄暗的入口,爬到岩洞尽头,在那里趴下,把身子蜷缩起来,听着远处的犬吠声和猎人的吼叫,心跳得双倍快。啊,终于在我的

---

* 即《鲁滨逊漂流记》,英国作家笛福(Daniel Defoe, 1661-1731)出版于1719年的长篇小说。——译注

窝里了。"忧愁、苦恼、顺从命运的窝。下章讨论迷宫时，还会谈到。形象不会彼此孤立，想象重复着自身，没有任何顾忌。岩洞、地窝，是人屈从命运的生活场所。不要忘记辩证的第二个主题：劳作者的岩洞！

波斐利曾评注过荷马描绘伊塔克岩洞的两行诗，我们不禁要问，这两行诗到底有什么象征意义：

里面还有特别长的石头绷架，
林泽仙女们在上面织着美妙无比的绛红色的布。

这两行诗无疑有许多象征意义。只要稍稍梦想自己是织布者，只要振奋起来，就还能加入更多的象征，好比马尔奈*的岩洞-作坊，倘若我们真能看见在黑暗中织成的绛红色布匹，倘若我们在地下绷架、在石头绷架上，织着光芒线缕的话。

当然，乡野与技术对峙的时刻会到来。人希望拥有一个敞亮的作坊。开着小窗的作坊，从而就是一个活跃的岩洞形象。想象构成一个世界，如果想理解此点，必须给出形象的所有功能。岩洞守护着憩息与爱情，它也是原始工业的摇篮。正常情况下，我们会觉得它是孤独劳作的地方。我们会发现，开着小窗的作坊，让人更有劳动激情。若真想一个人待着，那就不需要太多的光亮。地下行为，有想象的精神力量的恩赐。必须在四周留住一些阴影。要懂得进入暗处，以拥有劳作的力量。

---

* 《马尔奈》(*Silas Marner*)，英国小说家艾略特（George Eliot, 1819-1880）的第三部小说，讲述了十九世纪初一位英国织布匠的故事。——译注

三

深沉之音、地下之音的想象,在岩洞入口活跃着。所有的岩洞都会说话。

我要比较所有岩洞的声音。

诗人如此说道。①

对看得见的深深眼眸来说,岩洞就是嚎叫。
——雨果:《阴暗之口的诉说》

对一位地下之音、遥远窒息之音的梦想者来说,耳朵能捕捉到超验性,远在触觉与视觉之上。劳伦斯曾写道(《精神分析与潜意识》[Psychoanalysis and the Inconscious]):"The ears can hear deeper than eyes can see.——耳之所闻,深于目之所见。"耳是属夜的感官,最敏感之夜的感官:地下之夜,封闭之夜,深在之夜,死亡之夜。一个人处于黑暗的岩洞中,就听得见真正的寂静之音:

阴影通过石头带来了
被选中的真正寂静

---

① 雨果:《世纪的传说》(*La Légende des Siècles*),Hetzel 版,卷3,第27页。

终极之夜。

——塔尔蒂欧*:《无形的见证》,第 14 页

站在岩洞入口,虽未经受"深"的折磨,岩洞也马上就会有所回应:呢喃或威胁,神谕或玩笑。这完全取决于探询岩洞之人的精神状态。岩洞能提供最敏感的回音,传出颤栗回音的感受。当然,地质学家已将那些能发出最美回音的岩洞编列入册。他们用地形构造来解释一切。意大利希拉库斯城(Syracuse)附近的拉托米斯岩洞,被人称为僭主德尼斯**的耳朵,据说,该洞结构如耳:"在洞口可十分清楚地听到岩洞深处低沉的回音,在洞内用手搓一张纸,发出的声音仿若飓烈狂风,洞内打枪则如打雷。"传说僭主德尼斯透过岩洞上方的小孔,偷听关在拉托米斯岩洞内罪犯的抱怨和诅咒。历史学家和地质学家,本着同样的积极精神,于此举手言和。地质学家说它像耳洞,历史学家认为它有传音喇叭的功能。他们都认为自己在考察生命现实,他们考察的其实是一个想象存在的化石。

然而阴影之口继续诉说着,它认识有生命力的想象发出的回想,完全用不着拉托米斯的声音怪兽。一个岩洞,就能为我们提供所有的回音梦想。这些梦想中,神谕是一种自然现象。那是岩洞想象的一种情形。神谕现象的所有细节依然活着。比如,地下声音的震慑感,它要吓人的意志,若从心理学角度来考察乡村生活流传下来的传统,就会理解这一点。父亲跟孩子散步,突然在洞口吼了一下,声音简直震耳欲聋。孩子先被吓住了,随即也玩起同样的游戏。

---

* 塔尔蒂欧(Jean Tardieu, 1903-1995),法国作家、诗人,一生创作丰富。——译注

** 老德尼斯(Denys, Διονύσιος, 公元前 431 年-前 367 年), Syracuse 地区原希腊殖民地僭主。——译注

他从此知道了这种让人惊恐的力量。恐惧尽管只持续了一瞬间,它却成为认知的根源。现在,孩子成为一种震吓强力的主人。他会在新手面前炫耀一番。当然,这些微不足道的神谕,神话学家根本不会注意到它细微而难以捉摸的"心理性"。但是,如果忘记了日常生活中这些微小现象,这些纯真的田野生活形象,又如何能懂得神话对沮丧灵魂的作用呢?

作家们却不会忽视对恐惧的描绘,虽然不那么真诚,却有潜意识的因素在。大仲马在《瑞士印象记》(1,第78页)中写道:"岩洞发出沉闷的吼声,好像一只受惊的熊,一头冲进巢穴深处。人的声音发出响亮的回音,在这个杳无人迹的地方,听起来有些可怕。"熊的抱怨声(极其少见),在岩洞内听来,仿佛自然不过的怒火,它是一场风暴。

喜欢想象的人,爱与地下回音对话。那一点点学着提问、学着作答的人,会懂得神谕中你、我的心理。回答如何适应提问呢?自然声音开始说话时,我们更多是通过想象而不是知觉来感觉。自然模仿人时,它模仿的是被想象的人。

卡斯特莱① 说,库迈女先知*"在出神的状态下,会模仿溪流或地下风吹的声音","女先知的预言共九章,她过世后,预言在罗马保存下来,整整七个世纪中被人查看,从大塔尔根王**开始,直到阿拉

---

① 卡斯特莱(Norbert Casteret):《深渊之底》(*Au Fond des Gouffres*),第197页。

* 库迈(Cumes, Κύμη 或 Κύμαι),古希腊人称为"大希腊地区"(今意大利半岛南部海岸)的一座古城,位于那不勒斯西面12公里的地方,现为极重要的考古遗址,其中最著名的即女先知岩穴。——译注

** 大塔尔根王(Tarquin le Superbe,Lucius Tarquinius Superbus),罗马第七世王,也是最后一个罗马王,公元前534年-前509年统治罗马。——译注

里克*攻占罗马"。人们经常谈到罗马政治的延续性。无论如何,神谕至少在潜意识内保证了罗马政治的延续性。从政治上来说,这种延续性还有另一种价值,它对想夸耀几位大执政官或几位高级官吏的英明政治的人来说,很有用途。这种政治延续性,虽通常由潜意识抉择构成,背后却不缺乏明确理由。但这是另一个故事,我们不想偏题,且将考察限制在个人梦想上。山谷深处的孤独梦想者,只要与岩洞的强力对过话,就能领会某些神谕功能的直截特征。如果观点有些自相矛盾,那是因为自然地生活、在大自然的孤独中梦想,这些已变得矛盾起来。受教育的小孩,被迫远离所有的宇宙梦想。对神谕的解读,人们早就教给了孩子,孩子已事先被理性与社会磨平。历史考古学家不懂得心理考古学。这也没什么好奇怪的,因为即使心理学家自己,对模糊一团的原始梦想通常也不感兴趣,而这些梦想却是伟大形象和思想核心的摇篮。

土地之音属于辅音系。元音属于其它元素,欢快之嘴吹出的哨音,则是属气的。有力或愤怒的语词,必须伴以大地的颤抖、岩石的回音、深沉的翻滚。深沉之音,在岩洞的提携下,成长壮大。如果能将自发声音的价值系统化,就会明白人其实想模仿自然。沙哑之音、深沉之音、怒吼之音,这些都是属于土地的声音。居勒·米什莱**说,先知们说的都是晦涩难懂的话(《人性圣经》,第383页)。因为深渊发出的声音含糊不清,因为它们是先知之言。

此处,似有人为矫作的痕迹。斯塔尔夫人(Mme de Staël)***写

---

* 阿拉里克一世(Alaric Ier, 370-410),维希哥特(Wisigoth)贵族,后称维希哥特王,统治时期为395-410,396年攻占雅典,410年攻占罗马。——译注

** 居勒·米什莱(Jules Michelet, 1798-1874),法国历史学家。——译注

*** 斯塔尔夫人(Anne-Louise-Germaine Necker, 1766-1817),日内瓦与法国作家。——译注

道(《论德国》,第一部分,第一章):"德国郡主们漂亮的花园中央,通常有一个群花围绕的岩洞,洞附近会安置一台风吹竖琴,这样,风就会把琴音与花香一道吹到空中。"此处的岩洞仅是一个回音器,一扇回音筒。可是,人晓得用人造的岩洞来加强风声,因为人曾在有回音的山洞前遐想过。

想赋予山洞积极角色的巧妙梦想,都应被提到。岩洞仿佛肺,山在洞中呼吸。地下的气息,正是伟大的属土存在的呼吸。

四

站在幽深岩洞前,面对岩穴入口,梦想者犹豫着。他看着黑洞。岩洞跟梦想者面面相觑,也用它的黑眼睛盯着梦想者。山洞是独眼巨人的眼睛。山洞或岩穴的这种黑色眼神,雨果的作品中有不少例子。从一首诗到另一首诗,目光交错:

噢,老岩洞,站在你紧皱的眉头前……
——雨果:《竖琴》,1,第121页

满怀遐想。我是岩洞凝视的眼眸。
——雨果:《林神》,第22页[①]

[①] 格里(Julien Green):《午夜》(*Minuit*),第49页:"十岁的旅行者……看到岩洞入口闪过一道目光。"洛蒂(《到伊斯帕汉去》[*Vers Ispahan*],第128页):"渐行渐远,地下古墓的黑洞仿佛死人的目光,一直尾随着我们。"

这种一会儿在人身上、一会儿在宇宙身上固定住形象现实的置
199 反游戏,我们已习以为常了。这种置反游戏本身,构成了想象的能
动性,可是这一点,人们并不怎么注意。藉助这个游戏,我们的心
理活跃起来。它构成某种整全的隐喻,置换了主体和宇宙这两个哲
学主题。

这种置换,必须从那些脆弱至极的形象,那些短暂至极的形象,
那些最不可被描绘的形象上来体会。岩洞目光就属于此类形象。
这个简单的黑洞,如何能变成深沉凝视的形象?需要一大堆属土的
遐想;需要冥想深在之黑,仅有深在之黑,没有质料,或至少没有
其它质料。若稍作努力,抓住自然形象,我们就会更好地理解阿波
里奈尔*对毕加索的如下这番评论(《立体派画家》):"……他画中的
光线,重而低沉,仿佛岩洞的光线。"我们似乎感觉到,同一个深在
领域内,看为看而看:岩洞之光,用一道深深的目光,注视着诗人。
阿波里奈尔不正写道:"毕加索习惯了无垠的幽深之光。"

岩洞的凝视目光,确认了它想看的意志。凹陷的眼窝,已是让
人害怕的深渊。雨果,拥有绝对目光的诗人,在《巴黎圣母院》中
写道(1,第259页):"她的眼眸在浓密的眉弓下闪耀,仿佛岩洞深
处的光芒。"

岩洞内,黑似乎在闪耀。从现实主义角度看来不成立的形象,
能够被黑色注视的想象接受。伍尔夫写道(《波浪》,前揭,第17
页):"树叶岩洞的深处,鸟儿的眼睛在闪烁。"黑土洞内一只会动的

---

* 阿波里奈尔(Guillaume Apollinaire,1880-1918),俄属波兰裔法国诗人、作家、艺术理论与评论家。——译注

眼睛,让我们[200]内心升起一股特别的情绪。约塞芬·约翰逊[*]写道(《十一月》,法译本,第75页):"看……我看到壳纹猫头鹰冰冷专注的目光。那是些小猫头鹰,它们的眼眸如同宝石。我几乎被感动……"老墙的黑洞,透过猫头鹰的眼眸,朝外看了看。

五

被想象强调的岩洞可分为:令人恐惧的岩洞和让人欣喜的岩洞,它们为地下世界的形象提供了足够的辩证。只要站在岩洞入口,就能感受到恐惧与欣喜、想进入又害怕进去的混杂情绪。入口在此处获得关键抉择的意义。

这层基本的双重性,变为拥有多层细腻涵义的游戏,获得了多样的文学价值。正是这些价值,使得某些文字能让某些灵魂激动不已,而在另一些灵魂眼中,它们仅是冰冷譬喻。这正是浪漫岩洞的情形。傲慢的阅读会将它们从叙述中完全剔除出去。而通常为浪漫风景添色的,正是岩洞的意义和功能。下面仅以明德尔[**]对蒂克[***]的一段妙论为例。我们可以看到,蒂克式的岩洞,如何为风景带来

---

[*] 约塞芬·约翰逊(Joséphine Johnson, 1910-1990),美国女作家。——译注

[**] 明德尔(Robert Minder, 1902-1980),法国的德国语言文学研究专家,曾任教于法兰西学术院(Collège du France)。题外话:关于 Collège de France 的译法,之前为了不与 Académie française 的惯常译法"法兰西学院"混淆,有学者将前者译为"法兰西公学院",也取其面向公众授课职能之义。然而,译者一直不太满意这个译法,故而译为"法兰西学术院",取其汇集法国各学术领域最有成就的教授为教席教授之义。——译注

[***] 蒂克(Johann Ludwig Tieck, 1773-1853),德国诗人、翻译家、小说家,参与第一股德国浪漫主义文学潮流。——译注

浪漫主义的魔力（第250页）："在蒂克那里，岩洞往往是为风景添加的最后一笔，是森林与山川最神秘的归隐之处。一个近乎有魔力的场景内，岩洞包含了蒂克风景中半神秘、半真实的元素；对这座美妙岩洞的寻找，诗意地表达出一股总是潜在的思念之情：孩童时就已感怀的最初乐园。主人公们，在进入岩洞的时候，会有这样的感觉，仿佛他们最遥远的梦想正在实现；最后，整个诗意世界，对蒂克来说，有时近乎就是一座美妙的岩洞。"这样，诗人凭着直觉，找到了人类命运实现的宇宙岩洞和神秘岩洞的所有神话。明德尔引用了蒂克下面这首诗，我们转引的是白艮*的译文（《金杯》）：

> 远远地，有一座岩洞，
> 藏在灌木丛中，久久被人遗忘，
> 青藤深掩，遮住它的入口
> 已无法识别。
>
> 野红石竹花点缀着。
> 洞内传来轻盈又奇怪的声响，
> 变得剧烈，而后渐渐消失
> 逝为一段轻柔的乐曲……
>
> 或如被囚动物的淡淡呻吟，

---

* 白艮（Albert Béguin, 1901—1957），出生于瑞士，法语作家，深爱法国文学。——译注

第六章 岩洞

> 它是孩童神秘的岩洞。
> 唯有诗人能打开它的门。

岩洞躲在青藤或常春藤叶丛后,洞边点缀着野石竹花,还有神秘遥远的童年回忆,一旦能理解岩洞深在的双重涵义,就会明白,它的确就是一个深在的风景,是浪漫风景中不可缺少的深在性。明德尔提醒道,波都安曾毫不费力地指出,回归神秘岩洞,就是回归母性,那是一位有天资小孩的归来,他/她走过了遥远的旅程,背负了种种遗憾与不幸。

六

对岩洞梦想者来说,岩洞远不是一座房屋,它还是一个存在,能用声音、目光、呼吸,来应答我们的存在。它也是一个宇宙。圣提弗自问(第47页),岩洞在地球第四纪时,是不是被人看成"宇宙的缩影,洞顶代表天穹,地面是整个大地"。有些岩洞似乎"就是仿照宇宙建筑规则挖出来,并加以布置的"(第48页)。总之,史前岩洞或山洞有为人所用的功能,这不可辩驳,但这似乎远远不足以解读它们的角色。岩洞依然是一个神秘的地方,这也是它作为原始意象,影响着所有人的潜意识的原因。

圣提弗还提到岩洞是宇宙子宫的原始神话。有些神话中,日、月、所有生物,都由一个岩洞生出。岩洞更是人类起源处。有一则秘鲁神话,里面有一座人称"产房"的岩洞(第52页)。圣提弗引用了《旧约·申命记》(32):

> 耶和华让他吮吸
> 磐石产的蜜，
> 最硬石头产的油。
> ....
> 你抛弃了生育你的磐石。

《旧约·以赛亚书》中的一句话，让我们把握住形象与现实的互渗：从岩石中诞生，从祖先处传承。"尊崇生育你们的磐石，尊崇养育你们的石头地（或岩洞）。尊崇亚伯拉罕为你们的父。"如所有拥有伟大梦想的材料一样，这样的文字，让我们感觉到它明晰的象征性和深在的梦想现实。岩洞，从许多方面，让我们重新找到卵的梦想，还有蛹中平静睡眠的梦想。它是日用存在的墓穴，人每天早上从墓穴中走出，从大地的沉睡中走出。

圣提弗想将现实元素重新纳入哲学象征里去。在他看来，柏拉图的岩洞并不是一个简单的寓言。那个大写的岩洞就是一个大写的宇宙。①哲学家提议一种智力苦行，这种苦行通常在"举行入门仪式的宇宙岩洞"内进行。入门阶段要训练的，正是从梦想到思想的过渡区域；岩洞是白日之光与地下黑暗交织的场景。

弥漫着遐想光芒的岩洞内，阴影投在壁上，这个景象很容易让人想起梦境。舒勒谈到柏拉图的洞穴神话时，也提到了最隐蔽、最遥远的潜意识价值。传统的解读，将神话看成简单的寓言，我们不

---

① 歌德《浮士德（第二部）》(*Second Faust*)中，合唱队对傅尔可雅思(Phorkyas)说："你就想象，这些岩洞内有一个世界，有树林、草原、溪流、湖海……"

禁要问,岩洞内的囚禁者怎么可能会被简单的皮影戏迷住。神话有另一层深度。梦想者依恋岩洞的涵义。这些涵义在潜意识中存在。如果仅将神话解读为简单的寓言——如果立即进入文本的明晰部分,就不能完整地来研究它。普鲁兹鲁斯基*认为,柏拉图可能只是描绘了一个场景,多半属于在岩洞内举行的"传授奥秘的宗教仪式"。潜意识回音,在哲学思考看来,不值一文。如果哲学某天开始相信自己的直觉,这些回音或许会有更大的价值。

然而光芒的几何游戏在明晰思想和深在形象间波动着。下面看看联合了这两种心理结构的一个文学遐想。

有时候,岩洞因为地理朝向,会在一年中固定的某一天,有阳光射入,它从而成为某种天然日晷。阳光照进岩洞深处的那个瞬间,在劳伦斯的《转瞬即逝的亚马逊》中成为神圣的祭奠仪式开始的时刻,确切说来,这还是有点奇怪;那是一部有着残酷宗教标记的故事,饱含想象,几乎不受知识的影响。大写的岩洞等着大写的太阳。

地下室之诗,地下庙宇的沉思,为传统评论提供了场所。我们仅想指出单独一个梦想方向,那就是在地下室重新找到岩洞,找到那座深深隐埋在潜意识中的岩洞,那座波德莱尔诗歌意义上的岩洞:过往的生命。在有着"巨大回廊"的庙堂内:

> 它们笔直而庄严的巨大廊柱,
>
> 在夜幕降临后,成为玄武岩的岩洞,

---

* 普鲁兹鲁斯基(Jean Przyluski, 1885-1944),波兰籍法国语言学家、佛教文献学专家,1931年出任法兰西学术院印度支那史与文献学教授。——译注

诗人找到了过往的生命,找到了那些原始梦想,找到了潜意识的地下室和地下室的潜意识。

我们曾在本章开头提到,岩洞的造访者都梦想布置岩洞。一道置反的遐想,能把我们还给原始单纯。人类的建筑物,乃源于对大自然的梦想。它是天然岩洞,或如劳伦斯所说,它是"完美岩洞"。下面来看看一段文字,伟大的梦想者让人觉得,最遥远的人类历史仿佛就发生在昨日。

站在林肯教堂*的广场上,小说《彩虹》中的一个人物仿佛站到潜意识阴影的门槛上(法译本,第160页):"他站在门廊下,兴奋不已,似乎即将有什么重大发现。他抬头仰望,石头景象在他眼前敞开。他马上就要进入完美岩洞了。"

撒满阴影的厅堂,似乎已成为一个硕大的蛋卵,梦想者在其中重新体会到深在的感应。在"无边的阴影"中,他的灵魂颤抖着"从巢穴中升起","冲入黑暗,飞向迷狂,放开自身,在激动中晕厥,在幽深洞孔内,在寂静与宽广的阴影中,颤栗着,这就是生殖的种籽:狂喜"。

奇异的狂喜,把我们带到地下生活中,一种希望下降到地下的生活。

完美岩洞中,阴影不再因光芒的灈动而不安。完美岩洞是一个封闭的世界,是活跃着黄昏质料的宇宙岩洞。"这里,黄昏的霞光是生命本身的菁华;绚丽的阴影,是阳光与白日的胚胎。第一道曦光从这里射出,最后一缕晚霞在这里安息;不朽的阴影,生命绽放、

---

* 林肯(Lincoln)教堂,位于英国东部林肯郡,曾为世界最高建筑,16世纪时,塔尖崩塌。——译注

凋谢，照出安宁深在的不朽沉寂。"

追随这种梦想的读者，肯定会感到自己不在人为建构的世界里，不在构造精妙的庙堂中，而是处于阴影物质中，这种物质经历过最根本的双重性：生命与死亡。劳伦斯正是在这座完美岩洞的阴影中（第161页），融合了"萌芽的黑暗"与"死亡的黑暗"。他也就此找到了睡眠的伟大综合，睡眠是憩息，是生长，也是"活着的死亡"。劳伦斯作品中如此强烈的萌芽奥秘，在这里成为地下睡眠的奥秘，成为半-生命、交互生命的奥秘，仅能借助潜意识的抒情来把握。智性与品味通常会反对梦想者的抒情生活。极为奇怪的是，最聪明的人往往无法传译出睡眠的真相，发展不全的潜意识力量一旦处于完美岩洞中，就会如同一棵种子，会汲取"整个世界的秘密"。

黑暗中，我们无法辨识方向，我们远离了形式，空间感没有了，但我们却不难发现，房屋、肚腹、岩洞、蛋卵、种子的形象，均通往同一个深在形象。一旦深入潜意识，这些形象会逐渐失去个性，会接受完美岩洞潜意识的全部内涵。

如同我们经常强调的，深在的形象总伸向同一个趋点。这个奇异住所，或为房屋，或为岩洞，或为迷宫，总在变幻氛围，雷尼埃尔让他的主人公埃莫库尔先生学会如何支配女人："对我来说，她仿佛一朵在危险的地下通道入口绽放的花朵。她为我打开通往彼岸的裂缝，湮没了我的灵魂……"所有的宇宙形象——岩洞为之一——都彰显出心理面貌来，雷尼埃尔写了这么一句话，浓缩了所有深在形象："在魔力般的螺旋上升中，我与岩洞融为一体。"①

---

① 雷尼埃尔：《雅思培的拐杖》，前揭，第60页。

恕我们直言，将这些极不同的形象集中起来，其实很是麻烦。这项棘手的工作，让我们看到对深在的禁止，它没有逃过语言学家的眼睛。范德里耶*注意到，有深在涵义的语词，长时间内往往都有最极端的贬义痕迹。站在岩洞入口，我们想象自己来到了大地"深处"，在思考自己想说的话语时，言辞上的某种惧怕将我们阻止。

整整这一章，我们都希望维持住自然遐想的线索，尝试以文学形象为依凭，这些形象似乎自发地从作家笔下冒出来的。若以宗教历史为参照补充，其实会容易很多。岩洞之神的材料多不胜数。[①]然而，若想证明地下室、山洞、缝隙、岩洞会唤起人内心的特殊之梦，不应考察大多数梦想者完全忽视的那些传统而使我们有太多的证明。

一套重构潜意识理论若能建立，我们或许可以请教考古学家如何保持住某些形象的合一性。岩洞是居所。这是最明晰不过的形象。但是，从属土遐想的召唤这个事实来看，这个居所既是最古老的，也将是最后一个。它成为母性与死亡的形象。隐蔽在岩洞内，就是回归母性。岩洞是一座天然的墓穴，是大地-母亲，是Mutter-Erde（大地-母亲）亲手布置的墓穴。所有这些遐想都在我们心中，考古学似乎可作参考。所以，当我们说到"宙斯之墓"时，就显得不那么"矛盾"了。"矛盾"这个词，恰恰说明我们在逻辑白昼下审视传说，它敞亮得想触及宗教生活的所有真实性。罗德说，"很明

---

* 范德里耶（Joseph Vendryes，1875-1960），法国语言学家、克尔特语专家。——译注

① 可参考罗德：《灵魂》(*Psyché*)，A. Reymond 法译本，第92页以下。[译按]罗德（Erwin Rohde，1845-1898），德国古典语文学家。

显,在[希腊]克里特岛宙斯墓穴的传说中,作为'墓穴'的岩洞里面,居然长眠着一位永远不会死去的神,这样一种矛盾的表述,说明宙斯神与这个地方不可分割。这很自然地让人联想到另一个不这么矛盾的传说,即位于德尔斐的一个神墓。阿波罗神庙内,在大地女神圣石*下,有个状如穹顶的建筑,让人想起最古老的坟墓,在这个建筑下,据说埋葬着一位属神的存在,据最可靠的说法,可能是阿波罗的敌人琵彤**……"一种信仰居然能在一个特殊的地方深深扎下根,这无疑可以成为历史学研究的一个动机。但这种扎根并不总是一个简单的隐喻。为何不对形象的综合性感兴趣?大地女神圣石下的琵彤,不正是生命与死亡的多元综合?

可以看到从自然梦想涵义角度考察传说与信仰的必要性。然而,如果传说没有立即被潜意识接纳,它们能真正传承下去吗?似是而非的秩序,通过潜意识建立起来,削弱了悖论表象。生命与死亡的辩证,窒息在综合状态中。被埋葬的英雄生活在大地的深处,过着缓慢的生活,他沉睡着,却永垂不朽。

我们会在《蛇》一章中讨论另一种类型的属土形象,到时我们会看到另一种综合转化,通常将被埋葬的英雄变成蛇。罗德也提到(第113页):"埃莱希泰***住在这座庙宇深深的地下室内,如其它属土的魂灵一样,变成蛇,永远活着。"形象的某种命运,为属土存在

---

* 西方古典传说中,圣石(omphalos)被认为是世界中心的象征,最著名的即此处提到的德尔斐圣石,位于阿波罗神庙的后殿。——译注
** 希腊神话中,琵彤(Python)是一条大蛇,盖娅(大地)之子,守护着德尔斐神庙的神谕,被阿波罗杀死。——译注
*** 埃莱希泰(Érechthée),传说中雅典第六世王,Érichthonios之孙,Pandion之子。——译注

带来了永恒。后面将看到,蛇具有永生的资质,并不仅仅因为衔尾蛇这个明晰象征,蛇的永生更具物质性,更具本体性。

岩洞接纳着越来越属土的梦。处于岩洞内,就是开始了一段属土的冥想,就是参与到大地的生命中,就是投入到母性大地的怀抱中。

第七章　迷宫

"墙的重量,关上了所有的门。"

——艾吕雅:《无法停续的诗》

一

迷宫概念的完整研究,必须考察诸多完全不同的问题,因为这个概念覆盖的层面很广,从夜间生活到白昼醒着的生活。明晰生活教给我们的东西,自然掩盖了深层遐想的现实。一位在乡间交错的路上找不到方向的旅行者的沮丧,一位在都市中迷失的游客的尴尬,似乎为梦中的迷宫焦虑提供了情感质料。从这个角度看来,只需增加困恼的强度,就能获得焦虑。我们可以毫不费力地画出夜晚的迷宫图,或如心理学家一样,用隔板造一个"迷宫",来研究耗子的行为。考古学家们,还在追随他们的智性化理想,他们依然认为,如果找到泰达勒*建筑图,就能更好地理解泰达勒传说。事实考察尽管有用,然而,若没有心理考古家,就不会有好的历史考古家。所有明晰作品,都有一道阴影的留白。

---

*　泰达勒(Dédale, Δαίδαλος),古希腊神话人物,善于雕刻、建筑、铸铁等,手艺高超,其最有名的建筑是牛首人身的怪兽米诺托尔(Minotaure)藏身的迷宫。——译注

211　　迷宫经验的源头被遮盖,伴随这种经验的情感深厚原始:"我们越过阻挡道路的情感"(雷威尔第:《多数时光》,第323页)。这里,也需在形式想象之前,在迷宫几何之前,先置入一种特殊的积极想象,甚至物质想象。梦想中,我们有时就是一种迷宫物质,在拉伸中生活,在自己的隧道上迷失。这样,须将潜意识困扰,置于明晰意识的尴尬之前。如果我们不为迷宫焦虑所扰,那我们就不会为站在路边而找不到路而恼火。所有迷宫都有一个潜意识维度,需要发现其特征。所有的尴尬都有一个焦虑维度,一个深度。正是这层焦虑维度,能彰显出单调却众多的地下形象与迷宫形象来。

　　首先需要理解的是,睡眠中经历的迷宫之梦,是深层印象间有规则的关联,另外,这种睡眠极为特别,不妨简称为迷宫睡眠。它是荣格提到的原始意象的一则好例子。德索瓦伊曾清楚解释过原始意象概念。他认为,如果仅将原始意象看成一个简单而唯一的形象,就无法真正理解它。原始意象其实是一个形象系列,"它是人在典型情境下远古经验的总结,这种情境并不针对某个个体,所有人都会遇到……";行走在阴暗的树林或幽黑的岩洞内,迷失了方
212 向,找不到路,就属于典型情境,这种情境能给出无数明晰精神行为的形象和隐喻,尽管现代生活中此类现实经验已极为稀少了。我自己深爱森林,记忆中好像从没在林中迷过路。人担心自己会迷路,却从来没有迷过路。

　　法语具体得让人奇怪,一个词可以描绘两种完全不同的经验:失去某物,失去自我!某些词富含情结,如何能更好地看到?谁能告诉我们失去存在的境况?失去的是戒指、幸福,还是德行?如果失去的同时是戒指和幸福和德行,心理承受力该要多强!同样,迷

宫中的存在,既是主体又是客体,凝聚在迷失存在中。[①] 我们在迷宫之梦中体会的,正是这种**迷失存在**的典型情境。**迷失自我**,以其包含的所有情感,显然就是一个先古情境。一点困难——具体或抽象的——都能将人置于这种处境中。乔治·桑说(《达尼埃拉》,卷1,第234页),"在一个阴暗单调的地方走路,我会没有把握,会不安……"。相反,有些人自以为有方向感。他们以此为傲,但方向感其实可能会掩盖一种双重性。

夜晚的梦境中,我们总会在无意识间,踏上远古先祖游民的跋涉之路。有句俗话认为,对人来说,"一切都是道路";如果将之对比于遥远的原始意象,不妨加上:对人来说,一切都是迷失之路。自发地将迷失感与潜意识轨迹联系起来,就是重新找到迷宫的原始意象。梦中步履维艰,就是迷失,就是体会到迷失者的不幸。艰难之路这样一个简单元素,成为不幸的总和。如果细致分析,我们就会发现,只要稍有一点起伏变动,人就会感到迷失,稍有局促感,人就会焦虑。在睡眠的地窖中,我们总会将自己拉伸:柔软地,或痛苦地。

若对明晰形象加以考察,我们会更好地理解某些能动综合性。醒着的生活中,狭窄隧道与交叉路口,会以互补方式,构成两种不同的焦虑。我们甚至能用一种焦虑,来释放另一种焦虑。让我们踏

[①] 卡夫卡在小说《美国》(*L'Amérique*)开头,谈到丢失之物与迷失的游客之间的这种含混关系。为找到一把丢失的伞,游客又不知把行李箱放到了哪里,他自己也迷失在横渡大西洋的客轮肚子那"不停转弯的"走廊里面。船到岸后,游客开始了美国的迷宫式生活,社会境遇每况愈下。全部的现实苦难使得不幸蜂拥而至。见贾法(Paul Jaffard)的《卡夫卡的意义》(*Signification de Kafka*),载于《认知》(*Connaître*),第7期。

上这条窄路，至少不再犹疑。让我们回到交叉路口，至少不再随波逐流。但是，迷宫噩梦综合了这两种焦虑，梦想者生活在一种奇怪的犹豫中：他在一条独一无二的路中央犹豫。他成为犹疑的物质，一种在犹疑中延续的物质。迷宫之梦，似乎是对痛苦往昔的焦虑和对不幸未来担忧的综合积累。人卡在堵塞的过去与无出路的未来之间。他困在一条路上。于是有了迷宫梦想的诡异宿命：我们有时会回到同一个地方，但从不会走回头路。

这从而是一种拖延与呻吟的生活。必须透过形象的能动特征，将之彰显出来，或需要指出，一个艰难的运动如何会提供冲撞的形象。下面将先试着单独拎出几个形象来。而后对某些岩洞如特洛夫努斯*岩洞神话，稍加考察。最后，试着对这个联合了梦境经验与明晰生活经验的中间区域，稍加阐明。这个区域形成的文学形象，恰是我们特别感兴趣的。

二

人们习惯用梦中压在胸口的闷重感来形容噩梦。梦中人，感到被重物压住，在重物下挣扎。当然，传统的心理学，百分之百地拥护明晰经验的实证主义，会来寻找这个压着人的重物：被子还是毛毯？或"无法消化的/沉重"饮食？禁止晚餐食肉的保健师，忘记了无法消化的/沉重饮食其实仅是消化不良的一个隐喻。会消化并喜欢消化的生理系统，从未受累于这种"沉重感"：吃得饱饱的，舒

---

* 特洛夫努斯（Trophonius），古希腊神话人物，传说中的建筑师。

第七章　迷宫

舒服服睡个好觉。

梦的偶然原因就这样被忽视了。必须在梦产生不是接收印象时，来考察它，因为确切说来，梦不会真正接收印象。迷宫之梦非常适合此类研究，因为梦的能动性参与到梦对形象的制造过程中。迷宫其实只是形象的制造。从梦的角度来看，它具有典型性：迷宫由延展、堆积、弯曲的事件构成。梦中的迷宫没有棱角；它只有拐点，能将梦想者挟持为梦想质料的深在拐点。①

从而，对希望理解梦的心理学家来说，必须再次认识到主客体的转换：梦想者心理压抑，并不是因为通道过于狭窄，——而是因为梦想者在看到道路变得越来越窄而烦恼不安。梦想者会矫正朦胧而深在的梦想形象，这些形象有些许的明晰感。梦中，迷宫没有被看见，也无法预测，完全不是路的样子。需要体验，才能看见。梦想者的扭曲，他在梦想物质中的迂回运动，遵循的正是迷宫的轨迹。入睡者若经历过这些，他重新回到视野清晰的地面后，若在坚固确定的客体世界中来讲述梦，那么在被讲述的梦中，总会有错综复杂的道路和分岔口。一般说来，研究梦的心理学家，能清楚区分出梦的两个阶段：被经历的梦与被讲述的梦。这让我们能更好地理解神话的某些功能。如果玩一下文字游戏，可说阿利安娜*之线就是言辞

---

① 从很多方面来看，地下停留或在深处延续停留的经验直觉，就是对迷宫停留的解读。这种因在性而获得意义的直觉，通常不会对几何描绘感兴趣。内在地感受一个过程，就是在冥想中体验它，双眼半眯，双眼合上，其实已潜入伟大梦想了。

*　阿利安娜（Ariane），古希腊神话人物，传说克里特岛每九年必须向迷宫内的人身牛首怪兽米诺托尔供奉 7 个少男与 7 个少女，阿利安娜倾慕泰赛（Thésée），用一个线团帮助后者成功进入迷宫，杀死怪兽。可惜泰赛从迷宫出来后，又抛弃了阿利安娜。——译注

之线。它是被讲述的梦。它是归来之线。

216 　　考察构造复杂的岩洞时，人们习惯带上一把线团，边走边拉线，以指引归程。波希奥*想考察阿比安古路**下的地下墓穴，就带上了一个足够大的线团，好为在地下持续几天的旅程引路。藉打开之线这个简单的标记，旅行者有了信心，他相信自己可以找到归路。对自己有信心，已是考察成功的一半。阿利安娜之线，象征的正是这份信心。

> 一只手拿着线，另一只手拿着火炬，
> 他走了进去，把自己交给这许多的穹顶
> 黑暗的道路纵横交错；
> 他喜欢来看这个地方，喜欢它悲伤的庄严，
> 这座夜晚的宫殿，这座阴暗的城堡

德里勒神甫如此描绘地下墓穴的迷宫。

　　梦见挡住去路的墙，与总能遇见裂缝的迷宫之梦，有着很大的不同：裂缝是迷宫之梦的开端。裂缝虽狭窄，梦想者依然可以挤入。甚至可以说，梦中的裂缝是钻入的诱惑，裂缝是对迷宫梦想的鼓励。在醒梦治疗中，德索瓦伊经常要求梦想者钻到夹在两面玄武岩墙间的狭窄缝隙中去。这实际上是一个积极形象，一个天然的遐想

---

* 波希奥（François-Joseph Bosio，1768-1845），法国雕刻家、画家等。——译注

** 阿比安（Appienne）古路，公元前312年建的一条长达500公里的道路，从罗马出发，沿着第勒尼安海岸，穿过坎帕尼亚和巴西利卡塔的土地，在普利亚大区结束。——译注

形象。梦不会形成明晰辩证，它不会说：需要一扇半掩或全关的门，因为迷宫之梦总体说来是一系列半掩之门。这种将整个身体钻入一条狭窄细缝的可能性，其实是一条新的梦想规则，即对客体维度变化的接受。卡斯特莱曾经讲过岩洞探险者以何种耐心和镇定的技巧，成功钻入类似猫洞的窄缝隙的例子。这种真实经验中，缓慢操作是必须的；卡斯特莱建议的缓慢性，成为对迷宫远古焦虑的一种精神分析。没有快速的迷宫之梦。迷宫是一种黏稠的精神现象。它是一个如痛苦面团的意识，自我拉伸着，痛不欲生。

然而，我们身上的梦想质料有时会更流畅，比较快乐，不这么窒息，不这么有压迫感。那是些任其所然的迷宫，梦者不再被拉伸意志控制。比如，梦想者只是被地下河流卷走而已，与河水一道流淌。这些河流，与迷宫之梦一样，拥有同样的能动矛盾性。它们不规则地流淌着，有急流，也有蜿蜒缓滩。它们狂热又收敛，因为所有的地下运动都迂回艰难。但是，梦想者既然被卷走，既然他不再抗争，那么这些地下河流梦想留下的痕迹就很淡；我们仅能找到一些贫瘠的叙述。这些叙述几乎都没有给出原始焦虑的经验，而这种经验则深深印刻在夜间行走在狭窄隧道的梦想者心中。需要布莱克那样的伟大诗人，才能看见这些地下水流、海底水流：[①]

> 我们看到，头顶上
> 有波浪怒吼，翻滚，
> 一座琥珀屋顶，

[①] 转引自斯温伯恩：《泉》(*Fontaine*)，第60期，第233页。

一片珍珠地砖。

218　　总之，迷宫是一场原初苦难，一场童年苦难。它是人出生时留下的噩梦？或相反，如同我们相信的，是原始心理最明显的痕迹之一？苦难总在想象着折磨人的工具。人可以把房子建得更明亮、宽敞、舒适，可无论如何，某些童年焦虑总能找到一扇窄门，一条阴暗的走廊，一个低垂的屋檐，把让人窒息的形象吸引来，那些让人感到压迫的形象，那些地下形象。

压迫感随之而来。读着雷威尔第下面这几行诗（《多数时光》，前揭，第135页），我们有压迫积聚的感觉：

> 狭廊拐角有影子动了动，
> 沉寂爬着墙亘穿行，
> 房子缩进至暗的角落。

卡恩在《金子与沉默的童话》（前揭，第214页）中，将不确定的光芒压缩在走廊中："沉沉厚墙间，幽深走廊颤抖着，稀薄的暗红光芒摇曳着，一直摇曳着，做出后扑的姿态，仿佛要远离什么隐形之物。"迷宫想让迷宫化的梦想者恶心、眩晕、不适的时候，似乎都会有轻微的举动。

这些童年的不幸形象，随即勾起我们诸多的忧愁，以至变得矛盾起来。这些形象，尽管十分简单，却是悲剧性的，具有深厚的属土苦难。比如埃斯唐*的许多文字，似乎就生活在这种对想象的童年

---

* 埃斯唐（Luc Estang, 1911-1992)，法国小说家、记者、诗人。

不幸的忧愁回忆中。格罗先是有片刻的犹疑——现实原因如此轻微！——但很快就明白了必须从深层来研究原初焦虑的形象①："埃斯唐总把自己隐约体验到的焦虑与童年联系起来，一方面很矛盾，另一方面又十分逻辑，无论谁都会陷入某些回忆。埃斯唐喜欢提到那些陈旧的故居，它们留给人的尽是温柔的回忆，但过去却能吓我们一跳：'惊悚：走廊里尽是看不见的手。'"②非人与人相联的综合恐惧，阴暗走廊用它冰冷的手把我们压碎！

概念并不缺乏找到原初形象的机会。高德纳笔下有一个在巴黎大街上游荡的人物（《黑风》，前揭，第136页），可以作为从陈旧概念出发回到情感形象的一个例子。步行者所在的街区，街道都有"滞重忧伤的名字。这些名字有着管道与岩洞的音质。"这样，一切都堆积起来，即使是街名，为的是增加哪怕一丁点迷宫感，好把街道变成管道，把岔路口变成地窖。步行者有点无聊。无所事事地在街上走，这就足以在遐想中迷失，在街道上迷失。"对吕克来说，这些街道不是街道，而是没人居住的管道和走廊……岔路口形象，在他看来，仿佛一颗红色的心脏。"站在岔路口，人会激动，那里有血回流，仿佛一颗不安的心，隐喻成为内在的现实。追随高德纳笔下游荡之人的脚步，我们会邂逅里尔克笔下"苦难城市的街道"（杜伊诺哀歌第10首）。

---

① 格罗（Léon-Gabriel Gros）:《当代诗人》（*Présentation de Poètes contemporains*），第195页。

② 即使成为废墟，走廊仍能让人想起那些四处摸索的手："被拆除的走廊很是寒碜。砾石在那些摸索的双手周遭堆成一个圆盖，卑屈的存在，怎会想到一只铲锹能如此轻易地战胜砾石？"（吉里［René Guilly］:《倒置的眼眸》［*L'Œil inverse*］,《讯息》［*Messages*］, 1944。）

这是多么美好的阅读体验，碰到一页能准确连接外在感受与道德印象的文字，同时又证明了现实框架中的遐想会拥有某种形象的宿命！

《黑风》中的其它街道则如同忠实的梦想迷宫，"拉斐特街，夹在银行的墙壁中间，阴森得如同一条花岗岩壕沟。"另一条街（第155页）是"一方狭窄的海湾"，路边林立的小咖啡馆是"岩洞"。语词在两个音域回荡，既能道出街名，鉴于所处情境，又仿佛真将人置于海洋的现实之中。

巴艾讲过一个梦，梦中的狭窄街道仿佛迷宫，街道这个能动形象获得了有趣的置反。梦想者站"在滑动的房子之间，一动不动"。能动形象的这种相对化，是一种梦想现实，被作者很好地观察到了。将动态元素置反过来，这样的一个梦，就为我们带来了眩晕与迷宫的综合命题。主体与客体交换着焦虑。

三

下面试着给出特洛夫努斯岩洞传统的遐想情境来。我们将先借用一位伟大的实证派岩洞专家的论述。之后要想指出，无论地质描述与历史描述都没有遵循神话的遐想连贯性，就不难了。

巴旦*在《山洞与岩洞》（第58-59页）里写道："围墙里面有个烤炉样的开口，造型巧妙而规则，大小正好可以让一个勇敢的探险者钻进岩洞。"这个开口，值得特别关注。水平面的裂口能勾起无

---

* 巴旦（Pierre-Adolphe Badin, 1805-1876），法国肖像画与风俗画家。——译注

数梦想。人称"烤炉的嘴巴",并非毫无来由。我们很快发现,问卜者被深渊"吞下"了。噢,恐惧被延长,继续延长,一边拉伸,一边逃跑!叙述继续:"没有阶梯可以下去,只有一根轻飘飘的细梯子。"提到梯子的细,无疑是叙述的一个累赘。客观叙述总想传达出某些印象。刚踏进神秘的阴影,不安全的印象必须马上开始。所以叙述者说"轻飘飘的细梯子"。只差那么一点,他就会写梯子在颤动。我们可以感觉到,因为这些简单的累赘,我们面对的是一个被叙述的地貌,物的世界附加上了言辞世界。

"梯子下面,地面和建筑物之间,有一个非常窄的洞,人只能平躺着进去,脚放在石砖上,双手各举一只蜂蜜蛋糕。"需要提到的是,人们追随蜜蜂的行踪而发现了特洛夫努斯岩洞,所以这个隐蔽处常有属土特征。梦中的蜂巢通常在地下。

双膝刚进入岩洞口,身体就被"暴力与速度"裹挟住,"好像被卷入漩涡,最大最湍急河流的漩涡"。我们想指出,如果以遐想经验为参考,强度会增加不知许多倍。被"最大最湍急"的河流卷走,这是一个不寻常的经验,一个很少被人体验的经验!若是被一条地下河流卷走,这条夜间的河流,我们每个人几乎都在睡梦中见过,若是暗指夜间的生活,一切会变得更有启发!所有的伟大梦想者、诗人、神秘主义者,都认识这些沉寂的地下河流,能将人的整个存在卷走。米肖说,"夜晚,与我认为的相反,比白日更丰富,它有地下河流的印记。"[①] 遐想者柯勒律治*在梦中所作的这首属夜诗歌中要

---

① 米肖:《魔力之国:文选》(*Au Pays de la Magie. Morceaux choisis*),第 273 页。
* 柯勒律治(Samuel Taylor Coleridge, 1772—1834),英国诗人。——译注

表达的,正是这种地下河流的经验:

> Where Alph, the sacred river, ran
> Through caverns measureless to man
> Down to a sunless sea.

> 阿勒弗河,神圣河流
> 流经深不可测的岩洞来到人间
> 注入不见阳光的大海。

——加赞缅译本

一旦愿意将某些现实元素对应于深在梦想,一些心理经验就获得了它们的深在层面。特洛夫努斯岩洞内,人活在梦中。现实必须帮助人在梦中生活。岩洞内的现实属夜,完全黑暗。降到山洞中,就是被一条黑色河流卷入阴暗的迷宫中。讲述这段旅程的人,需将之与夜间心理和地下心理紧密相联。整个存在被卷走的能动类型,本在梦中出现。从这个角度来看,现实经验贫瘠、稀薄、碎片化。特洛夫努斯岩洞体验,在梦想一边,找到了能澄清问题的可比性。病人,满脑子遐想,成为被深渊一口吞下的食物。

山洞中听到的声音,有很多种。如果想理解这种多样性,问卜者第一步似乎就必须做好梦想准备。巴旦说,"一旦来到神秘岩洞的深处,每个人预测未来的方式就会不同;有时人会看见将发生的事,有时会听到一个深沉可怕的声音,向人宣说先知之辞;出洞要从下到岩洞的那个出口爬上去,要先把双脚升出去。"

第七章 迷宫

地下问卜，似乎是一个孤独的探秘过程。如梦想者般回到地面，从睡梦中醒来，问卜者请祭司来解读地下强力的模糊信息。"祭司们先又将问卜者带到别处，一直领到叫作美奈墨丝（Mnémosyne）*宝座的地方，离神秘岩洞有了一定的距离后，才开始询问问卜者所见之物。"祭司必须解读一个巨大的属土想象的黑色梦想，一段在梦想迷宫中的经历，除此之外，可有它法？

从这场噩梦中醒来，人通常"会惊恐万分，神志模糊"。巴旦说，"珀萨尼亚**补充的这段话，仅能让人放一半心：人的神智不久会变得清晰，又会笑了。"这样的体验很可怕，我们常常这样形容一个面色沉重、满心忧虑的人："他去了趟特洛夫努斯岩洞。"一场经历能在人身上烙下如此深的痕迹，必须带有这样一种潜意识印记，将现实噩梦与远古精神现实中的噩梦联起来。

如果与巴旦一道去造访这块神话之地，就能更好地体会到实证探险家的无能。巴旦说，古岩洞旁有座小祈祷堂。小祈祷堂仍然"受到一些基督徒的朝拜，他们可以乘坐系在滑轮绳索上的篮筐下去。岩洞里面有许多干净的小窟，摆放着神像和供品；但是我们已经找不到能让一群朝拜者同时下去的入口，也找不到教士们搬运这些有幻觉效应神具的神秘大门。"巴旦没有讨论教士的魔术师身份这条过于简化的说法。像普克维勒***那样几乎不能接受真正的神话

---

*　据荷西奥德，美奈墨丝（Μνημοσύνη）是古希腊神话中的记忆女神，天（Ouranos）、地（Gaïa）之女。——译注

**　珀萨尼亚（Pausanias，Παυσανίας，约115—约180），古希腊地理学家、旅行家。——译注

***　普克维勒（François Charles Hugues Laurent Pouqueville，1770—1838），法国医生、外交家、探险家、作家。——译注

涵义的探险家，会匆忙地做出这样的评论。对像他那样的探险家来说，地形会取代风景的涵义，会盖住所有的历史情调。

甚至那些博学多闻的作家，也会成为理性的俘虏。比如莱维，他在特洛夫努斯岩洞实践中看到了自然心理疗法（《魔法史》）。他认为，那个洞，其实是患幻觉症之人才下的一个岩洞。这些幻觉远比人在深渊中看到的要强烈，能让人治愈："经历过这种危机的人，在回忆它的时候，没有不颤抖的，他们都不敢再提起那段往事和往事中的幽灵。"如同我们今天说的电击治疗，莱维想到了幽灵冲击的解救方法，好像扎在潜意识中的微小恐惧、阴险恐惧，可以被更明晰的恐惧治愈！

神秘宗教仪式的入教者要承受的，可能正是这种恐惧。我们曾提到斯蒂林*在《乡愁》中阐述的理论，其中入教者要接受与四元素相关的四种入门仪式。① 但是这些彼此不同的入门路径，总以迷宫形式出现。乔治·桑在《鲁多勒斯塔德女公爵》（卷2，第194页）中，重新提到了甘苏埃罗**发现了城堡秘密的那个迷宫。这里很明显是共济会的入教仪式，乔治·桑如此写道："单独下降到恐惧水井的人……能轻而易举地从我们的金字塔深处走出。"所有的入门仪式都是对孤独的考验。没有比迷宫之梦的孤独更大的孤独了。

像普克维勒那样仅限于真实经验的实证主义，或是如莱维那般抱有天真心理的实用主义，都会让人忘记潜意识现象的实证主义。

---

* 斯蒂林（Johann Heinrich Jung-Stilling, 1740-1817），德国作家。——译注

① 《乡愁》（*Heimweh*）的主人公先是钻进一条鳄鱼体内。鳄鱼身体被描绘成一个简单的机器。但是很明显，此处约拿特征现出了苗头。

** 甘苏埃罗为乔治·桑另一部小说的主人公，前揭，见法文页码第187页。

那么如何认识这种惊恐,这种在岩石狰狞、尽是裂缝的狭长地下通道中经历的惊恐呢?感到害怕,是一种原初情境,人必须懂得将之从主观和客观上传达出来。地牢是噩梦,噩梦即地牢。迷宫是延伸的地牢,梦想者在梦中通道内滑动与拉伸。醒着的生活中,钻入黑暗裂缝中的存在者,会重新找到梦中的感觉。这场经历中,梦想意识与明晰意识相互靠近并融和。不少神话能实现这种联合。许多明晰精神对梦想回音的解读,在损害它们的同时,也将之窒息。

四

我们将更好地理解想象的迷宫经验,如果能记起这条想象原则的话(由几何直觉形成的原则):形象没有确定的维度;形象能不费力地变大变小。德索瓦伊(《醒梦疗法》,前揭,第64页)的一位患者说,他能像一根头发那样,钻到线一般细的管子中,"病人希望谈谈这个形象","说实话,我自己觉得不太舒服,因为只有头发那么细的胸廓,空气无法流通。这个爬升过程几乎让我窒息;可万事不都有它的难处?我行进的路上已有花盛开。花就在我眼前,这是对我辛劳的酬报。噢!花儿有点扎人,干瘪瘪的,是荆棘之花,长着刺,没有香味,但终究是一朵花,不是吗?"直觉生活与评论生活在这里混合起来,抹去了想象的力量。胸廓(cage thoracique)这个词,足以说明这是一段重新思考过的叙述。遐想若遇到一个笼子(cage)(哪怕是胸廓),肯定会进去看看。同样,讲述者最后那句"不是吗",暴露了他想被认同的愿望,对梦自身来说,这很是怪异。主体成为虚构的帮手。可是,只要虚构想证实自己,它就失去了生命力。我们认为，醒梦疗法必须将这些通常会打断形象链的解释剔除出去。这里，迷宫中的汁液，在讲述者梦中是成滴的，且变成了花朵，梦想者感受到了管道中的拉伸。这其实是一个很普通的梦，尽管有夸张的维度。人能走出的迷宫，大多会开出花朵。梭拉*在他的论著中介绍过几个迷宫之梦。他就曾说过，人很难从隧道走出来，但据说，人又总能平安走出，且总希望再体验一番。

五

我们仅想用这几页篇幅，让读者注意到重建梦想氛围的必要性，以便于对一场少见的现实探险感受加以评论。先回到我们的基本叙述，来看看文学想象如何激发出迷宫遐想。

我们将讨论两种文学迷宫，坚硬的迷宫和柔软的迷宫，分别出自于斯曼和内尔瓦勒**的作品。对一个深在形象，每种精神面貌会赋予它不同的特征。正是这种个人化的参与，才使得原始意象有了生命力；每位梦想者将古老梦想置入自身情境。有句话说得好：精神分析中，每种梦想象征的涵义独一无二（泰雅：《梦境象征》，前揭，第39页）。所以，将象征辩证化，有一定意义。物质想象的伟大辩证：柔软与坚硬，非常适合象征的辩证化。下面要讨论的这两个极端形象，似乎能勾勒出迷宫的所有象征价值。

先来看看长着石壁的坚硬迷宫，它与于斯曼的物质诗学一致。

---

　　*　梭拉（Denis Saurat, 1890-1958），法国作家、学者。——译注
　　**　内尔瓦勒（Gérard de Nerval，原名 Gérard Labrunie, 1808-1855），法国作家、诗人，法国浪漫主义文学代表人物。

第七章 迷宫

这个坚硬的迷宫会伤人。与让人窒息的柔软迷宫不同。[①] "他下定决心钻进通往艾埃姆斯山（梦想者考察的月球上的一座山）的小径，可他跟露易丝每走一步，几乎就被磕着。硬化的氯泡在地面鼓胀着，他们走在长满疣疮的路上，两旁是石化海绵和白焦炭结成的墙。走着走着，他们来到一个通道前，不得不松开紧扣的双手，一个人跟在另一个人后面，走进类似水晶管的通道中……"这段文字，从白焦炭到水晶管，尽是对立形象。其实需要缩短描述形象的语词，与其说"类似水晶管的通道"，不如直接说成"水晶通道"，需要去掉比较的语法功能，挑明梦中世界（通道）与醒着世界（水晶）在形象中的实际融合。顺便提醒一下，迷宫中，梦想者松开同伴的手，就是把自己掷入了迷失存在的孤独中。

苦痛之后，是欢乐；或许需要指出，这个长着如此不人道的四壁的狭窄隘道，最终通向的却是"一片大写的宁静之海，海的轮廓构成一幅白色图画，仿佛一个长着肚脐的肚子。詹森山（月球上另一座山）就是肚子上的那个肚脐，巨大的 V 型深渊让肚腹有了女孩的性别，繁殖之海和花蜜之海从腹根叉成两条腿，腿尖长着畸形的脚"（第 107 页）。我们不禁要问，如果作者是在弗洛伊德之后写作，那他会不会是在自发地进行一场精神分析的考察。弗洛伊德之后，一位作者不管是否了解精神分析，写下这样的形象等于是对放纵情怀的炫耀。当今这个时代，一位作者若想遮掩住自己的某些幻想，在某种意义上，就必须拥有另一种精神压抑的勇气。总之，书写艺术可归结为炫耀与隐藏的辩证，在精神分析的彰显下，它改变了中

[①] 于斯曼:《停泊场》(*En Rade*)，书中多处。

心，变得更尖锐，更艰难，更扭曲。

无论如何，读着于斯曼这样的文字，我们认识到，有必要用一个遐想览表，来补充并丰富文学批评。若仅注意于斯曼对稀奇别致写法的追求，那就是没有认识到文学深在的心理功能。另外，认为这里只是用人形来对比地理轮廓的一般技巧，也是不够的。当然，对某些刚刚起步的梦想者来说，要描绘的地图看起来像是涂鸦。可是书写下来的遐想需要更大的张力，它要求更大程度的深在参与。语词不仅描述，更在雕刻，我们可以很明显地感觉到，于斯曼文字彰显出的，首先是隧道的坚硬质感，它的形状之所以能被人记住，仅是因为性别化的地理描述。

230　　迷宫、隧道、狭窄通道其实与最普通却最有蕴涵的梦想经验有关，认识到此点，我们就会明白，心理独特之人会对于斯曼的叙述有直截兴趣。于斯曼的文字，是简单原始文本的更新，尽管这个变体比较少见：石化海绵。石化海绵，凝固海绵，经常出现在雨果的散文和诗歌中。① 迷宫四壁让人觉得长满棱角，会伤人，石头海绵对应的是一种特殊的坏意，是对物质的背叛。海绵本应是柔软的，它本应保留住无恶意物质的特征。可是，它在骤然间胀满玻璃化的全部敌意。它也参与到于斯曼的物质悲观主义中去。好比吃肉对身体不好，酒能毒人，② 海绵也是一个背叛者。预料之外的坚硬，是

---

① 洛蒂在一段野蛮的隧道中写道（《到伊斯帕汉去》，前揭，第47页），"这些长满孔眼的怪石头"，像是"巨大的黑海绵"。

② 我们将于斯曼作品中提到的劣酒做了大致归类，发现仅有奥布地区（Aube）的酒（见《里赛》[Les Riceys]）没有受到作家的文学指责。[译按]里赛，法国地区名，属于奥布省区，盛产葡萄酒，现属法国大东部地区。

刻在物中的恶意志。预料之外的物质形象，总是带着敌意，这难道不正是物质形象通常极为诚挚的证据？

在《奥莱利娅》的一个梦中，我们会发现一座变得柔软的迷宫，它摆脱了绝对的黑暗，融到柔和暮色中：①"我以为自己掉进了一个穿透地球的深渊中。融化的金属流，上千条类似河流把我卷走，却没有任何痛苦；河流颜色显示出不同的化学成分，它们在地球内部纵横交错，仿佛脑叶上攀爬的血管和静脉。一切都在流动，在振动，让我觉得河流仿佛由分子态的鲜活灵魂构成，可旅程的速度让我无法细辨。一道白光慢慢照进这些通道，一个崭新的景象在我眼前打开，巨大的穹顶，里面有几个岛屿，被发光的波浪包围着。我站在光亮的一边，在这个没有太阳的白昼下。"于斯曼的晶化化学，与内尔瓦勒的流动化学，显然不同。多彩的血管，对应的是应对自如的攀爬能动性。攀爬运动，以某种方式造出通道四壁。通道的大小，与其中流动的物质大小保持一致。这座迷宫一直盈满，没有痛苦；而那座空洞的迷宫，却总在伤害于斯曼的梦想者。

从另一个角度来看，我们可将于斯曼和内尔瓦勒的迷宫对立起来。于斯曼走进噩梦，内尔瓦勒走出了噩梦。内尔瓦勒让我们见证了思维的曙光，它将梦想生活终结，迷宫放大了它的出口。有一道光芒诞生，准备着对生活的回归。

《奥莱利娅》最后几行文字，将迷宫之梦与下降到地狱的描述明显联系起来，这很让人震惊。这两者之间的联系，梦想心理学的新认知已让精神分析学家们对此习以为常了，它说明"下降到地狱"

---

① 内尔瓦勒：《奥莱利娅》（*Aurélia*），Corti 版，四，第 19 页。

232 正是一个心理事件，是与潜意识相联的一种心理现实。高大的精神房屋之下，每个人都有一座通往地狱的迷宫，内尔瓦勒合上他那部美好的著作，如此说道："我对自己获得的信念很是满足，我自己经历的这一系列考验，正是古人所说的降到地狱的体验。"

六

在于斯曼的坚硬迷宫和内尔瓦勒的轻松迷宫之间，很容易找到一些中介。莱日斯的作品中，就有不少血肉迷宫和石头迷宫，给人硬化隧道的怪感。比如，《基点》中，梦者在逐渐变冷的水中游泳（第61页）。他"撞到""几股特殊的激流"。他"碰到""长着锋利鳍翅"的鱼，"虾蟹的盔甲割着他的身体"。有原始快乐的温水，一点点变得有敌意，梦者如此进入硬化的迷宫："后来，水变得越来越冷。要克服的阻力似乎也变得越来越大，要移动的东西变得越来越黏滞：我不是在河中游泳，而是在地里，在地的分层之间。我看到的水泡是水晶气泡，压着我的海带是煤炭矿床中的蕨类化石印本。我想用双手刨开一条通道，却要推开不可计数的矿物质厚层；我滑

233 到含金的沙子中，双腿沾满了黏土。我的身体必须刻上石头和植物的所有印记，直到肋骨的最后分支。我全都忘了……"

噩梦愈发坚硬，直到把石头的时间交给梦想者。"缓慢或速度，对我不再有意义"；"每划动一下双臂，就有许多年的时光流去"。石迷宫把具迷宫形状之物石化。迷宫的外在轮廓不仅会印在具迷宫形状之物上，还加上了它们的物质强制性。我们又一次见证了形象的物化行为，还有想象的综合行为。物质想象考察中，本书各章

节不得不孤立开来,随着论述的深入,它们又重新汇合。莱日斯带我们进入石化迷宫中。我们近距离地体验了石化-被石化的辩证。

"质料的枝条还裹在我身上,威胁着要把我的嘴变成地窖的通风口……"①

七

总之,每位杰出的作家都能将伟大形象个性化。《奥莱利娅》的疯狂中,依然有一道光芒,内尔瓦勒的不幸,依然有对少年幸福和纯真快乐的感激。洛蒂这样的梦想者,会为迷宫添上其它情调。在一座埃及神庙的地下室中(《斐拉埃之死》,第 203 页),他穿过"长长的通道,它们让人想起噩梦中的通道,彼此靠近挤压,仿佛要把人埋葬"。请注意这段文字从现实到梦想的过渡,它很好地说明了,对洛蒂来说,通过典型的梦境,人能体验到那些超常感受。实际上,很明显,隧道之墙唤醒了叙述者的一个遐想层面,与怕被埋葬的恐惧已经无关。洛蒂说,这些隧道雕刻着"许多人像……还有成千上万个长着丰满乳房的美妙女神,人在经过的时候,不得不轻轻碰到

---

① 里尔克也从与内尔瓦勒类似的一个形象出发,想象出一座石化迷宫:

可能仅在穿越粗糙山体时,
我才是一条条坚硬的血脉,在山内流淌。
山仅是一块矿石,
深得不见底
没有了距离,一切都在这儿,就在近旁,
近旁的一切都是石头做的。
——《时间之书》,Chuzeville 法译本

她们的乳房，托勒密*时代涂上的肉色依然光鲜"。一行文字居然融合了害怕碰到乳房的恐惧和害怕被埋葬的恐惧，这难道不是一种病兆！①

另一些情绪以暴力或愤怒的形式爆发出来，几乎要将迷宫炸裂。德康纳下面这几行诗（《肉眼所见》，前揭，第7页），让我们感受到既坚硬又有可能爆炸的迷宫：

> 被地下之夜包围，
> 在岩石动物的带领下，
> 我从星辰的地狱之火中，
> 拔出自己的胸膛，
> 以傲慢之力，
> 辟出自己的道路，
> 器官的急促撞击
> 使得身旁一切如大钟般鸣起，
> 风景与我血中的空气一道飞起。

"在岩石动物的带领下"，诗人似乎把炸药带到了地壕深处，坚硬的地下世界的伤害，他已能淡然处之。这就是已爆裂的迷宫。

---

* 托勒密一世（Ptolémé Ier，约公元前368—前283），亚历山大大帝的马其顿将军，公元前323年被任命为埃及总督，埃及拉吉德（lagide）王朝建立者，公元前305年自称埃及王（不是法老）。他的儿子继承王位，史称托勒密二世（约公元前309/308—前246），是埃及祭司赋予"法老"头衔的第一个埃及王。——译注

① 扎拉（Tristan Tzara）也曾碰见"尽是乳房的道路"，但不像洛蒂这样感到难受（《反智者》，前揭，第120页）。

第七章 迷宫

另一位诗人约芙*，知道用语词的积累，用一个折叠于自身的句法结构，将迷宫镶刻到诗句里，以致能让敏感的读者在读到他的这首诗时，感受到爱的抵触，爱受尽心灵奥秘的折磨（第45页）：

> 走进这颗心的奥秘、管道、迷宫，
> 支柱、分叉和枝桠中。

另一首诗中，约芙似乎实现了撕裂与窒息的综合：

> 阴暗的叫喊布满岩石的道路，
> 大天使们守卫着隘道的重量。
>
> ——《血汗》，第141页

文学作品有时似乎被阅读记忆压得喘不过气来。乔治·桑肯定读过拉德克里夫**描述地下通道的作品。乔治·桑努力克制这段阅读对她的影响，但《甘苏埃罗》（前揭）还是用成章的内容，把读者带到大山深处和城堡地牢中（卷1，第345页；卷2，第14-15页）。乔治·桑用细腻的笔触，指出了阅读与梦想的内渗现象，她在一条注释中写道（卷3，第265页）："大家可以重读《印度之井》这部诗体作品，无论您对诗人的才能是否有好感，那都是一部杰作，一场

---

* 约芙（Pierre Jean Jouve, 1887-1976），法国诗人、小说家、文学评论家。——译注

** 拉德克里夫（Anne Radcliffe, 1764-1823），英国女小说家，哥特式小说的先锋。——译注

想象的狂欢。就我自己而言,我在阅读时真是吓得不轻。我无法接受叙述的无序和放纵。合上书本,脑中仍是诗人强制我经过的那些井、地道、阶梯、深渊。我还在梦中遇见它们,醒着的时候也能看见它们。我被征服了,我不想再碰这段文字,害怕发现一位伟大如画家如诗人的作家,并非没有瑕疵。"乔治·桑对形象的限定顺序居然有这样的感受,恰恰说明,这些形象并不仅拥有梦想的客观性。这些形象拥有深在印记,它们就是印记。

八

讲述者有时是如此灵巧,以至在文学创作中,让梦想成分沾上了现实感。梅里美的短篇《德尤曼》,就是这种文学禀赋的好例子。下面简单介绍下。

从第一页开始,一切都让人有小说讲述的是一次真实探险经历的感觉,是一部以征服阿尔及利亚为原型的历史叙述。小说中英勇的上校简直就是布高将军*的缩影。弥撒晚宴之后,一位逗蛇女诱惑的表演,让小说主角头脑发热,踏上了征程。翻越起初几座山时,他就遇到了一位披着飒飒长斗篷的阿拉伯首领,并一直尾随,直到把军刀刺入首领体内。但是两个人都滚到了一条深壕沟内。

一潭死水接住了法国中尉,减缓了他的下坠。而后,一条"肥大的根须"帮他挡住了水流。可是根却"变弯了"。原来是"一条大

---

* 布高(Thomas Robert Bugeaud, 1784-1849),法军将领,在征服阿尔及利亚的殖民过程中扮演了重要角色。——译注

第七章 迷宫

蛇",它跳入河中,游走了,水面上留下一条粼光。

壕沟的水流入一个岩洞,洞口站着一个女人,手里拿着火炬。接下来是一段漫长的叙述,描绘了"一座巨大的迷宫",一口水井,"水面离井口至少有一米距离。水?我其实不知道那是什么可怕的液体,表面覆盖着一层起皱的薄膜,很多地方都碎了,仿佛一团恐怖的黑泥浆。""突然,一大团淡蓝色泥浆从井内喷出,泥浆中钻出一个铁灰色的大蛇头来,双眼冒着磷光……"

地下世界的这些光景,其实是为人的祭祀作的背景铺设:上校晚宴上看到的那位年轻的逗蛇女,猛然冲进泥井,跳入大蛇嘴里。

必须为这场罪行复仇。中尉走出岩洞,发誓要消灭这个招魂邪教。接下来许多页,主人公一直在黑暗中行走,用手摸索着岩石,在不同浓度的黑色中攀爬。最后来到一个房间,里面住着一位绝色女子。

在"这间地下闺房"中,中尉醒了过来,因为,在我们尚未知情的情况下,小说告诉我们这其实是一场梦,交织着焦虑与快乐的迷宫之梦。读者,突然间,也醒了过来。仅在小说最后一页,作者才告诉读者,他追随的其实是一位梦者。整篇叙述很是流畅,让人察觉不出现实到梦境的过渡;梦想层面,被那些稍稍越过现实的提示掩盖了。

若阅读小说最后几行文字,会发现这些梦想层面显现为某种心理复现。但这种折返是否足够呢?作者难道要暗示读者重读小说?重新阅读会更重视形象而不是叙述本身,会赋予文学行为全部涵义?确切说来,梦想价值一旦确立,我们就会发现,相较于巧妙拼凑到一起的提示,叙述拥有更多的心理连续性。因此,梅里美的短篇仅能用双重评论的方法来阐释,这也是我们提议的文学批评的方法:思想评论和梦想评论。迷宫之梦如此独特的特征,如果学着从梦想角度来认识,我们就会很快获得一种文学解读类型,可用于不同的作品;另外,某些描述可以通过迷宫之梦的梦想,获得它想要的现实色彩。基本梦想很简单,只需把它们从一些思想意外中剥离出来。迷宫之梦总拥有一个能动的整体。根变成蛇,大蛇的运动,闪着鳞光的水,所有这些本应告诉我们,我们正走进梦的领域。①即使我们低估了这个过于清晰的记号,黑夜中的白斗篷也本应让我们警觉起来。心理复现就这样把我们带到叙述的门槛上。梅里美的短篇因此成为复现心理学的一个样本。它为我们提供了一个非常清晰的心理兴趣复返的例子,传统文学批评过于注重推理,过于看重过程的紧凑性与现实性,无心驻足欣赏。为了把握这种价值,必须将最后的形象重新抛起,回到叙述开头,寻找最初形象的终极性。我们关于意志遐想的论著,曾研究过霍夫曼的《法伦矿井》,提到形象复现的坏处,使得最终的物质形象失去了思考叙述经纬的兴趣。文学艺术经常会回到融合的孤立形象。文学艺术必须同时成为复返时间和流畅过程的主人。

  有的时候,综合仅是一种叠加。同一份叙述可以将迷宫和约拿的形象叠加起来。巴尔(Francis Bar)② 提到过一则描述地狱之旅的日耳曼传说。旅程在一座真正的迷宫中进行;主人公来到一条"以

---

  ① 如同我们经常指出的,所有地下存在的伟大形象都有互补的倾向。比如,不少古代叙述中,特洛夫努斯就是一条蛇。人们说,拜访特洛夫努斯的时候,手上要拿一块蜂蜜蛋糕,好让它变得和气些(见罗德:《灵魂》[*Psyché*],法译本,第 100 页)。

  ② 巴尔(Francis Bar):《彼岸之路》(*Les Routes de l'autre Monde*),第 70 页。

一条龙为跨桥的河"前。他面对的从而就是一个门卫,上本书最后一章,我们已考察过门卫的角色。但是,这里有一个新元素:主人公,一位英勇的约拿,走进怪兽的嘴巴,同伴们尾随着他,"他们安然无恙,来到一片平原,那里流淌着蜂蜜的河流"。这样,肉体迷宫在石头迷宫之后到来。门卫,在打开怪兽颌骨那一刻,也打开了本应禁止的道路。这样的叙述混淆了类别。它有伟大梦想价值的印记。

我们一有机会就会重提深在形象的同构性问题,这里也必须指明,约拿形象自己也变得复杂起来,以便能接上迷宫的形象。布莱克的一幅版画(复制品见德鲁安画册第17页,该画册装帧精美),让人看到形象之间令人震叹的融合。版画以《情人漩涡》场景为主题(《地狱》,第五首歌)。漩涡被画成一条巨蛇,受诅咒的情人们被可怕的消化作用席卷着,在漩涡内滚动。这类消化地狱或有机体地狱,很容易在神话中碰到。①

九

确切说来,以上考察的多数隧道都赋予图画一定的优先性,梦想者保留了对隧道四壁和门的印象。但是,我们也可以体会到更深在的感受,存在变成了石化物质,变成了拉长的物质。某些遐想中,真地可说是有一座能动的迷宫。存在处于痛苦的拉伸之中。身体被拉伸,对人来说似乎是一种很艰难的运动,它仿佛把人丢进狭

---

① 《泉》(前揭)第60期刊有《情人漩涡》的复制画。

窄的监狱,酷刑被延长。这个能动的迷宫梦想,成为扭曲(torsion)与酷刑(torture)的同义词。别雷的《拉泰耶夫》[*]中有一段文字,能让我们感觉到这种同义关系(见《苏维埃文学选集(1918-1934)》,Marc Slonim、George Rearey 编,第 50 页)。"最初的你是攫取了我,将我置于巨大的谵妄之中……体内不可名状、不可置信的意识状态——更是某种不知从何而来的赘生物……"这种赘生物,梦想者能在体内感受到,仿佛触角生物的拉伸意志:"紧绷的状态,好像一切——一切的一切——都延展开来,肿胀起来,都紧绷起来;长着翅膀和触角的云朵在体内骚挠。"存在一边呼救,一边却又想被拉伸:

"我绷得不行了!
——救命啊!
中心燃烧起来。
——辽阔无垠,只有我一个人。
——里面什么都没有:一切都在外面……
中心的火又灭了。意识苏醒了,扩展开来:
——不可能,不可能,救命啊!
——我在拉伸。"

张力是一种人想要的苦行,一种希望继续下去的苦行。冲动停下后,会生出一种障碍,一层硬壳,一道护壁(第 52 页):"我的身

---

* 《拉泰耶夫》(*Kotik Letaieff*),别雷出版于 1914 年的一部自传体小说。——译注

上长了锈垢……我的生命在形象中沸腾;身上的锈垢接踵而至:客体和思想……"

"世界和思想仅是威胁人的宇宙形象生出的锈垢。"没有比这更好的说法了,形象从皮肤之花生出,世界和思想互相压迫。

对别雷来说,原始状态的存在空间是一条狭窄通道,生命从中滑过,生命变得越来越强大,挖掘得越来越深。别雷以一种令人震惊的梦想忠诚,回到了明晰感受,他写道(第54页):"后来,家中的走廊,让我想起自己处于皮肤之内还有蜕皮的那段时光;转过头,通道就在我身后形成一个小开口,通道前头却朝着阳光打开来;此后,过道、走廊、小街,对我来说都变得极其熟识,我对自己说:我来了,我来了……"

总之,狭窄是一种原始感受。到记忆中寻觅,我们会与一个十分遥远的国度邂逅,那里的空间仅是一条路。空间-道路,只有这些艰难的空间-道路,能让我们在闭上双眼的时候,在最深的睡眠中,感受到伟大的能动梦想,让我们重新找到无视觉生活的巨大内在性。

如果愿意关注这些原始梦想,这些通常因原始和深在而被人遗忘的梦想,我们就能更好地领会某些真实经验带来的怪感。想在布满荆棘的世间开辟出一条道路的意志,很自然属于醒着的生活。但是,如果强力梦想没有将这项实在的任务理想化,人哪里能有那么大的力量?必须重读卡斯特莱《我的岩洞》一书中的"攀爬"章节!在习惯性地描述了"在残忍、粗鲁、无耻的意念催使下试图靠近动物"的敌人的卑劣之后,岩洞考察者写道(第85页):"然而,可以另有一种与土地合一的方式,另一些攀爬的理由。尽管可能是悖论,尽管会对地下世界抱有过度的激情,我们仍然想为爬行行为辩护,甚至歌颂它,歌颂爬行的用途,它的灵敏和喜悦。"他描绘了"管道、海峡、猫洞、通气口、岩缝、地层、窄物、轧钢机……"(第86页)内的高强度生活。我们可以明显地感受到,所有这些技术词汇,彰显的尽是艰难攀爬记忆及迷宫体验。想开辟出一条道路的意志,就直接找到了自己的形象,卡斯特莱的旅行恰恰验证了哈德逊河地区的这句优美箴言:"Where is a will, there is a way"(有志者,事竟成)。

意志起着作用,经受着苦难,带来任务,也带来痛苦,带来英雄主义的梦想,也带来恐惧。然而,尽管意志的冲动和冒失行为多种多样,我们看到,它总能被有生命力的简单形象激发起来。

但是,在形式启发下讲述实际经验的形象体系,无法将深在梦想的全部强力带给我们。只有伟大的梦想者,才能为我们带来地下梦想的价值。读者若能慢慢体味卡夫卡的中篇小说《穴》,就有机会找到迷宫的感受。才华横溢的讲述者巧妙地均衡住安全与恐惧感,让读者在怪异的双重性中获得迷宫感受。挖人墙脚的人,害怕反过来被人挖墙脚。洞中的存在——装成人样的獾——听到远处土地被劳作的回音。地底下,一切声音都有敌意。封闭存在的悖论循环不止:它受到保护,可它是囚徒。卡夫卡将诡计和焦虑酌量加入字里行间:"每次出去,我都要努力用身体来克服这座迷宫的艰难;它让我忧喜交杂,有时甚至失去理智,露出自己的本来面目。"钻入洞中的存在,对活跃的喜悦很是敏感(第158页)。"我喜欢过道中度过的美好时光,这正是它的深在涵义,一半沉入舒适的睡眠,另一半处于警惕的兴奋中,这些过道为我量身订做,延展着肉体的快乐,在里面可以像小孩子那样翻跟头,梦想者得到憩息,身心得到安乐。"迷宫在这里难道不是一个灵活的意识,一个向导,或是一个贝壳,可以让存在内卷*,体会到翻转的快乐?①

其它段落稍显晦暗,作者似乎在不自觉中被幻想带走,明晰表述背后,有一层动物的厚度,一层生物的厚度(第161页)。实际上,迷宫似乎被肉,被无数食物给堵住了,必须大吃大喝,才能将这些阻碍物"移开":"在这些狭窄的过道中,我发了疯似地储备着食粮,最后储存物堆得太高,差点把我憋死。有时候,吃喝成了唯一能摆脱困境的办法。我很快吃出一条路来,迷宫升高了些,打通了一条笔直的过道。之后再重新开始。"这是必须从两个基调体会的综合想象的好例子。当然,迷宫里的复杂道路,我们总可以看见或用明晰的语言表述出来。但这样做,则牺牲了形象的积极生命,遗忘了局促不安的意识。卡夫卡的梦更内在。一个歇斯底里的球,在动物的过道中升降不停,让卡夫卡觉得迷宫壁很薄,并在书中说了很多次。或者说,迷宫四壁光滑有韧性,仿佛一层黏膜。某种被吞咽的东西,完成了迷宫运动的形象。凯瑟林有一个很令人震惊的说法,与这个形象重合,他说:蚯蚓之所以吃土,是为了打通一条路。"原始饥饿彰显出的纯粹状态,如泥里的蚯蚓,它靠吃,打通了一条路。"

---

* 近年流行"内卷"说,可惜那是高压下一种无奈的社会生活状态,可能无心也无暇体会这种"翻转"的存在之乐。可是"内卷"人群若能体悟到这份存在之乐,那么这种流行说法则会有另一层升华的意义。——译注

① 动物化的迷宫里,似乎有几个空心球,动物可蜷缩在球里,拥抱自己的气味和温度。这种气味好比一层精妙的包裹质料,又仿佛是遐想自身散发出来的。克罗代尔曾提到过岩洞的这种强力:"……獾或貂,在穴底敞开胸肺,尽情享受着完全属于它们的空气"(《迷宫》[*Labyrinthe*],第22期,第5页)。

(《南美沉思录》,法译本,第164页)。作家在另一处谈到"与蚯蚓类似的一种行路方法,在泥中吃路"(第36页)。① 若对这个形象稍加沉思,我们会发现,它其实是一座加重的迷宫。"被吞"的土,在蚯蚓内部形成路,蚯蚓又同时在土中辟出路。我们又一次看到,一条错综复杂的道路形象,其实只是融合了内在感受的梦想图示。现实形式,过于明晰的现实,不会自发彰显出梦想。佩尔高在小说《玛格特的狐狸》中,也觉得动物在土中做的事,简单却又让人回味无穷(第15页)。可这个土中的生物,恰是猎人和狩猎者熟悉的狐狸。狐狸是狡猾的动物。它的性格特征过于明显,失去了梦想涵义。作家有自己的故事要讲,他要在野生动物的脖子上系住铃铛。叙述变得过于人性化。他无法让我们经历卡夫卡梦中的起伏变形。

佩尔高的另一则故事有更多的梦想色彩。《地下强暴》(第77页)可以作为压缩了迷宫之梦和性欲之梦的简单例子。母鼹鼠在她的通道里逃避公鼹鼠,整个迷宫变成一个性追求的场所,不同的是,在梦想笔调下,物变成行动,描述名词变成了主动动词。②

然而,这些形式被过于明确的动物形象遮蔽,要在形式之下,找到人的感受。佩尔高理智地认为,他能激发起大多数读者的兴

---

① 蜗牛也食土,蓬日(Francis Ponge)说:"土穿过蜗牛。蜗牛穿过土"(《物之成见》,前揭,第29页)。

② 雷尼埃尔在神话遐想中,将迷宫和性欲追求奇怪地置反过来。欲望犹豫的阶段,他会梦想迷宫。如果直奔快乐,房屋好像会更敞亮!下面是《帕斯法埃的情人》(*L'Amant de Pasiphaé*)说的一段话:"我,我激发出一位女子疯狂的爱。她围着我打转,内心充满欲望,后来人们循着她的脚步画出了一条迷宫式的蜿蜒道路"(《神话场景》[*Scènes mythologiques*],第11页)。

[译按]古希腊神话中,Pasiphaé(Πασιφάη,字面义"能为所有人发光的女子"),克里特王米诺斯之妻。

趣。如果深究，读者很快就会发现，附着在叙述上的，其实是梦想兴趣。文中遇到的人类感受，其实是人的遐想，人对地下生活的遐想，它影响着每个人的潜意识。

十

形象内在变形最奇怪的一个特征，就是变形很少在冰冷状态下进行。迷宫化的存在，经历的折磨虽然如此巨大，却依然懂得温暖。拉伸之梦，带给梦想者原生质的快感。施乐扎尔（Boris de Schlœzer）*对罗扎诺夫（Rozanov）宇宙演化说作了清楚评论，也为我们的观点提供了证据。在施乐扎尔看来，罗扎诺夫是"属于内在的地下世界之人"，言下之意即那类"背侧没有尖刺"、在"柔软、胶状的"自身之内行走的人。与尼采"燃烧的"激情相比，"罗扎诺夫显得不知有多么沉重、浑浊。罗扎诺夫也有热度，不过是潮湿的属于动物的热度。因为他用他的皮肤、内脏，更确切地说，用他的性器官思考"。皮肤是一个过道，肉体熟悉缓慢与温暖的流动。罗扎诺夫说，皮肤是"生命的根须之一"。它捂住生命的热度。一点都不奇怪，罗扎诺夫会在他的梦想深处如此说道："我像是母亲肚腹中的小孩，根本不想出生：里面足够温暖。"①

罗扎诺夫说（第209页），"我感到的"冰冷，"总对人的身体组

---

* 施乐扎尔（Boris Fiodorovitch Schlœzer, 1881-1969），俄罗斯裔法国作家、音乐学家、翻译家。——译注

① 罗扎诺夫（V. Rozanov）《我们时代的末日》（*L'Apocalypse de notre Temps*）。施乐扎尔简介（文中多处）。

织有一股敌意"。有机生命和宇宙演化生命的均衡意识中，没有冰冷的概念。"身体怕冷，它来自灵魂深处，不是皮肤或肌肉的恐惧。"实际上，如同我们已经提到的，冷不仅会终止思想，也会让梦停下来。深在的冰冷之梦不存在，迷宫是一个深在的梦，而冰冷的迷宫不存在。

冰冷的迷宫，坚硬的迷宫，多多少少是智力活动改造的梦想产物。

十一

248　　对形象升值的研究，不应遗漏某些厌恶情感，它们在劳作升值过程中扮演着重要角色。比如，矿井迷宫内的真实生活，通常被描绘成一种肮脏的生活。它成为变脏勇气的代名词。①

下面给出两幅场景：穷人场景和富人场景。

包姆*说(《死刑》，法译本，第 129 页)，"矿工，首先是一个赤身裸体的人，他浑身黝黑，筋疲力尽，巢居在大地深处……双脚踩在水里，总是腰酸背痛，总是淌着汗水……"若是在狭窄的矿道里推矿车，那么"身上通常没有一处属人的标志……他必须使劲弯下腰，用四条腿爬行。他的脸变成漆黑的面具，布满汗渍的沟壑，面具上嵌着白色的眼球，长着野兽的牙齿，汗滴在蓝眼皮闪耀。双颚嚼着井内闷重的空气；时不时咳嗽，吐出一口口黑乎乎的黏液。"

上面是矿工劳作的黑暗现实，下面来看看一个想象行为如何为

---

① 劳伦斯本人是矿工之子，他作品中的大部分矿工，都要老婆来给自己擦澡。
* 包姆(Vicki Baum, 1888-1960)，奥地利裔美国女作家。

矿井探险而沾沾自喜，而实际上它只是下到矿井中而已。罗斯金在《青年时代的回忆》(法译本，第79页)中写道："下到一座矿井，我感到无边的快乐。"在快速阅读看来，这个简单的倾诉似乎没有什么意义，可是如果将它放到罗斯金幼年所受的奇怪的教育背景中，就会响起一定的心理回音。实际上罗斯金自己也做了补充(第79页)："我全身心投入对地下世界的激情，父亲和母亲没有反对，反而显示出某种好感，让我无法捉摸；要知道我的母亲反感一切脏的东西，父亲则非常神经质，总是梦见断梯或事故，所以他到处跟着我。父亲甚至陪我下过卡斯尔顿的那座可怕的斯皮威尔矿井，不得不承认，那一次我真是被吓坏了。"

我们可以将断梯顽念与罗斯金的另一段叙述(第10页)联系起来，他"有一次从楼梯上摔了下来……立即被大人用鞭子抽打了"。从梯子上摔下，从楼梯上跌下，成为道德禁忌。这样的训导，罗斯金——何等矛盾！——说让他"掌握了确切可信的生活和运动方法"。

母亲的"干净"理念，父亲的"安全"欲望，为孩子探索矿井的大胆行为，添上了一层非常特殊的心理情调。真正的障碍不是矿井的危险，而是父母的敌意。如果分析一下罗斯金对地下世界的恐惧，就会发现社会禁忌的痕迹。到地下世界去的意志，在瞬间激发起小罗斯金的内心火花，从很多方面来看，这其实是一种奸诈意志，它希望摆脱严密监护，孩子不想因为跌倒或衣服上的脏斑被大人惩罚。变脏的权利，可以是其它权利的象征。强力意志的需求有上千种形式。最不直截的形式，也并不总是最脆弱的。

十二

250 只要明白了影响地下世界形象的那些矛盾,还有黑色和不净价值的游戏,那么,我们面对下水道这个文学题材,就不会那么吃惊了。

这个题材,雨果作品中有各样的阐述。雨果说(《悲惨世界》,前揭,5,第 164 页,Hetzel 版),原始形式的下水道"不服从任何路线"。巨大的城市"晦涩难懂",城市底下的下水道"密不可分","混杂的语言之下,是混杂的地窖;迷宫加上了巴别塔"。

不少细节让雨果将下水道与迷宫联系起来(同上,第 177 页):"下水道承受着巴黎生长的反冲力。地下有一条神秘水螅,长着上千条触角,它与地上的城市一道成长。城市每修一条路,下水道就多长出一条手臂。"这个形象之所以如此生动,是因为它挖掘出了水螅的柔软且波动的特征。水螅是雨果的想象原型之一。这里,水螅属土,属于地下世界。雨果作品中对下水道的想象,刻上了非常明显的属土标记。地里的想象,不像地上的想象那样运作。地面下的路,蜿蜒曲折。这是所有地下道路隐喻的规则。

下面是一个更坚硬的迷宫形象,能体现出雨果的多样想象(《悲251 惨世界》,前揭,5,第 156 页):"如果肉眼能看到整个巴黎的地下结构,那简直就是一颗庞大无比的石珊瑚。土块足有六古公里*那么高,即使海绵也没有那么多的洞孔和通道,土块上面载着偌大的老

---

* 一古公里合四公里。——译注

第七章 迷宫

巴黎。"

瘟疫地狱——让人想起斯特林堡梦想中十分活跃的排泄物地狱——在雨果作品中有不少代表形象:"死里(la Mortellerie)街的下水道出口,曾因流出瘟疫而出名;出口处锋利的铁栅栏,仿佛一排尖齿,卡在致命的街上,又像是龙的嘴巴,朝人间喷吐着地狱。"这张嘴巴背后,好像有一条躺着的动物;换句话说,迷宫活了。梦中的生物在下水道内游走。雨果的想象,看到了"有十五法尺*长的蜈蚣"(第 166 页)。①

雨果还将下水道和肠子联系起来。波都安不失时机地指出,这是肛欲情结的显现。他的《雨果的精神分析》整篇论述缜密,在指出这一点时,也是如此。我们将对这个形象扮演的重要的心理角色,稍加点评。这个形象能用一整章来论述,可以"利维坦**的肠子"为标题。"没有比巴比伦的消化系统——这座陈旧的排泄窟窿——更可怕的了"(《悲惨世界》,5,第 174 页)。巴黎某处下水道传来一声枪响:"爆炸的回音在窟窿洞里滚来滚去,仿佛巨肠发出的咕噜声"(《悲惨世界》,5,第 198 页)。②

《笑面人》(Hetzel 版,卷 2,第 127 页)中有一条阴沉沉的迷宫,也引出同一个形象来,在我们看来,这恰恰说明了原始意象的作用:

---

* 一法尺合 33 厘米。——译注

① 最晦涩的隐喻有了最不可思议运动的涵义:"魂灵透过影子,在曾经辉煌的垃圾堆里,看到了那只硕大无比的盲眼鼹鼠,以为自己看到了过去。"

** 利维坦(Léviathan),《圣经》中象征邪恶的怪物,一条能将整块大地盘绕的巨蛇。——译注

② 巴艾(André Bay)曾讲过他少年时的一个梦,梦里有一条综合迷宫,如所有的深在梦想一样,迷宫不停地转变着潜意识情结。下水道变大了,变成一个橡胶鼓泡。在肠道中的旅行,又变成了"地下大道"上的旅行。

"这条管道蜿蜒崎岖；所有的肠道都是弯曲的；无论是监狱的肠道，还是人的肠道……走廊上铺的砖石带着肠道的黏度。"作者真是拥有奇怪的自信，以为只要不动声色地加入一点自然的反感，就能让读者更加讨厌监狱里的复杂过道！文学调色板没有如画家的调色板那样直截的手段，但是一笔隐晦至极的文学"色彩"，却肯定能将自己的行动传译出来。

雨果藉消化形象，谈到了"愤怒"得泛滥起来的尼罗河："这个文明之胃消化不良，污秽在城市的喉咙里倒流，巴黎尝到了腐败烂泥潭的滋味。下水道与悔恨类似，这有好处；那是对人的警告。"道德领域层面的隐喻，只有忽视形象特征与形象价值融合性的心理学家才会表示惊讶。雨果在这些写到巴黎下水道的篇章中，酝酿着冉阿让（Jean Valjean）英雄主义式的献身精神："泥浆，更是灵魂。"《悲惨世界》中，不知有多少处，城市被写成一个骚动的灵魂，一个浑身沾着恶却始终向往善良的灵魂！

雨果的宇宙视野很自然地提升了形象的阶梯。在他看来，地狱的河流就是一些可怕的下水道：

斯坦科思（Styx）*的下水道，倾泻着永恒的污秽……
——《神·鹫》

大洪水留下的下水道，泥浆无边……
——《撒旦的终结·绞刑架下》

---

* 斯坦科思（Styx），地狱河流之一，此世与地狱隔开的河流。——译注

第七章 迷宫

遐想的深入强力有时如此强大，以至彰显出无数个彼此不同的形象。下水道联上了矿井和肠道。人们原本以为下水道只是建筑师的预防措施，殊不料，下水道变成对土地母性的粗暴梦想。可以看看阿尔托*描绘艾美斯**神庙的一个迷宫梦（《埃硫尤加巴勒王》***，第60页）："艾美斯神庙地下有一套特殊的下水道系统，人血在那里与某些动物的原生质汇合。下水道呈高度卷曲的螺旋形，弯得太厉害甚至渗到了地下深处，祭祀所需的祭奉之人的血，流入大地最神圣的角落，它触摸到原始的地脉，感受到天地混沌时期凝固下来的战栗。"藉这段文字，诗人想向我们描述什么？神庙还是肚腹？宗教还是罪行？颤抖的乳房还是流淌的血？高度卷曲的螺旋还是凝固下来的地脉？要想让如此之多的矛盾合到一处，要想堆积如此复杂的意义，必须紧扣住一个极端的综合命题，即土地的母性二元论：土地同时是母亲和死亡。于是，这个淌着鲜血的祭坛作为排泄器官，成为深在性综合的梦想考古学的例子。

这些例子，我们还可继续补充，它们都让人看到，地下展开的想象有着可怕的增值性。可以说，现实在这里毫无用处。描述下水道，不需要亲眼见到。只需将对污流对地下泥浆的反感系统化。文学下水道是厌恶感的创造。必须指出，污秽形象也有它们的一致性，对卑鄙物质的想象也有它的整体性。如雨果写下的（《悲惨世界》，前揭，5，第161页）："污秽之物的真诚，让人欢喜。"

---

*　阿尔托（Antonin Artaud, 1896-1948），法国演员、作家、画家、诗人等。——译注
**　艾美斯（Emèse），罗马古城名，位于今叙利亚西部。——译注
***　《埃硫尤加巴勒王》（Héliogabale），阿尔托最富想象力的一部小说，讲述了罗马王埃硫尤加巴勒（Héliogabale）的生平，整部小说充斥着野蛮、血腥的味道。——译注

十三

对某些人来说,必须在地下作业的行业,有着强烈的吸引力,接下来引用巴黎地区一份学生作业来说明此点,本例由夏尔勒马尼高中的雷诺尔德老师提供。下面将作业照抄出来,法语作文虽有几个荒谬的地方,却有它的整体性。该文作者十二岁。

题目:"您以后想从事什么职业?请说明理由?"

作文:"我想成为下水道清理工。很小的时候,我就梦想成为一位下水道清理工;在我看来,这个行业极其美妙;我想象自己通过地下管道穿越整个地球。我从巴士底去到魔鬼街*。可以到中国、日本还有阿拉伯国家去。可以探访地中的小侏儒、幽灵、小精灵。我对自己说,我可以穿越地球旅行。我还想象,这些下水道中有从未被人发现的宝藏,我长途跋涉,去到那里,把它们挖出来,然后满载着金子和宝石,回到父母家中,向他们宣布:看我现在多么富有,我要买下一座美丽的城堡,还有许多庄园。

"下水道内会有一些邂逅,会发生一场悲剧,我是主角:一位年轻女子被关在下水道的地牢中,我听到了她的哭诉,飞奔着去营救,从想娶她的坏巫师手里救出了女子。我总是随身带着一盏灯和一把十字镐。

"最后,说实话,我真不知道有比这更伟大更美好的行业了。

---

* 巴士底广场在巴黎 4 区。这里提到的魔鬼街(diable)可能是巴黎 9 区的一座老街名,对应于今天的图尔尼盖街(La rue du Tourniquet),该街道最初名为"魔鬼屁街"(Rue du Pet-au-Diable)。

"可是,后来有人告诉我说,下水道工作辛苦、艰难而且不干净,我突然明白这其实不是我梦想的那份行业,我梦想的是凡尔纳的故事或童年时代读过的一本奇妙小说。在有了这样的发现之后,我懂得了工作不是度假,只有辛苦工作才能养家糊口;因此我决定选择另一份职业。我很喜欢书店的工作。向中小学生或其他人卖书,会是件让人高兴的事。我会开设订阅图书的服务,人们可以到图书馆来交换他们的书籍。每年开学的时候,学生们会到我这里来买书,买笔袋还有钢笔等等……有时他们也会来买糖果。"

十四

为便于孤立形象的考察,本书多数章节提供的是一系列专题研究的草图。尽管某些形象在它们的最初形态极为不同:岩洞、胃、地窖、隧道,这些形象之间却有着无数的隐喻游戏。作为本章结论部分,我们想在思考互动隐喻强力的同时,确立出深在形象的同构性规则。这个规则将比我们从个别形象研究总结出的规则更为广泛。

先回顾一下我们如何从个别形象出发,彰显出深在性的。为此,需拎出四个出发点:

1. 岩洞。
2. 房屋。
3. 物的"内部"。
4. 肚腹。

首先必须考察这四个形象明晰的深在性。土地提供了巢穴、岩洞、岩穴，还有需要勇气进入的水井和矿井；挖掘意志取代了憩息遐想，想在土中越挖越深。整个这种地下的生活——平静或激昂——都在我们身上刻上了摧压的噩梦，还有隧道噩梦。上一章讨论迷宫的时候，我们已经考察过几个这样的噩梦。遐想，一点点变成噩梦。

257　　房屋自己会往下沉，会把根扎进土里，鼓励我们到地下去；房屋为人提供了隐秘与隐藏的涵义。悲剧到来时，房屋不仅是躲藏处，也构成一个地牢。地窖中后砌的墙，在小说中并不少见。埃德加·坡的《黑猫》和《艾蒙提拉多酒桶》，说明作者身前受尽活埋噩梦的折磨，他懂得活埋形象的挑衅性。埃德加·坡的"地下"生活，很自然地找到了房屋与坟墓的双重性。①

　　物的深在性，有着同样的表面与隐藏面的辩证。但是，这种辩证很快就受到了秘密意志的影响，受到遐想的影响，这些遐想希望在戒指底盘堆积强大秘密、凝聚物质、毒药与毒液。深在物质的梦想，受到"地狱品性"的诱惑。物质当然拥有良好的深在本质。世
258 上有毒药，也有香膏和解药。可是双重性似乎不均衡，又一次，恶是第一物质。若将物质内在性梦想推得更远，在考察了对表象世界

---

① 我们没有列出关于坟墓的专题讨论。这样的主题自然应该集中讨论死亡的形象。它打开的境域，与我们目前的研究相差较远。从某些考察层面来看，房屋、岩洞、坟墓这三个形象有许多关联。许多民族都在岩洞内挖墓（奥杰［Lucien Augé］：《坟墓》［Les Tombeaux］，第 55 页）。对不少民族来说，"最后的住所"才是真正的住所。西西里（Diodore de Sicile）写道："埃及人称在世时的住所是客栈，因为人在其中居住的时间很短；相反，他们称坟墓是永恒的房屋，因为人永远居住在其中。这就是为何他们不怎么装饰自己的房屋，却一定要修葺辉煌的坟墓的原因。"关于金字塔的大量文学作品，可以作为一项有趣的心理分析工作的对象。我们可在其中找到不可计数的考古心理学的资料。

第七章 迷宫

的认识之后，我们会发现危机四伏的涵义。内在性是危险的。

我们藉肚腹解读了具有简单内在性的形象。在围绕这个陈旧而私下的肚腹象征堆积起文学形象的同时，我们似乎能凭借梦想的强力，逐渐发现，这个贫瘠的形象自己也能"活跃"起来。考察过程中，我们也被这个形象的深入强力吸引住。在追随它的同时，我们找到了与迷宫和梯井的深入性类似的特征；我们发现，我们的身体也是一个"隐藏处"。

如果我们最终能关注自身的迷宫噩梦，就会发现人体的许多结构其实都有迷宫感。人体解剖学稍加深入，就能画出人体管道的路线图。体内有连续性的东西，都作为引导。内在的流体动力，为我们提供了物质形象的经验。人感觉自己来到了物的深处。

人不再知道信念到底在哪里形成？在内倾还是外倾层面？哪儿深不可测？深井，还是不可探测的肚腹？记住，对祈祷的潜意识，对吞咽的潜意识来说，肚腹是空的。器官更是岩洞。弗莱恩克勒非常友善，分享了他的一篇论文草稿，主题是对消化的精神分析，他在文中说："每个器官是一个让物进出的空间。"但是这个进出不匀称。它们有着非常不同的能动价值。弗莱恩克勒以这两种能动价值为基础，建立了他的"胃之灵魂"的理论。弗莱恩克勒说得很清楚，这个胃的灵魂，"本质上患有循环精神病"。白日胃胀，夜晚胃空，这是正常而有益的循环精神病症的基础。①

围绕充实与排泄的能动主题，现实或想象中的真实空间建构开

---

① 撒耶（Maurice Saillet）提到了贾里作品中消化肚腹的自恋情结（narcissisme）（《泉》，前揭，第61期，第363页）："可恶的那耳喀索斯（Narcisse），凡是存在的一切，都长着他那副虚荣的面孔。"生活变成"一般化的消化过程"。

始了。大自然难道也在想象中运作？对弗莱恩克勒来说，"肠胃性在反刍动物那里，获得最大限度的空间建构性。"格林童话里有一头牛，会反刍出"它的约拿"。一位想象建构性反刍的梦想者，会以他的方式明白，为何反刍动物的胃有那么多囊腔。

十五

如此众多的形象，都以一种奇怪的方式，朝邻近的梦想涵义融合，这难道不正说明，我们被深在性的真正涵义裹挟住了？我们是深在的存在。我们躲在地面之下，表象之下，面具之下，为了躲避他人，也为了躲避自己。深在性就在我们身上，按瓦勒的说法，就是下降超验（trans-descendance）*。

莱米佐夫**梦想寻找一道传说的气息。这道气息"不从身外而来，而是在我们的思想内部：它是最幽深的遐想，是漂浮的言辞，能让认识自我的沉思诞生"。在我们看来，那是自我之下（infra-moi）的意识，是某种地下的我思故我在，是我们内心的某个地下室，不见底的深处。我们收集的，正是在这个深度迷失的形象。

进入自身仅是这种延伸沉思的第一步。我们很明显地感受到，下降到自我之中，决定了另一种考察，另一段沉思，形象会帮助我们。我们常有仅仅描绘了一个形象世界的感觉，但又能每每下降到自身奥秘中。伟大的深在形象，与我们垂直同构。

---

* 注意，哲学概念中"（向上的）超验性"为 trans-cendance，这里将"向上""超升"换为反义"下降"。——译注

** 莱米佐夫（Alexeï Mikhaïlovitch Remizov, 1877-1957），俄罗斯作家，1923年流亡法国。——译注

第三部分

第八章　蛇

> "蛇爬行时，身上会拱起四条不同的褶皱……如果割去蛇身最后一条褶皱，它们就无法再爬行。"
> ——肖姆布尔*:《论手相术》，巴黎，1653，第40页

一

蛇这个文学形象的考察，很清楚地把我们固定在神话研究上。单单总结印度神话中蛇的角色，就可以写出一本书来。但是，这样的工作已经有人做了，比如沃节勒写的《印度关于蛇的神话》。① 新近的相关研究，有奥特朗**的《印度史诗》，该书用大量篇幅讨论了印度神话中的蛇，"les Nagas"［蛇］，还考察了亚洲、埃及、美洲人种学中的蛇。潘里-维索瓦刊登在《百科全书》上的论文《蛇》，提供了不少传统神话的资料。

我们刚提到这样的神话价值，资料就从四面八方聚集而来。我

---

*　肖姆布尔（Marin Cureau de La Chambre, 1594-1669），法国医生、哲学家，路易十四宫廷顾问。——译注

①　London, 1926。

**　奥特朗（Charles Autrand, 1918-1976），法国作家、诗人。——译注

们也就不会感到奇怪,蛇居然能成为一个传统形象,几乎所有时代、所有国度的诗人都曾歌咏过这个主题。因为本书仅限于讨论即兴想象、活跃想象,这就要求我们在这个形象尚未被传统制造出来的情境下,来考察它。这项工作若能完成,我们就能证明形象产生过程中天然特征的存在,就会看到围绕仅仅一个形象,能建构起局部神话学和局限神话学来。

非常有趣的是,这些自然神话学居然能在隐喻这种最简单的文学行为中形成。这个隐喻只要真诚,只要能激发诗人的灵感,就能找到咒语的情调,甚至可以说,隐喻是现代咒语。

这样,在强调一个古老形象的简单差异的同时,我们就能阐明,文学想象继续着属人的深在功能。

二

蛇是人类灵魂最重要的原始意象之一。它是最属土的一种动物。它是动物化的根须,在形象范畴中,蛇是植物界与动物界的中介。后面讨论根的章节,会给出不少能证明这种想象变迁的例子来,这是所有想象中依然存在的变迁。蛇睡着了,在地下,在阴影中,在黑暗的世界中。它能从细小的石缝钻出地面。它钻入泥的速度,让人目瞪口呆。夏多布里昂说[①],"蛇的动作,与所有其它动物都不一样;我们无法说出蛇游动的原理,因为它无鳍无足亦无翼,

---

① 夏多布里昂(Chateaubriand):《基督教的绝妙》(*Le Génie du Christianisme*),Garnier 版,第138页。

第八章 蛇

却能像影子那样溜走，神奇地隐没行踪。"福楼拜在他的代用语录*中记下了夏多布里昂的这句话。这份目录潜在的讽刺语气，让它无法梦想蛇的游动原理。在想象的能动性中感受到蛇的游动后，到本章末尾时，我们对此会有更好的理解。但现在，如果我们见过蝰蛇逃入地下，如果我们曾惊叹于它隐匿土中的神奇速度，那就能更好地梦想这种狂热爬行与缓慢爬行形象的辩证。蛇，弯曲之箭，潜入地中，仿佛被大地吸纳。这种进入土中的方式，这种暴力而敏捷的动力，恰恰构成了一个令人好奇的能动原始意象。蛇，因其能动特征，可以丰富荣格提出的原始意象概念。对荣格这位精神分析学家来说，原始意象是在最遥远的潜意识中扎根的一个形象，这个形象并不来自我们的个人生活，必须参考心理考古学，来对之加以研究。仅用象征来代表原始意象，远远不够。需要加入象征引擎。蛇是我们的象征引擎，一个"无鳍无足无翼"的存在，一个没有将自己的引擎强力转移成外在器官或矫作方式，而是将之转化为自身运动的内在动力。这种运动甚至刺穿了土地，补充上此点后，我们会发现，对能动想象与物质想象来说，蛇都是一个属土的原始意象。

这种心理考古学也会用原始情感来指定形象。因此，蛇的形象具有心理活跃性。实际上，对欧洲人来说，蛇通常是动物园的一种生物。在它的毒舌和参观者之间，总有一层玻璃保护。尽管如此，如达尔文那般平静的观察者，也难免有这样的直觉反应：蛇缓慢地把头升向达尔文，达尔文自觉地后退了，尽管关在玻璃笼中的蛇显

---

* 应指福楼拜未完成的文学著作《已知观念辞典》（*Le Dictionnaire des idées reçues*），又名《别致观念录》（*Catalogue des opinions chics*），该书以辞典的形式记录了作者想象的语词定义和格言。——译注

然并无敌意。感情——这个远古性格——控制着最明智的人。面对蛇，远古祖先在我们的惶恐灵魂中，惊颤不安。

三

这份恐惧引出了上千种厌恶情绪，它们各自的深在性，这里不便一一指出。精神分析学家，会不费力地认为，蛇的形象是性领域或肛门领域的禁忌。然而，最明显的象征并不是最确定的，精神分析学家朗科*清楚地认识到，蛇的"男性生殖器象征"是次要的，并不是最重要的。① 物质想象似乎尤其能唤醒那些睡得极深的形象，那些没有怎么浮现出来但无疑更深在的形象。我们不禁自问，蛇不正是对冰冷反感的象征吗？都单在十九世纪初依然说（《自然史和爬虫动物史》，前揭，卷1，大革命纪年第十年）："一个人若想致力于动物研究，就必须具备考察的毅力与超越反感的勇气；观察、触摸可怕甚至带着恶臭的动物时，不害怕，不生反感。"都单提醒说，赫尔曼**曾在《邻近属系动物图表》中提议，用水陆两栖动物的说法代替冷血动物，后者"有冰冷、厌恶和无血色的含义"。这构成反感综合特征的想象命题，蛇完全可以是该命题的一个极点。当然还是要保留住一般性。鱼的冷和爬虫类动物的冷，其各自的想象功能不一样。劳伦斯（《袋鼠》，前揭，法译本，第396页）认为，鱼"抽象，冰冷，孤独"。但是鱼的冷，源自水的冷，并不对物质想象构成任何

---

* 朗科（Otto Rank, 1884-1939），奥地利心理学家、精神分析学家。——译注

① 波都安：《灵魂与行动》（Ame et Action），第57页。

** 赫尔曼（Johann 或 Jean Hermann 或 Herrmann, 1738-1800），法国物理学家、自然学家。

障碍。这种冷不让人反感。夏日泥土里冰冷的游蛇，则是一个物质谎言。

要想建构关于冷的心理学，需要更多的材料。尽管我们做了很多的考察，到目前为止，也没有搜集到足够完整的资料，来客观研究对冰冷的想象。我们读过不少极地旅行的叙述，可惜这些材料通常让人无法下手，因为这些文字提到的都是温度计上的冷，自然也是完全理性的冷。在我们看来，冷是人类最大的想象禁忌之一。如果说温暖在某种意义上促成了形象的诞生，那么，我们可以说，人几乎无法想象冷。尸体的冰冷，是想象的障碍。对想象来说，没有比一具尸体更冷的了。死亡的冰冷之上，没有彼岸。蛇尚未吐出毒液，就已凝固住我们脉中的血液。

可以避开这个让人不知所以的领域，来关注熟悉的象征，我们就会明白，为什么对含有几分性欲特征的蛇的反感，如果缺乏双重性，则无法成立。蛇很自然就是一个情结形象，或更准确地说，一个想象的情结。想象中的蛇，能带来生命，带来死亡，它或柔软或坚硬，或笔直或弯曲，或静止或迅速。这就是蛇能在文学想象中扮演一个如此伟大角色的原因。在图画或雕塑的复制形象中，蛇显得极具惰性，所以，蛇首先是一个纯粹的文学形象。它需要文学形象的话语，来实现它的全部矛盾，以激活远古流传下来的所有象征。下面给出一些文本，来看看一个潜意识原始意象具有怎样的隐喻天赋。

四

蛇这个原始意象，在雨果的诗学中，拥有独特力量，以致我们无法仅用一件真事来证明形象的强力。从这个角度来看，可以说想象占了真实经验回忆的上风：雨更编的雨果形象辞典有趣而有用；但是，作者在形象目录开头，就提议区分开"能产生隐喻的对象名词和……在隐喻层面使用的名词"，这很是让人吃惊。雨更对客体的现实性描述抱有太大的信心。实际上，只需看看雨更引用的文本，就会发现他的这种区分无法成立。对诗人雨果来说，物已是形象，物与想象等值。真实客体，仅获得原始意象赋予的强烈兴趣时，才会具有诗意强力。

在《莱茵河》（卷 2，第 174-175 页）中，雨果自己也惊讶于蛇这个原始意象激发出的形象流强力："不知为什么，人脑中尽是蛇的形象；好像脑中有游蛇在爬；斜坡上的带刺树莓尖叫着，仿佛一条蝰蛇；驿站马夫的鞭子好像一条会飞的蝰蛇，尾随着马车，要穿过玻璃窗来咬你；① 远处的薄雾中，波浪形的丘岭线条，好像正在消化的蟒蛇肚子，蛇肚在梦中渐渐变大，变成一条占据整个地平线的长龙。"这最后的变大，足以让人感觉到遐想主题的扩展；形象多姿多样，可没有一个形象与现实有关，正说明这里隐蔽着一个中心形象：关在驿车里的诗人，忍受着沿途的颠簸，他会梦想什么？为什么有这么多近似愤怒的感受？这难道不是一种崭新的挑衅想象，它

---

① 美国诗人维更斯（Dodanld Weeks）在《私人动物园》（*Private Zoo*）中，如此描绘响尾蛇：

> 见到在黑暗中闪光的鞭子
> 精神之马直立起来。
> 月的光蕊变成
> 家畜铃铛上的银质 S 形。
> ——Glaude Roy 法译本，《诗歌 47》。n° 36

不惜一切想在文字表述中寻找敌意藉口？

布洛克的诗歌中，蛇既是地下之恶的标志，也是道德之恶的标志，它是一个与死亡有关的存在，也是一个诱惑者。博诺曾提到蛇作为原始意象的多样运用。女扫帚星身上，一切都是蛇，"女子的卷发，辫子，细长的眼睛，她身体散发的魅力，她的美貌，她的不忠诚"。请注意这里明晰标志与抽象概念的掺杂。我们也会发现其中添加了不少男性生殖器的色彩，比如："她狭长的拖鞋尖上，躺着一条无声的蛇"（见布洛克的多首诗歌；参博诺的博士论文，尤其是第34页）。

能动感受若与惰性物体会合，能变得特别引人注目。比如，雨果如所有梦想者一样，自觉地让形象变得能动起来，绳索是蛇。① 绳索波动起伏，能勒人。看到它，心就揪起来。但是，人不会马上意识到这会是一种自杀手段，不会看到附着在所有死亡工具上的特殊晕厥！绳索显得天生有罪。融合想象通常十分敏感，认为蛇有勒人强力，可蛇之所以危险，仅因为毒液。柯南·道尔*《斑驳条带》中的语词游戏，使故事充满神秘感，妙处就在于作者将丝带与蛇同化。

同样，逶迤如蛇的河流，并不仅是一个简单的几何图样：最黑的夜里，溪水依然能闪光，它流入草丛的畅快与灵敏，恰似一条长长的游蛇："水有这样的力量，能在至黑的夜里，发出不知从哪来的光芒，还能变成一条发光的游蛇。"② 于斯曼笔下（《教堂》，Crès 版，

---

① 印度蛇有无数的隐喻之名，沃节勒（Vogel）记下了："The toothed rope"（齿形绳），"the putrid rope"（烂绳）（《印度关于蛇的神话》，前揭，第12页）。

* 柯南·道尔（Arthur Conan Doyle, 1859-1930），英国作家、医生，一生创作丰富，写有各种题材的小说：侦探小说、科幻小说、历史小说，另有戏剧作品、诗歌等。——译注

② 雨果：《悲惨世界》，前揭，Hetzel 版，5，第278页。

卷 1，第 17 页］）流经石卵床的特拉克河，在一个地球人看来，就是一条液体蛇。激流鳞片剥落，"如铅沸腾后皱起的奶沫"。

有时候，强加给溪流的蛇的形象，好像能让溪流中邪。获得这个形象的溪流，变得凶恶起来。温柔河流，似乎成了对位主题：它可以被读成蛇，也可以被读成河。勃朗宁*的一首诗，可作为这种双重阅读的例子：

> 突然，一条小溪在我的路上穿过，
> 出乎意料，仿佛一条冒然造访的蛇。
> ……………………
> 如此细小，却带着重重的怒气……
> ……………………
> 潮湿的柳条摇动起来，沉浸在
> 失望的静默中，一群自杀者。①

继续读下去，会越来越觉得这个风景有毒。

有时，蛇的形象队伍前进着，却似乎没有中心存在；人从而通过一个细节，一个孤立的直觉，觉得蛇的形象变活了。在阿尔尼维尔德**优美的宇宙遐想《方舟》中，我们可以读到（第 45 页）："黑

---

* 勃朗宁（Robert Browning, 1812-1889），英国诗人、剧作家，被认为是维多利亚时代最伟大的诗人之一。——译注

① 转引自加赞缅（Louis Cazamian）：《象征主义与诗歌：以英国诗为例》（*Symbolisme et Poésie. L'exemple anlais*），第 154-155 页。

** 阿尔尼维尔德（André Arnyvelde, 1881-1942），法国记者、戏剧家、小说家，1942 年死于纳粹集中营。——译注

色的波涛，点缀着金色薄片，浪尖的光芒刺破海雾；浪花碰到礁石，安静下来，盘成一团。"作家笔下的形象在浪花与蛇之间犹豫，但最后，总是最具活力的遐想能占上风。

想象若获得蛇这个活跃形象的动态性，就拥有了这种动态性的全部自由，甚至会顶撞最明显的现实。弗雷诺的这行诗，更新了古老的形象：

> 逆流而上，如蛇一般……

诗人让蛇逆流而上，就让这个形象同时在水的领域与蛇的领域获得了自由。弗雷诺的诗句，可以是纯粹能动形象的一个最明晰的例子。文学形象比画作更活泼。它让形式超验。它的运动，没有物质载体。在此，它是纯粹运动。

五

某些形象——雨果作品中有许多——彰显出的凝聚力和物质性，能让研究消化功能的精神分析学家大吃一惊："蛇就在人体内，它是肠子。它诱惑，背叛，惩罚。"[①] 这两句话足以说明，性欲特征远不是一切，最物化、最具消化性的欲望，有自己的故事。从这个形象出发，我们可以来看看施莱格尔提出的这个奇怪的问题："难道不能把蛇看成有病的产物，看成大地的消化虫？"[②] 这个问题不是幻

---

① 雨果：《莎士比亚》（*William Shakespeare*），第78页。
② 施莱格尔：《生活哲学》，前揭，第141页。

想，而是对生命现象的属土沉思。

相反，对加尔丹来说，蛇的食物因为蛇狭长内脏的缓慢消化，煮得很熟，"因此，蛇的排泄物不难闻"（《加尔丹之书》，前揭，第191页）。在如此没有特征的前提下，这些增值好坏兼备，说明凭借这样的形象，可以触摸到极其深在与远古顶端的潜意识层面。

六

除了这些特征显著的形象外，我们还可以找到一些交叉的粗大蛇形的装饰形象。我们曾经自问，兰波元音十四行诗中的多彩字母，其最初的灵感是不是源自他的识字读本。我们也曾对雨果的作品提出过相同的问题，雨果常对一个词的开头字母浮想联翩，一个大写字母后常有一个形象："S 是蛇"，《阿尔卑斯山和比利牛斯山》（第65-67页）中作为章节起首的大号字母，有时也有意蜷成蛇样。蛇好像要把太过笔直的大写字母拉弯，把想躲起来的开头字母拉弯。动物化的装饰，有时恰恰道出了潜意识的心声！

齿形边饰，青藤，蛇，在梦想笔下，都有了生命，甚至是彼此交织、缠绕、裹盘的生命。

七

可用的文字如此丰富，这足以证明，蛇的文学形象超出了形式与运动的游戏。寓言让蛇成为一个极具口才天赋的存在，它拥有繁复的魅力，或仅是因为蛇这个形象本身就意蕴无穷。蛇总有新故事。

语言深处，总有占了上风的语词，它们征求着各样的句式，还有指挥着各种领域的语词。蛇这个狡诈主题有细微差别。比如，在《蛇之草图》中，诗人找到了细腻的自然性，在变幻游戏中，给出了一幅宇宙草图。这个宇宙，是一个弃绝的世界，一个巧妙蔑视的世界。

蛇这个词，有多重基调。从呢喃的诱惑到嘲讽的诱惑，从缓慢的温柔到骤然的嘶叫。它在诱惑中沉醉。它倾听着自己的呢喃：

> 我倾听着自己，首尾交接
> 听我呢喃的沉思……
> ——瓦莱里:《蛇之草图·魅力》

顺便提一下，我们愿以蛇这个词为例，来说明从原始意象形象到原始意象语词的过渡，因为这个语词现在承载着形象的全部重量。形象向话语的滑动，为文学批评打开一条路。文学之蛇生活在自我表述中：一段冗长病态的言说。

围绕中心原始意象展开这番外围考察之后，下面必须指出蛇这个形象的属土部分。

八

最好是马上给出宇宙之蛇的例子来，从各个方面来看，那条蛇就是整个地球。对作为属土存在的蛇，没有比劳伦斯说得更好了：[①] "大

[①] 劳伦斯:《羽蛇》(*Le Serpent à Plumes*)，法译本，第 204-205 页。

地中心，有一条大蛇在火中睡着。下到矿井中的人，能感觉到它的热度和汗水，能感觉到蛇在动。那是大地的活火，因为大地活着。世界之蛇巨大无比，岩石是它的鳞角，树木在鳞角间生长。告诉你们，你们用铲锹翻着的大地是活的，它是一条打着瞌睡的蛇。你们在这条大蛇身上走来走去，湖泊在它的褶皱间躺着，就像响尾蛇鳞角间的一滴雨水。可是它并不因此而减少生命力。土地活着。

蛇死了，我们也会一起死去。蛇的生命是土地湿度的唯一保证，我们的玉米才得以生长。蛇的鳞角，让我们提炼出金银，树木在蛇身上扎下根须，如同我们的头发在皮肤中扎下发根。"

面对这样的文字，逻辑学家、现实主义者、动物学家，或传统的文学批评家，会联合起来加以反驳。他们会说这是想象的过度，形象之间充满矛盾：蛇不是一个赤裸的存在吗，怎么可能想象它有头发？蛇不是冷血动物吗，怎么可能活在地心的火苗中？但是，劳伦斯所在的不是一个物的世界，而是一个梦的世界，一个充盈着强力梦想的世界，那里的大地是根本之蛇蜷曲而成的纽结。这个根本存在，融合了各种矛盾属性，羽毛和鳞角，属气成分和金属成分。所有的生命强力属于它；人的力量和植物的怠惰，在沉睡中创造的强力。对劳伦斯来说，地球是一条盘成团的蛇。如果大地颤动，那是因为蛇在梦想。

当然，如果从深受世间之蛇影响的墨西哥民间传说角度，来考察劳伦斯的文字，后者将更具说服力。可劳伦斯的这段文字并不是简单的注释。它与作者的直接视野相关，作者立即参与到蛇与土地的生命中。它告诉我们，追随原始意象的强力，把蛇的形象加重，想象就能获得民间传说的基调。劳伦斯甚至找到了活着的民间传说,纯真的民间传说,那些想消磨时间的民俗学者不知道的民间传说。实际上,作者似乎对这些奇怪形象有信心,它们没有客观价值,在你-我的想象中保持惰性,一点理性或经验活动就会将它们抹煞。劳伦斯从直觉上感到自己在坚固的潜意识底层工作。他的创造性视野,充满不可预期的形象,有从深处放出的光芒。

如此溯循形象的源头,到存在之下寻找质料,到攀爬存在之下寻找爬行质料,在蜿蜒和弯曲的存在下寻找属蛇的物质,我们就会明白,形象天生能超越自身。布尔日明确提到,"蛇原子"是许多怪兽的原始质料。属蛇的存在,具有源初的怪异性,如原子般源初,不可摧毁。这种属蛇的实存,可如发芽的种籽般,植入惰性物质中,也可植入死去的土地中。它生出球形颗粒,让它们去攀爬。这个 S 是想象的维他命,我们曾在讨论雨果极其动物化的想象时,将它孤立出来。

滋养物和孕育物之间,总有物质同义叠用。斯温伯恩评论布莱克的一段文字,令人击赏,他说肉身之土和鳞角金属构成了原罪蛇,这个内在的属土存在,这个闪闪发光的诱惑(《泉》,前揭,第 60 期,第 231 页),"蛇的蛇形食物","柔软、健壮而优美的黏土之躯,长满带磷光的有毒痂盖,感染了多彩的冰冷鳞角,好像染了麻风病的皮肤鳞片;张开的嘴巴放出苍白的绿色,炫耀着血红的火喉;牙齿和爪子抽搐着痛苦的快感,阴暗的欲望之火撕开了眼皮,它呼出有毒的气体,使劲朝神圣人类的面孔和眼睛喷去……"

要想养育这个从土而生的存在,还有比土更好的食物吗?《旧约》中惩罚诱惑之蛇食土为生的话语,在所有属土想象处获得了回声。① 梦帮助蛇吃掉整块土地，蛇与淤泥合二为一，直至自身成为淤泥，成为万物的原始质料。处于原初形象行列的形象，会成为想象的原始质料。每个元素的秩序如此。特殊形象的细节层面也是如此。属蛇质料渗入劳伦斯想象的土地，让它变得独特。

　　读者若没有属土纤维的想象，自然无法读下劳伦斯的文字；相反，一个属土灵魂则会钦佩作者的能力，他穿透诸多明晰矛盾后，依然能忠实于属土物性形象。比如，文中说能从巨龙鳞角提炼出金银，金属想象会不会毫不犹豫地相信？可我们的确能从欧鲍的鳞片中提炼出珍珠质！那为什么就不能用嵌着金银丝图案的蛇皮，制成发光的钢呢？

　　梦走着自己的路……梦积累出综合性；梦自身彰显为综合性。形象在互补的综合性中，获得生命。它们将自己的综合力量置反：龙若是宝藏守护者，那说明龙自身就是一份宝藏，它是红宝石和金属合成的怪兽。龙是属于铁匠和金匠的存在，是强大土地和珍贵土地的联合象征。只需将这个象征内在化，将力量和价值的这个联合体内在化，我们就能理解炼金士之龙代表的物性。炼金士思考着发光颜色的深在性，他思考着物之实存的深在敌意。对他来说，贪婪的原子必然生出贪婪的狼。

　　作家们用更简单的语词道出了此点，往往过于简单，圣汀*写道

---

①　我们以在《卡勒瓦拉》(Kalevala)中读到这样的蛇(前揭，第389页)：
　　　把头升进泥炭，
　　　插入土块。
　　　泥炭是你的家，
　　　你住在土块中。

*　圣汀(Saintine, 原名 Joseph-Xavier Boniface, 1798-1865)，法国小说家、戏剧家。——译注

(《重生》[*La Seconde Vie*], 1864, 第 131 页) : "在有些国家, 蛇擅于发现宝藏。"圣汀写了一则故事:《希拉》, 主人公是位吞金者 (la mangeuse* d'or)。隐喻一位妙女子? 不, 希拉是作者笔下一条游蛇, 爱吞路易金币。形象有时会到人类行为的遥远隐喻中寻找支援。吃金币, 对以土为食的蛇来说, 轻而易举。一个极抽象的形象, 在小说家的叙述中变成抽象的-具体。在金属蛇的天真物质想象中, 这个形象显得尤其实在。要想如金币那样闪闪发光, 那就必须吃金币。

我们还可以举出许多介于形象与隐喻间的文本。下面给出一段文本的例子。巴尔扎克在《欧也妮·葛朗台》中描绘了这样一个嗜财如命的老头: "在钱财方面, 葛朗台先生可说如虎如蟒蛇: 面对猎物, 他会趴身等待, 缩成一团, 虎视眈眈, 之后才会纵身跃上; 他张开钱袋的嘴巴, 吞下一把埃居币, 心满意足地躺下来, 好像一条正在消化的蛇, 不动声色, 冷漠, 有条不紊。"只需对这个形象的不同层面加以思考, 就能理解"钱袋的嘴巴", 完全不是一个视觉形象。这个形象出自更隐蔽、更深在的潜意识心理结构。它是一个金融约拿, 可用阿兰第**《资本主义与性》一书中的观点来分析。

梦就这样提出了实在与抽象的互换问题。它遵从逻辑学家们简单置换的提议, 没有脱离这一置换限定的规则。这正源于梦想的实在性, 源于物质想象相较于形式想象与色彩想象的优势。

物质本体与属性的这种回转自由, 在文学想象中达到巅峰, 成

---

* 法文"mangeuse", 阴性, 故有后面"女子"的说法。——译注
** 阿兰第(René Félix Eugène Allendy, 1889-1942), 法国自然疗法医生、精神分析学家。——译注

为人性解放的真正力量。回到劳伦斯的文字，可以说，如果文学去自然想象的深层去考察——蛇就是属于这个深层的元素，那么一切都可以被阅读，最荒诞的文学形象可让人梦想联翩。

于是，文学就仿佛是当代的民间传说，仿佛正在发生的民间传说。奇怪的民间传说，想用一道原生笔触把古老形象辩证化！文学现在成为一份浩浩荡荡的语言工作，形象打上了想象句法的印迹。它从名词中获得存在。语词似乎构建成一个实存化的词源学，一个物质化的词源学。下面就蛇的主题，给出一则新例，以说明物质想象的重要性。

九

人们往往喜欢从形式角度来研究象征。看到咬尾蛇，就立刻得出永恒象征的结论。当然，蛇在这里与指环遐想的巨大强力融合起来了。指环涵有那么多的形象，需要整整一本书来将它们分类，以讨论意识价值与潜意识价值的游戏。蛇，以一个稀有形象，成为指环的动物化体现，这就足够让它参与到指环的永恒性中去。可是哲学评论无法让它丰富起来。比如，布尔日对咬尾蛇的哲学评论就显得滞赘无比（《大帆船》，前揭，第254页），丝毫无助于对象征的沉思："不停地，在我内部卷和，好比蜷成一团的蛇，深在的延展，永恒的永恒，我是你的上帝，万有之有。"

如果去咬尾蛇形象中寻找活着的永恒，一种作为自我致因、自我物质致因的永恒，那么一切都会获得生命。需要在生命与死亡的辩证中，同时完成积极与致死的伤口。

第八章 蛇

这种辩证有比其两大主题更深的明晰性,也比它们更活跃。毒液,是死亡本身,是物化的死亡。机械化的伤口并不重要,这滴死亡的毒液,才是一切。死亡的毒液,生命的源泉!在与星宿运行相应的恰当时刻,毒液会是良药,让人青春焕发。咬着自己尾巴的蛇,不是一条叠起来的线,不是一个简单的肉体指环,而是生命与死亡的物质辩证,死从生中出,生从死中出,与柏拉图逻辑的相对性不同,它是死亡质料与生命质料的无尽置反。

佩乐提埃*曾赞赏海勒蒙**的万能溶剂阿勒卡埃斯特***的强力,他写道①(第186页):"蛇反咬自己一口,从自己的毒液抽出新的生命元素,好获得永生。"而后(第187页),佩乐提埃补充道:"它成为自己的酵母。"如果我们懂得前科学时代酵母的潜意识价值,就会理解,自身即为酵母的存在,征服了所有的惰性。

这样,炼金士的直觉,在咬尾蛇的永恒象征中,发现了某种内在性。通过蛇体内毒液的缓慢蒸馏,物质自身准备着必须死亡的死亡与应该延续的生命。蒸馏器完全被我们理性化了,蛇形管的所有遐想都被划除了。蛇形管简缩为一根巧妙伸入圆柱罐中的曲管,人

---

* 佩乐提埃(Jean Le Pelletier, 1633-1711),法国炼金士。——译注

** 海勒蒙(Jean-Baptiste Van Helmont, 1579-1644),炼金士、医生,原籍荷兰南部。——译注

*** 阿勒卡埃斯特(Alkaest 或写作 Alchahest),帕拉塞勒斯的术语,为一种假想的炼金质料,用于治疗肝病的神秘药物。海勒蒙将这个概念创新,指称一种能将万物返回至原初质料的万能溶剂。该概念在十七世纪后半叶至十八世纪的炼金学中占有重要地位。——译注

① 佩乐提埃:《阿勒卡埃斯特或海勒蒙的万能溶剂》(*L'Alkaest ou le Dissolvant universel de Van Helmont*),1704。

281 们认为，蛇形管仅因其形状而得名，这种看法没有超出形式类比的范畴。对伟大的蒸馏梦想者来说，蛇形管就是蛇的身体。如果蒸酒匠没有在他的酒中加入合适的梦想，那么蛇形管就是一根简单的管子，只能流出平常的液体。如果火之水一滴一滴流出来，蛇形管运行着它弯曲动物的功能，蒸馏器则会滴出永生之水，滴出它的生命之水（eau-de-vie*），将如有益的毒液，在血脉中流淌。①

现在我们可以理解，为何海勒蒙的阿勒卡埃斯特被称为"大循环"。蒸馏之人——homo destillans——是人工的，咬尾蛇则是天然的甚至更好：因为那是自然需要。蛇必须不时咬住自己的尾巴，好让毒液实现自己的奥秘，以激活毒液的辩证。蛇换上新皮；它的存在彻底更新了。为了这道伤口，为了青春的这一重返，蛇藏了起来，这是它的奥秘。卡斯奈说（《人类的伟大元素》，法译本，第 201 页），"所有时代，所有民族，蛇都被人看成是一个神秘的动物，一个神奇的动物，一个能变形的动物。"②

当我们明白咬尾蛇是生命的循环而不是一个圆圈似的图画时，我们就能更好地欣赏某些传说。在隆戈鲁瓦出版的《锡德拉克小
282 说》中，我们可以读到："蛇如果不因偶尔的外部因素而死亡，就能活上千年，最后变成一条龙。"我们也会更好地理解某些药物的使

---

* 即高浓度的烧酒，一般从水果（比如阿尔萨斯-洛林地区的小黄李等）提炼出，此处用其字面含义。——译注

① 见《左拉的下等酒店》（*L'Assommoir de Zola*）中蒸馏器的动物化（第十章）。希勒贝尔（前揭，第 213 页）注意到了缓慢蒸馏的潜意识意义。他认为，蒸馏，就是一滴一滴流下来（destillare 蒸馏 = herabtropfen 滴）。

② 《阿闼婆吠陀》（*Atharva-Véda*）中，带这种毒液的蛇拥有更大的强力。"这种毒液为蛇提供了生存的圆圈"（Victor Henry 法译本，第三书，1894）。

用,如毒蛇汤或毒蛇粉末。只要读读萨拉斯*关于毒蛇之盐的书,就足以证明质料也有属于自己的传说。蛇的质料,是传说的质料。

十

如果现在尾随蛇的传统形象所支持的能动想象,就可以说,蛇是动词"缠绕"(enlacer)和动词"滑入"(se glisser)的动物主语。蛇有触摸的欲望;如劳伦斯所说(《袋鼠》,前揭,法译本,第391页),"触摸吸引着它们"。它们蜷缩起来,为了触摸自己。它们相互缠绕,为了摸到彼此的身体。当然,我们会发现这个看法有些片面,但稍加注意,就认识到,这是我们的想象时刻之一,是想象的最初时刻,它很快会被其它占上风的兴趣掩盖。人们写了那么多关于拉奥孔**的故事,却很奇怪地,从来没有注意到蛇。与此同时,想象只要稍加动物化,就能在系结存在和缠绕存在的力量中发现某种快乐。这种想象能感受到拉奥孔情结的痕迹,想象被悬搁在厌恶和诱惑之间。在逗蛇者或戴着蛇状项链的女子面前,我们能鲜活地感受到这种双重性。蛇,赤裸的存在,裸露者。蛇,孤独的存在,离群索居。这正是蛇打动卡斯奈的地方(《回忆之书》,法译本,第

---

* 萨拉斯(Moyse Charas 或 Moïse Charas, 1619-1698),法国药剂学家,1692年入选法兰西科学院(Académie des sciences)院士。1669 年出版《毒蛇新实验:毒液效果及可从蛇体提炼出的药物》(*Nouvelles expériences sur la vipère, les effets de son venin, et les remèdes exquis que les artistes peuvent tirer du corps de cet animal*),肯定了毒蛇的药物价值。——译注

** 拉奥孔(Laocoon),特洛伊祭司,史诗中说,他曾警告特洛伊人不要留下希腊人送的木马,雅典娜就派出毒蛇绞杀了拉奥孔和他的儿子。相关题材的著名的大理石雕像,现藏于梵蒂冈博物馆。——译注

283 178页)。他说,逗蛇者,模仿着赤裸运动或某种动态的赤裸:"这道面孔上引人注目的线条,从蛇的运动中汲取、吸收而来,他的狂击成为野兽的镜子,在这个意义上,人被迫变成蛇,变成蛇形。他的赤裸性就在其中:自我变形者的赤裸。他的赤裸,属于动物,不属于人。"《土地与意志的遐想》第一章中,我们曾经提到坚硬质料能提供意志的形象。某些动物——蛇就是其中之一——教会我们关于特殊意志的知识;它们召唤我们去模仿动物意志。被缠绕的拉奥孔的扭曲,回应了缠绕存在的盘曲。

这些类似性,正是当代文学懂得描绘的,当代文学以直截进入形象为新的技艺。我们可在曼迪阿尔戈*的《黑色博物馆》(第94页)中读到:"……拉奥孔吸引住他的注意力,雕像群的拧曲,让他马上感到无比的挑战,感到石头与皮肤游戏的巨大召唤……"梦想者被卷入蛇形赤裸的噩梦中(第95页):"可能因为感官的古怪错觉,雕像群接触到赤裸人体后,好像变活了;可石头依然是石头,没有它物会比这个奇怪的东西,更能让人打破日常的窠臼,让人融入到他所欲望的一切之中,前提是不能改变体积。"作家化为形象的质料与形象的运动;他想积极体验那些奇特的爬行动作,拉奥孔的动作,
284 甚至有着缠绕敌意的动作:"看,它现在是不是在伸展?它又变成了垂直的螺旋,缠绕住那位高贵老者的身体;有些时候,人不禁眼花缭乱,仿佛看到一个闪着淡白金色的大旋涡在大理石上旋转,要将它吞没;而后是一条鞭线,如同马来群岛那些细长的树栖爬行动

---

* 曼迪阿尔戈(André Pieyre de Mandiargues, 1909-1991),法国超现实主义作家。——译注

物，在雕塑强健肌肉的线条下孵卵；这些景象慢慢缓和下来，变成一条九头蛇或乌贼；人的双臂、双腿还有整个身体，都爬满了大蛇，与它们石化的模型一样大小。"这样，双臂与双腿成为蛇的现实。能动想象将进攻之物与被攻之物融合起来。石头似乎回应着蛇的蜷曲。想知道拉奥孔必须保持沉默还是要呐喊的叔本华式论辩，不再有意义。曼迪阿尔戈站到了蛇的能动性一边。他张开双耳，是为了"不再听到急速圆圈的无终止的声响"，"那让人想起发皱皮带的"声响。作家接下来的文字里，啼唱的鸟声驱除了这道声响，蛇的纽结松解开来，活跃的拉奥孔噩梦也逐渐消逝，梦想者可以接受新的形象，新的张力了。

从莫莱诺所讲的社会戏剧（sociodrame）的涵义来看，曼迪阿尔戈的文字可以被看成是真正的动物戏剧（thériodrame）的主题。实际上，想象常有与动物较量的欲望。想象的挑衅手段非常丰富，以至于需要收集各种类型的动物侵犯，以从能动方面更好地认识自己。洛特雷阿蒙的作品，从许多角度来看，就是一册动物戏剧专辑。它能在想象层面，帮助我们实现自身野蛮的宇宙。

假若把蛇看成是动词"滑入"（se glisser）的动物主语，那么我们就能找到与能动想象一样的寓意。波墨在《三大原则》（前揭，法译本，卷2，第12页）中写道："魔鬼……滑入蛇内。"如果忽视动物的滑行动作与转弯抹角，那将无法看到这个滑行的动物。最抽象的涵义，譬如往耳朵里滑一个词（glisser un mot dans l'oreille）*，尽

---

* 取其字面含义，与上下文对应，注意动词"滑"（glisser）；其书面义为"窃窃私语"，"悄悄地告诉"。——译注

管已穿越隐喻的各层阶梯，但还是在这里找到了形象化的词源学涵义。

在动物滑行这种无意识运动中，可以遇到我们在"迷宫"一章已经提到的一些能动形象。泰以哈德*就将迷宫与蛇这两个形象合二为一，他说(《作品集·悲歌》，一，第121页)：

……有时一条蛇的幽蓝闪光
将它那些地下墓穴的恐怖骤然照亮

但是，我们在此看到的仅是一个逃跑的形象。接下来看看，这个形象将整个存在拉入其深处的运动。我们曾用别雷的一段文字结束《迷宫》一章，那么，不妨也用别雷的文字来结束本章关于蛇的讨论。

别雷的遐想，实际上掺杂了对迷宫与触角印象的回忆。这些回忆被蛇激活(《拉泰耶夫》，前揭，第53页)："这样，我来到世界上，不过，只有头钻了出来，双脚依然留在将它们系住的深处；我觉得自己像蛇那样活着，我的思想是长着蛇脚的神话：我承受着这些庞然大物的考验……

……蛇在他身上(甚至在孩子的体内)及四周游荡，摇篮里爬满蛇。"赫尔库勒斯的摇篮里有蛇的故事，这并不能为我们提供神话的内在性。受到外在形象的干扰，内在神话马上被解读为四肢与

---

* 泰以哈德(Laurent Tailhade, 1854-1919)，法国诗人、辩论家等，共济会成员。——译注

外在敌人的搏斗。相反，诗人梦想的故事，搏斗的是内在之蛇，是诗人身体内部蜷曲的内在敌人。别雷写道："我用语词继续将生命的最初事件圈绕起来：

对我来说，感受是一条蛇；欲望、情感、思想融成一个宽广的长着蛇脚的身体，一个提坦巨人的身体；这个提坦让我窒息，意识挣扎着要逃出去；待逃出来之后，它就不再是意识——只有向无尽永生抛掷的一个微妙之点；想要主宰不可估量之物……但它根本就无法主宰……"

是的，感受在逃跑，它在能量猛冲的瞬间还有热度，然后就变得冰冷。感受滑动着，没有图画，在自己的肌肉中，在皮肤下弯曲，它鼓起了大腿，仿佛一条大蛇……在身体质料中梦想，试着找到原始力量，如果你的原初努力真如提坦，那你就能激发出把蛇揉成摇篮的提坦形象来，那你就会懂得别雷这句话的恐惧与真相：**感官是条蛇**。

之后，感官相互衔接起来，它有了四肢，能确定自己的方位。然而，在最初的梦中——还有我们无法从最初梦境中剔除的最初感受，——它是能扩散开来的膨胀，侵占了整个身体。

别雷在稍远处（第54页）传达出他对原初感受的回忆："皮肤变得如同一根管子，感受剥离开来，我在里面爬着，好像也正穿过一条管道；身后有人跟着在爬；这是我最初的生命感受……"

读着这样的文字，或者与之类似的其它文本，朗科的弟子肯定会毫不迟疑地得出出生创伤的结论。然而，别雷描绘的爬行存在的印象，与所有的出生有关。确切说来，所有伟大的遐想，对我们来说，都是一次出生。对别雷来说，一切从伸展开始，缓慢、艰难地伸展。意识从拉伸中获得物性的诞生，从弯曲中获得能动的诞生。意识就是爬行的想象。它是属土存在的想象，这个存在穿行在漆黑的地下管道中。

只有属土的地下想象，才能让富有如此超然遐想的叙述变得可读。如果没有做好物质形象和能动形象的准备，就会失去作家重新找到的这些原初性的益处。这样的遐想能动感应，无法用其它方式获得（第55页）："世界上最长的蛇是我的叔叔瓦西亚，他爬在我的背上，蛇脚-人须。他把自己截成两段：一截跟我们进晚餐，另一截，在《消失的怪兽》这本我很喜欢的书的封皮上见到。这另一截叫作'恐龙'；人们都认为恐龙已经消失了，可我在认知的第一阶段就曾遇到过它们。"蛇总体而言是蜿蜒起伏的地下世界，是迷宫的兼补活物。别雷找到了迷宫形象与蛇之形象的综合，也没有忘记最终的阳具形象，他对这个形象很是熟悉，并讲述着曾经体验过的焦虑："我生命中的上升形象：一段通道，穹顶和黑暗；很多蛇追着我……这个形象与我在神庙地道中受的折磨同源，曾有一个牛头人与我作伴，他手里拿着权杖……"

十一

当然，对想象来说，所有爬行的存在都与蛇有关。可以成为一本文学专著主题的爬虫，通常就是蛇的雏形。波墨的书中，有许多受爬虫与蛇的形象感染的例子。比如，在对火的想象中，火焰常被比作毒蛇。波墨（一，第319页）言简意赅，说是"一条漂亮的爬虫，只是生在火光中"。

第八章 蛇

那些获得属土特征的动物之中，一位老译者笔下的蚂蚁值得一提，他曾译过罗马作家阿普列尤思*的《金驴记》，他在1648年写过一段文字，称蚂蚁是"坐立不安的食土者"。这些传说中的蚂蚁，被认为是无尽财宝的守护者。下面给出从塔昂（Philippe de Thaon）的《动物图画集》中摘选的一则例子（隆戈鲁瓦：《塔昂动物寓言集》，三，第19页）："埃塞俄比亚有一种蚂蚁，形大如犬；它们在流经当地的河流中采集金粉；凡靠近它们宝藏的人，都会被咬死。当地人想了个诡计：他们把那些刚生下小马的母马赶到蚁群中，母马就成了敞开的箱子；蚂蚁在里面装满金子；然后，人们让小马发出叫声，那些母马就会飞跑着回来"（也可见《希罗多德》，三，10）。蚂蚁赫拉库勒般的力量，值得注意。吕斯布鲁克**就对蚂蚁钦佩不已（《精神的婚恋》，法译本，1928，第114页），"这个微不足道的昆虫……有的是力量与智慧，尽管生命艰难"。

而在其它地方比如印度的民间传说中，蚁穴常与蛇有关；蛇在蚁穴内蜷盘。还有不少文本，提到蚁穴藏着宝藏，而蛇是守卫者（沃节勒：《印度关于蛇的神话》，前揭，第28页）。

---

* 阿普列尤思（Apulée，Lucius Apuleius，125-170），罗马作家、演说家、中古柏拉图主义者。——译注

** 吕斯布鲁克（Jan van Ruusbroec，现代拼法：van Ruysbroeck，1293-1381），有说法认为他是埃克哈特（Eckhart von Hochheim，约1260-1328）的弟子，十三至十四世纪天主教神秘学派的主要人物。——译注

第九章 根

> "没人知道自己的身体是不是一株植物,土地把它长出来,好称它是欲望。"
>
> ——培克[*]

一

原初形象的哲学优势在于,这些形象在被研究的同时,能根据各自的特性,引申出想象形而上学的所有问题来。从这个角度来看,根的形象尤其如此。与蛇的形象一样,根是荣格意义上的一个原始意象,深埋在所有类型的潜意识中,同时又在最明晰的精神领域以及抽象思维领域拥有多样的隐喻强力,它总是很简单,很容易理解。最现实的形象,最自由的隐喻,能这样穿越精神生活的所有层面。对根的各类形象有深入研究的心理学家,考察的其实是人类的灵魂。根这个主题可以写出一本专著来,我们权列一章加以讨论。

根的戏剧化价值凝聚在这个简单的悖论中:根是活着的死亡。这个地下生命从内在被感知。梦想的灵魂知道,这个生命是一场漫

---

[*] 培克(Lucien Becker,1911-1984),法国诗人。——译注

第九章　根

长的睡眠，一场萎靡、缓慢的死亡。但是，根的永生性找到了它光彩夺目的证据，一个常被提到的清晰证据，比如《约伯书》所说的（第14章，第7、8节）。

　　一棵树被砍了，尽管它的根须会在地中衰老，尽管它的枝干会枯死成灰；
　　但还有希望，它还会生长，还会发出新芽。

　　如此彰显的隐蔽形象是伟大的。想象总要在梦想的同时去理解，它梦想，是为了更好地理解，理解是为了更好地梦想。
　　根作为能动形象，拥有的力量最多样。它同时是支撑之力与渗透之力。处于空气与土地这两个世界的边缘，根的形象，据人的梦想的不同，会以矛盾的方式，朝两个方向激活：为天空带来土地的汁液；在死者的世界，为死者效劳。比如，根须为耀眼的花朵染色，这是最寻常不过的梦想了。同时，也有一些少见又优美的形象，它们能为被沉思的花朵带来扎根的力量。花朵繁茂，说明根扎得深。德康纳*描绘的正是这样一个美丽形象，格罗认为它拥有"爆放希望"的能动性和渗透般的期待：

　　花带来无垠的根须
　　那是不顾死亡依然去爱的意志。[①]

---

　　*　德康纳（Luc Decaunes, 1913-2001），法国诗人、作家。——译注
　　①　格罗：《德康纳或希望的暴力》（*Luc Decaunes ou les Violences de l'Espoir*），《南方札记》（*Cahiers du Sud*，1944 年 12 月，第 202 页）。

二

292　　根总是一场发现。人们梦想着根,无法看见根。真正发现它时,人会大吃一惊:根是石头还是头发,是柔韧的细丝还是坚硬的木头?根是物内矛盾的见证。想象领域的对立辩证,由客体完成,在有区别、物化的物质对立中实现。若有系统地寻找自相矛盾的客体之物,想象将变得极其活跃!我们将看到,像根这样的伟大形象,能积累出客体的矛盾。否定,从而就在物之间形成,不只由接受与拒绝这样的动词决定。形象是原初的精神现实。一切,包括经验,都从形象开始。

　　根是神秘的树,它是地下之树,置反的树。对根来说,最灰暗的土——如无水之池——亦是一面镜子,一面不透明的怪镜子,用地下形象,加倍了属气现实。藉由这道遐想,写下以上文字的哲学家,在参与到根的梦想之后,能够说出不知多少抽象隐喻来。因为在阅读过程中,他经常会遇到一些倒着长的树,树根却若轻盈的叶片,在地下吹过的风中颤抖,而树枝则在蔚蓝天空中扎下深深的根。

　　像勒奎纳(Lequenne)*那样挚爱植物的作家,曾讲述说,杜哈梅勒有次真地将一株长了一年的小柳树倒过来种,好让它的枝条变成
293　根须,让根须在空气中发芽,他随后写道:"工作之余,我时常在树荫下休息,任由自己进入混淆大地与天空的半遗失意识中去。我想着在空中贪婪吞饮的叶-根,根须还有美妙的枝条在地下快乐地抖

---

* 勒奎纳(Fernand Lequenne, 1906-1998),法国法官、作家,写有不少以植物为题材的作品。——译注

动。对我来说,一株植物并不只是枝叶。我还能看见它第二条隐蔽的枝干在颤动。"① 这是一段完整的心理文本,因为勒奎纳讲述的梦,以杜哈梅勒实验的理性为前提。不妨认同观察者的讲述,来梦想杜哈梅勒实验的真实性。所有插枝、压条、葡萄压枝的梦想,也都有现实的依据。但这些实践从何而来?有实证精神的人会说,它们从"经验"而来,第一位农耕者偶然发现了插枝技艺。人们是否会允许一位形象哲学家将之归功于梦想的益处呢?这位哲学家记得他曾在自己小小的花园里种下整片森林,曾在一排排苜蓿丛旁给葡萄枝蔓压条的人身边长久遐想。是的,为什么拒绝承认梦想的"科学假设"是技艺的前身?为什么人类的第一次压条经验,不是由倒着生长的树木遐想启发?它是那么常见,那么强大。

面对如此众多、如此不同、有着无尽矛盾的形象,是否应该惊讶,精神分析用到的根这个词,居然以无比丰富的自由联想为标记?这是一个语词诱导体,一个让人梦想的语词,一个主动去到人内心梦想的语词。轻轻地默念"根"这个词,不停歇,它就能让梦想者下降到自我最深的过去,去到最遥远的潜意识之中,甚至超乎所有人格之上。"根"这个词帮助我们去到所有语词的"根处",去到必须用形象表述的根本需求那里:

> 我在人世间失去的那些名字
> 该与沉睡的树木汇合了。
>
> ——德莱唐-塔尔迪夫:《试着活下去》,第14页

---

① 勒奎纳:《野生植物》(*Plantes sauvages*),第97-98页。

只要追随靠着土中根须休憩的树木,就能找到人类心理结构"失去的名字"。树是梦想的一个方向,一位能读懂物的支配标志的诗人如此说道:

> 外面,树在那儿,它在那儿,真好,
> 那是浸在黏土中的物的永恒标志。①

他如雨果一样,来到了"根的身旁":

> 创造的黑暗逆转。
>
> ——《世纪的传说·林神》

对能动想象来说,土地上真正坚固的东西,是一条坚强的根。雨果说,"城市如森林般竖起来。我们住所的根基好像不是地基,而是根须,活着的根须,有汁液流动。"②

同样,伍尔夫笔下的一个人物,只需手里握着一根枝条,就能马上感受到根须③:"我手里拿着一根枝条。我自己成为枝条。我的根扎入世界的深处,穿过干燥的黏土和湿润的泥层,穿过铅和银的矿脉。我的身体仅是一条纤维。所有的振动在我身上回响;大地的重量压着我的胸廓。我的眼睛是上面的绿叶,它们看不见。我只是一个穿着灰绒衣的小男孩。"醒梦治疗精神分析学家会马上说,这

---

① 吉尔维克:《地球》(*Terraqué*),第132页。
② 雨果:《莱茵河》(*Le Rhin*),卷2,第134页。
③ 伍尔夫:《波浪》(*Les Vagues*),法译本,第18页。

是一个下降的梦。它有着对梦想的绝对忠诚。梦者的身体与灵魂追随着物的魅力：它是枝条，而后是根须，它认识所有迷宫的坚硬，如金属血脉一样，滑入沉重的大地中心。在这段优美的遐想文本结尾，这句话取代了一切："我只是一个穿着灰绒衣的小男孩。"伍尔夫手指轻轻一弹，就将她的梦想者们带回到现实。现实到梦想的过渡，存在着连续性，但是——极其矛盾——从梦想到现实，则总是不连续地。彻底的苏醒，只是昙花一现。

伍尔夫的小说中，还有其它关于根的梦想（第92页）："我的根须下降着，穿过了铅脉、银脉，穿过散发出沼泽味道的湿土，一直来到橡树纤维绕成的中心纽结。"同样一位梦想者向我们展示了草丛的繁密生活（第26页）："我的根须缠绕着地球，仿佛植物在花盆内的根。"用阴险的根须捕获整个地球的另一种方式。雷威尔第的诗歌中，有着同样的鲜活形象：

> 世界的根须
> 悬挂着
> 穿越地球。
>
> ——雷威尔第：《多数时光》，前揭，第353页

有时候，根须形象激活的不是一段文字，如伍尔夫的文字；而是整整一部作品。在阅读普利希维*的《人参》时，就有这样的感受，我们能感受到根这个形象的强力。因为不断地梦想，我们不再知

---

* 普利希维（Mikhaïl Mikhaïlovitch Prichvine, 1873-1954），俄罗斯作家。——译注

道，人参到底是植物的根，还是生命的根（法译本，第51页）："有时，我用一种极深极顽固的方式来想它，对我来说，这条生命之根变得难以置信，它与我的血液融合，甚至成为我的力量……"随着叙述的进展，"人参"形象被设想成了鹿角。鹿角也是"生命之根"，也是生命元素（第65页）。随后的文字中，沉思、科学劳作也成了生命之根（第74页）。劳作者"比那些在寒温带原始针叶林中寻找史前植物的人，更接近目标"。普利希维的绝妙之处在于，能在八十多页中，保持住物与梦、现实形象与最遥远的遐想隐喻之间的关联。根生长着。它是一切生长之物的喜悦形象。据培根*的说法（《生命与死亡的历史》，法译本，第308页），要想永葆青春，必须食用从"种籽、萌芽、根"中长出的东西。生长之根简单的能动价值，筹备着整整一片无垠的隐喻田野，适用于任何民族、任何时代。这个形象的普遍性，人们极少注意到。然而，只要将它与现实靠近，把它的属土价值还给它，它就能在我们身上确定出原初的认可。对根的梦想无动于衷的人，很少。一份如此贫瘠的现实，居然拥有如此的优势，那些不愿意将想象置于精神强力最高层的心理学家，肯定不会轻而易举地加以认可。

要想证明根的形象几乎可与所有属土原始意象联合，我们可以不费力地找到许多例证。实际上，根的形象，用梦想彰显出我们何以就是地球人，尽管这并非其本意。我们中所有人的祖先都是劳耕者，无一例外。而真正的劳耕梦想，并非左拉笔下的某些图景，不是对犁沟、对耕翻田野的沉思。那是文人的沉思。劳耕不是沉思，

---

* 弗兰西斯·培根（Francis Bacon, 1561-1626），英国科学家、哲人。——译注

第九章　根

它有敌意，精神分析学家能轻易从中拎出性敌意的成分来。但是，即使从客观精神分析角度来看，劳耕行为也更是对残树根而不是对土地的挑战。开荒，是最火热的劳耕，它有一个指定的敌人。

所有被顽强根须调动起来的梦想者，会相信最初的耕犁其实也是一条根，一条从土中拔出的根，一条被主宰、被驯化的根。被钩子和硬木头叉开的根，反过来与野蛮的根须搏斗；人，这位伟大的谋策家，以物制物：用犁-根来拔根。[①]

面对发狂的根，谁会不理解曼德拉草的巫术，那条报复的根，诅咒拔根之人去死的根？让狗来拔，或如一本旧书中说的，"用蜡或树脂把耳朵堵住，好听不到根须发出的尖叫，这种尖叫能让所有挖它的人死掉"，可这足够吗？开荒者冲着荆棘般的根须抱怨，说它们"长在地狱里"。劳耕者的这些侮辱，已经构成传说中鲜活的诅咒成分。世界不好惹，它挑衅着人。它把我们的侮辱和诅咒，还给了我们。拔根，意味着暴力、挑衅、尖叫。这里，言说的劳作，尖叫的劳作，从深度层面或大多从传说表述价值层面，解读着传说。传统精神分析已对曼德拉草做过长篇大论，远甚于我们这几页讨论；但是，根自身作为物，为表述带来特殊细节。对根的形象的研究，正应考察这些特殊的细节。

[①] 为了限制我们的考察方法，我们暂且将一些需要展开讨论的问题搁置起来。原始农耕必须服从繁殖规则。考古学，远在精神分析之前，就排除了犁的男性生殖崇拜特征。这个主题的材料数不尽数。比如，迪特里希（Albrecht Dieterich）的《大地母亲》(*Mutter-Erde*)（第一版，1905），就可让人认识此类性欲形象图景。那是最深在的图景。但这不是我们的考察对象，我们想说明形象拥有物的自主性。根作为属土存在，并不满足自己仅是性指标。对犁那样的积极存在来说，同样如此。只要仔细阅读《大地母亲》，我们就会发现，即使最初翻开耕地的行为有几分性欲涵义，却不能用这个涵义来笼括土地劳耕的形象整体。

三

299　植物形象考察中，我们对遇到残缺之树的频率，深感震惊。实际上，大多数梦想者都表现出对树木局部构成的偏好。有些人喜欢叶丛、树冠、叶片、枝桠，有些人喜欢树干，还有一些人喜欢树根。眼睛如此具有分析性，它强制梦想者学会自我限制。然而，想象对部分形象的过快认可，通常会割断精神力量的冲劲。人在这些片断式活动中，习惯性地在形象中看到短暂的光芒、不和谐的色彩、从未完成的雏形。针对图像化形象的这种原子特征，我们试着在想象的心理综合分析研究中，重新找到整全之力，好将形象的完整性还给它。

　　我们相信有些客体拥有整全的力量，还有一些客体能让形象变得整全。在我们看来，树就是一个整全的客体。树天生是一件艺术品。若学会用树根的思考，来补充树的属气心理学，梦想者就开展出一个崭新的生命；一句诗能给出一行诗，一行诗成了一首诗。人的想象生活中最伟大的一个垂直想象，就获得了能动诱发体的全部意义。想象把握住植物生命的全部力量。像一棵树那样活着！那将是怎样的生长！怎样的深度！怎样的垂直度！怎样的真理！很快，我们在自己身上也能感受到蠢蠢欲动的根须，过去没有死去，我们今天还有事可做，在我们晦暗的生活，我们的地下生活，我们的孤独生活，我们的属气生活中。根无处不在。古老的根须——想
300　象中没有年青的根须——会开出新的花朵来。想象是一棵树。想象有树木的整全品质。它是根须和叶丛。它生活在大地与天空之间。

它生活在土与风中。想象之树,不自觉地成为宇宙之树,它总括出一个宇宙,又自发成为一个宇宙。①

对许多梦想者来说,根是深在的轴心。根把我们带到遥远的过去,人类的过去。邓南遮在一棵树中寻找自己的命运,他写道:"有时我觉得自己是这棵树的单纯映照,它艰涩的根须在我的心灵深处颤抖,好比人类的纤维……"②形象显然有些超载,这对我们这位意大利诗人来说司空见惯,但是这个形象追随了深在遐想的轴心。同本书中(第136页),邓南遮在描绘同一个形象时还曾说:"我一生有几个瞬间在地下度过,如同无法看见的岩石根须。"

四

然而,为了更好地观察整全强力的价值,下面先给出一个痛苦之人的例子,那是一个痛苦的形象,整全形象将其纳入,试图治愈。这个例子即失去树的根。

我们要讨论的这个形象取自萨特的《恶心》。下面的这段文字,如上文所提,可说是对想象生活的"植物治疗"。

"我刚去过公园。我坐的长凳下面,七叶栗的根扎进土里。那是不是一条根,我已经记不得了。语词自己昏厥过去,随之昏厥的,还有事物的涵义,它们的使用方法,这些人们刻在物之表面的脆弱标记。我坐在那儿,躬着腰,低着头,独自面对着这棵黑色的庞然

---

① 拙著,《空气与梦想·属气之树》(*L'Air et les Songes*. «L'arbre aérien»)。
② 邓南遮:《1266年间被圣迹治愈的聋哑人语录》,前揭,第20页。

大物，它浑身长着瘤，原始天然，让我害怕"（第162页）。想指出一个突然被抹去的世界，并不那么容易，萨特没有向我们道出晕厥催眠的细节层面，梦想者在发现崭新之根的内在性时，被这种催眠迷住。树脂背后，粗糙背后，树皮和纤维的补缀之衣背后，是流动的糊状："这条根于存在中揉捏出来。"恶心世界的特征，让人恶心的植物性，都取决于人对坚硬树皮背后，对"煎熬的厚皮"隔膜之下，根的存在的体验，它是"怪兽般的柔软物质，横七竖八——可怕地赤裸着，诲淫的裸体"。实际上，这个松软的裸体，如何不诲淫，如何不让人恶心？

这种对柔软内在性的消极参与，让我们看到形象与隐喻的自我反复，尤其是那些隐喻，从柔软到坚硬，从硬根到软糊，不停变形。梦想者处于荒谬的超验路途上。荒谬被公认成一个智性概念；如何在想象领域建构它？萨特告诉我们，物在观念之前就已经荒谬了。

"我的笔下现在出现了荒谬这个词；刚刚在公园的时候，我没有找到它，可我也没有去找，因为没有必要；我对物的思考，用不着语词，因为我与物一起思考"（第164页）。补充一句：梦想者是形象的延续。"荒谬，不是我脑中的一个观念，也不是一个声音，而是我脚边死去的这条长蛇，这条木头蛇。或蛇或爪，或根或鹫爪，并不重要。"为了更好地梦想这段文本，可以用连词"和"来代替"或"。"或"，触犯了遐想的基本规律。潜意识中，"或"这个连词不存在。然而，作者加了一句"并不重要"，就证明他的梦想并没有触及蛇与鹫的辩证。补充一句，梦的世界里，没有死蛇。蛇是冰冷的运动，是活着的可怕冰冷。

这些轻微的矫正之后，让我们追随萨特的根须梦想，来到它独特而合一的生命里。整全梦想同时揉捏着梦想者的存在和形象的存在,我们将试着从这个角度来把握它。

七叶栗木的根,让整个世界尤其是最靠近它的现象变得荒谬。"因石砾、黄草丛、干泥浆、树……而荒谬",因树而荒谬,因土地而荒谬:这是一个双重标志,给萨特的根须带来特殊涵义。当然,梦想者在接受这种特殊的梦想直觉的过程中,早就忘记了最基本的植物学常识:"我当然知道,面对这些,这块坚硬、结实如海豹皮的皮状物,面对它油腻、长茧、执拗的外表,我们不能忽略根作为吸水泵的功能。"无需重复:"这是一条根",隐喻的强力过大,树皮早就成为一层活着的皮肤,因为木头是一个肉体;皮肤油腻,因为肉体松软。恶心渗得到处都是。现实语词不再构成栅栏,它们无法阻挡形象的梦游,这些形象追随着一条超常的路线。荒谬性现在变得一般化,因为人让形象偏离了源头,甚至把困惑安置在物质想象的中心。

如果细致考察这条根的梦游特征,或许能更好地昭显恶心的失速。根是蛇,是爪子;但蛇是羸弱爬行的蛇,爪子是松开的爪子,不再是动词"抓紧"的主语。用爪子攫泥的根,游进地下的蛇——它的迂回游速比直线射出的箭还快,我们已经考察过这些形象的传统能动性,可此处的根与蛇则处于松弛状态。它们在将力量"虚无化"的同时,能否找到自身的"存在"呢?这个问题,我们持保留态度。要想给出答案,必须对本体论与能动论做出大量的比较研究。从心理层面来看,力的存在可能就是存在的增长,是生成的加速,以至在深层想象中,减弱之力的能动形象不存在。想象的能动性总是积极的,与不断生长壮大的力完全同步。一个能动形象停下来,会把位子让给另一个形象,但它不会减弱。这个原则我们已经讨论过,即从现实到梦想有连续性,而从梦想到现实则不连续。然而,这里仅想考察形象对心理生成的诊断力量。恶心的特征,由它的实体、它的胶质、它的黏液、它的糊状决定,还由它滑膜关节的迟缓运动决定。它从而就是一团柔软的粗根,没有一位劳耕者曾经见过这种根,也不愿见到。

对上升形象的拒绝——树的完整想象中,这是最正常的一个形象——萨特做了非常清楚的表述(第170页):"人们本想让我上当(这棵满身秃斑的梧桐,这株烂了一半的橡树)成为尖锐的年青之力,喷向天空。那这团根呢?人们肯定希望我能成为一副贪婪的爪子,去撕裂土地,从泥土中攫取食物?无法以这样的方式看事物。柔软,脆弱,是的。树飘浮着。喷向天空?不如说是摔跌;每个瞬间,我等着树干起皱,如疲惫的阴茎,蜷回自身,摔到地上,成为一摊起皱的黑色软物。它们没有意愿存在,只是它们无法阻止自己的存在。"

"人们本想让我上当",这句话无疑可用来指称对正常形象、对垂直化原始意象的压抑。总之,形象之间明显存在矛盾,想象针对同一个形象,能在原始意象躲藏的瞬间,把它揭示出来。这就是为什么伟大的形象——根即其中之一——能够描绘出人类灵魂基本搏斗的原因。

如果,人们愿意对以上单独讨论的这些形象进行物质精神分析,愿意试试在质料层面治愈的精神治疗,不妨可以邀请那些偏爱软的人,来接受一场硬的训练。《恶心》的主人公罗肯丹肯定会碰到一个人,能把他领到虎钳前,把刀片放到他手里,让他在铁上感受光滑平面的美好与力量,让他领会直角的公正。这样,一颗要用

第九章 根

刀刃削小的完美木球，足以让他快乐地感受到，橡木不会腐烂，木头能用能动性来调动能动性，简而言之，精神的健康取决于我们的双手。*

但是这里不想涉及怪异之根的形象。我们把形象从萨特的文本中孤立出来，有些冤屈了它。这个形象仅是广大直观的一个视角而已。《恶心》的宇宙，特别是公园中的那个场景，面对树木，面对"这些不自然的庞然大物……"，根松软地逃入土中，这些都能让有心的读者进入作者描绘的深在世界中。

五

下面给出几则强壮有生命力的根须形象，这些正是萨特笔下病态角色极力抑制的，一起来看看根的属土能动性。

第一则例子取自盖兰，这位属于整全之木的诗人，向我们展示了根这个形象的整全之力。《空气与梦想》已经提过这位凯拉城堡**的孤独者，这位布列塔尼森林和奥弗涅森林的梦想者，也提过其作品中树冠的属气升值。① 请看根的属土升值："我愿是一只昆虫，住在胚根内，生活在胚根内，爬到根须的末梢，来观察根孔吮吸生命的强大行为；看到生命从根孔——根孔如树枝般——的繁殖细胞中

---

* 此处正是巴什拉与萨特的不同之处，萨特完全生活在语词的真空世界，没有体会过双手物质劳作的愉悦，削一块木头、揉一块面团等，失去了与大自然的接触。——译注

** 凯拉城堡（Cayla），盖兰家族城堡故居，现设为博物馆，见 https://musees-occitanie.fr/musees/chateau-musee-du-cayla。——译注

① 盖兰：《绿色笔记》（*Le Cahier vert*），Divan 版，一，第246页。

穿过,被悦耳的召唤吸引,并苏醒过来。我见证着这种不可言喻的爱,它迫不及待地奔向那个呼唤它的存在,那个喜悦生存的存在。我亲眼看到它们相互拥抱。"一个充满爱、能滋养、会歌唱的根的超越形象,让我们体会到盖兰对最细微根须的地下行为的参与。根须末梢,似乎就是世界的尽头。瓦勒写道:

> 我看着根须旺盛的攀爬,
> 我呼吸着腐殖土、花盆还有土壤。
>
> ——瓦勒:《诗集·世界》,第189页

居勒·米什莱的一段文字中,落叶松的根似乎在土中寻找反射的光。对居勒·米什莱来说,落叶松是神奇的树木,它有"强壮的根,一直钻进它喜欢的云母片岩土中,闪亮的片片云母如一面面镜子,反射着热度和光亮"(《山》,第337页)。落叶松难道不是汲取着云母片岩的矿质光亮,来滋养它的树脂,这个火与芬芳的妙物?

地下欲望中,一切都是辩证的,人看不清,却能爱,能沉醉在不可能的景象中。劳伦斯看到"根须巨大的贪婪",它为摆脱纠缠而奋力一掷的"盲目冲奔";[①] 盖兰为了更好地去爱,想要昆虫的千面眼,好看到根须的繁复拥抱,虽然有点可怕。

在会抚摸的末梢这个形象系列里,盖更下面这个新奇幻想值得欣赏:

---

① 劳伦斯:《潜意识幻想》(*Fantaisie de l'Inconscient*),法译本,第51页。

第九章 根

新石器栗*就这样熟了,
树的儿子,幻想的果实。

人与树的情结感受到:

子叶胚芽末梢
人的奇怪欲望。

毫不奇怪,盖更眼中的树状生活既是枝条的分叉,也是副根的繁复。诗人把自己的纤维交给树木,帮它支配土地:

进入我的存在,不要拘谨,
侵占我所有的血管,
我的髓腔:
用躺卧的生命把你填满,
把沉睡的僵尸交给你的身体。①

这里可以看到想象的强力,它把一棵平静的树变成了一个永不满足的存在,一个总是饥饿的存在。一棵树道出的苦行之德,被一位作家借来建议人类:"一团大根熟睡着,它张着嘴……准备吸入

---

* 新石器栗(Marronnéolide),由 Marron(栗)与 néolide(或指新石器时代?)构成。——译注
① 盖更:《树的双重生活》(*Le Double de l'arbre*),选自《猎寻粉色小鹿》(*Chasse du Faon rose*)。

308　世界的松软……"① 肥硕的食者，自然会把根的行为想象成巨大的饥渴：

> 树就是啃着各种元素的
> 双颚……
>
> ——雨果:《世纪的传说·林神》，前揭，第 595 页

通过形象的置反，被咀嚼的草，在梦中变得贪婪无比：

> 贪婪的草在密林深处咀嚼着；
> 从早到晚，人们都能听到
> 植物牙齿下面
> 物的模糊爆裂声……
>
> ——同上，第 585 页

大地作为养育者的传统观念，若能被物质想象明确，则会马上更新。雨果认为，大地献出它的沙子、黏土和砂岩：

> 需要乳香黄连木，需要圣栎，
> 需要荆棘，快乐的大地
> 看着可爱的森林在咀嚼。

吉尔维克，仅用一行诗，就在树林的声音旁巧妙地布下寂静，

---

① 乔伊赛（Maryse Choisy）:《罗马奈可的茶》（*Le Thé des Romanech*），第 34 页。

为我们带来原初的形象：

森林夜间吃东西时发出咀嚼声。

所有这些形象，都在物化想象作用下，传达出根这个形象的整全强力。对潜意识来说，树什么都不流失，根忠实地保留了一切。我们可以在某些实践行为中，轻松找到这个整全形象的作用。仅举一例，十七世纪有本书提到："如果用钻子在树的主根里钻个洞，往洞里滴几滴泻药，那么树结的果子就有通便功能。"葡萄藤若淋上美酒，那一年的葡萄将硕果累累，且甜美无比！

六

一位懂得从形象挤出思想的伟大诗人，用对话形式向我们展示了他对树的认知与眷恋之爱。对瓦莱里来说，树是拥有千万源泉的存在，树有着一部作品般的完整和谐。树根分散在地下，它们集中起来从地面喷出，为了获得枝条、蜜蜂和小鸟的非凡生活。还是来看看它的地下世界——树是一条河流（《树的对话》，第189页）："一条生气蓬勃的河流，源头分叉潜入整团黑暗的泥土中，它们神秘的饥渴在大地里寻找道路。噢，提提尔*，它是一条七头蛇，碰到岩石，会分叉狂长，绕住石头；它变得越来越细，遇湿气而蜕皮，为了喝到深夜渗进的一滴水而狂舞不止，这滴水里融化着活着的万物。这

---

* 提提尔（Tityre），维吉尔《牧歌集》第一首诗中的对话者之一。——译注

团根,是可怕的海兽,它变幻多端,贪婪无比,潜往大地深处,潜入大地的体液,盲目又自信。"这种对深处的激情,对渗透之水这个活着的存在的激情,在诗人的遐想中,马上变成了爱情(第190页):"你阴险的树,在阴影中,把自己繁茂的质料变成千万根细线,往地下渗去,吸尽了沉睡大地的汁液,让我想起……——快说呀。——让我想起爱情。"植物,是植入存在内心之爱的伟大象征。爱,一丝不苟的忠诚,对我们言听计从,吸取我们全部的力量,就像一株强壮的植物,它的根永不消竭。① 这种综合观点解释了瓦莱里对动物生命的忽略,让我们明白他为什么会说,人若沉思一棵树,会发现自己就是"一株会思考的植物"(第208页)。树难道不会思考两次:上千根须一齐收获之际;枝条辩证变得繁复之时?如树木般的形状,那是怎样一种展览方式!缠绕住自身的存在,那是怎样一种拥抱!叔本华说,这是一种力。瓦莱里说,这是一种思想,为让思想有梦,观念诗人向我们建议智性的叔本华学说,一个智性的意志。根拧弯了障碍,以便主宰它。它把自己的真理渗透进去;它通过自己的多样性,把存在稳固。瓦莱里说(第190页),上千根须的形象,"触到了这个点,触到了存有的深在纽结,整全于此存在,将我们照亮,也照亮了宇宙,人和宇宙都认识到根须彼此相似这条秘密宝藏……"

当然,植物存在所具激情与专注力的内在相似性,仅在整全之树即柏拉图意义的树之形象中,才可能是完整的。瓦莱里的对话讲

---

① 雨果:《林神》,前揭,第594页。如果将瓦莱里的对话和雨果的诗句相比,我们会明白瓦莱里沉思的价值所在,他要展示正成为思想的形象。瓦莱里的形象-观念,值得细致研究。

述了"永恒之树的美妙史诗"(第204页)。人在经历这场故事的同时,准备着宇宙之树和精神之树的合一。就根来说,我们不久会把整个地球梦想成无数根须的纽结,好像只有根须才能保证地球的综合性。之后,这句启示突然出现:生命与意志首先是一棵树。树是最初的发育,瓦莱里说(第207页):"它活着就是为了生长",以"某种失衡和树木的疯狂……"生长着。我们的欲望若需要自身最初的能动形象,就应到这最初的发育中来寻找,以便获得一个自愿成为能动形象的柏拉图式的奇怪形象。瓦莱里找到了可称为柏拉图欲望的东西,它引领着精神生活,引领着对话哲学家,用这句话实现了"永恒之树"(第207页):"这就是为何这棵树是某种精神的原因。精神的最高处仅以生长为意谛。"[①]

七

深在梦想追随着根的形象,将自己的神秘之旅延伸到地狱之境。魁伟的橡树接上了"亡灵之国"。生命与死亡的积极综合性,就这样频繁出现在根的想象中。根埋在地下,但不消极,它为自己挖墓,它把自己埋起来,一直埋下去,没有止尽。森林是最浪漫的墓地。斯帕肯布洛克心绞痛发作,临死之际想到了树:[②]"他提到根,他担心根在地下延展的距离,担心根击破障碍的威力。"一个宇宙形象挤进处于绝望境地的灵魂中,站到了激情与生命悲剧的中心,这

---

① 基本形象有自我置反的倾向。树-河这个原初形象,可过渡到河-树的形象。雨果作品中(《莱茵河》,卷2,第25—26页),诗人谈到河流的时候说,河的那些支流是宝贵的根须,把整个国家的水汲聚起来。

② 莫尔干:《斯帕肯布洛克》(*Sparkenbroke*),法译本,第502页。

个现象肯定特别吸引哲学家的注意。当然，人们会说，这仅是一个写下的形象，一个仍在喘气的作家笔下的死亡形象。但是，这样的反驳，反而忽略了渴望表达心理的优势。死亡首先是一个形象，它始终是一个形象。死亡必须自我表述，否则人无法意识到它，而且它仅能通过隐喻来表述。所有能自我预见的死亡，都会自我讲述。确切说来，莫尔干*整部小说中正在死亡这个文学形象，具备原初形象的生命力。莫尔干写道，毕塞，一个普通的随身男仆，知道伯爵关于树的地下生活的所有问题"都与（斯帕肯布洛克母亲的）墓地有关，他也知道这块墓地对伯爵内心来说意味着什么。没人能想象那块墓地在伯爵内心的深度。墓地周围有很多树，多为榆树……"是的，没有人能想象，像根这样的原始意象，会如何深入到一个灵魂中去，它究竟有着怎样的整合与召唤力，让这个远古的形象在一场青年时代的悲剧中找到一个感人至深的形象。少年伯爵在母亲墓地旁悲伤地滞留了许久，作者最后让他在墓地的榆树下失去了知觉。这个场景把死亡的形象锲入到主人公的生命里。墓地长的树，用它们长长的根须，激活了人类遐想的一个原始意象。很容易在民间传说或神话中找到生命之树与死亡之树的结合，我们在《水与梦》中提到的死亡之树**，就是介于生命与死亡之间的人类存在的象征。

---

*　莫尔干（Charles Langbridge Morgan，1894-1958），英国作家。——译注

**　巴什拉在《水与梦》中提到的死亡之树（*Todtenbaum*），指中古以前凯特人（les celtes）埋葬死人的一种方式。凯特人将死者的出生之树（死者在出生时种下的纪念树）的中干凿空，把人的尸首放进树里，再埋到地下，也有不埋入地下、任由食肉鸟叼啄的传统。巴什拉的死亡之树，转引自圣汀（Saintine，原名 Joseph-Xavier Boniface，前揭）的《莱茵河畔神话和祖母的故事》（*La Mythologie du Rhin et les Contes de la mère-grand*, 1863）。人的出生之树也就是他 / 她的死亡之树，反之亦然。——译注

要想在如此大的综合性中梦想树木,必须更好地理解"属于一个人的一棵树"这句话的涵义,要知道这棵树是父亲在儿子出生的季节种下的,希望生命延续下去。但是,将儿子的生命固定在祖先土壤的父亲,实在少见。父亲如果没有做到,有时爱梦想的孩子会在一个家常遐想中将之实现。他到果林或树林里选下属于自己的一棵树,他爱他的树。我不禁想起自己的孩童时代,靠在我的核桃树根下看书,爬到我的核桃树上看书……被拣选的树,为我们带来它的孤独。我读到夏多布里昂的自述时激动万分,他回忆了在一棵空心树内度过的漫长时光,那棵空心柳树,吸引了荒野上所有鹡鸰前来嬉戏……

在巨大而可怕的根须的蜿蜒曲折中生活,就是重新找到婆罗门僧侣的理想直觉,僧侣"在菩提树根须间过着隐士生活"(居勒·米什莱:《人性圣经》,第 46 页)。

八

蛇是最常见的根的形象之一:

> 根可恶,长得像蛇
> 在黑暗中布下阴险的圈套
>
> ——雨果:《林神》,前揭,第 86 页

"古老的滨紫草,根须强健,在庞大的岩石四周拧成螺旋形,像那些传说中的蛇,它们被阳光吓到,拧着身躯,逃回深暗的岩洞"

(贡扎莱斯*:《我的山川》,法译本,第165页)。

鲁康**在《法尔撒勒战争》中,把读者带到神圣森林,"龙在橡树树干上彼此扭拧着,滑下长长的褶皱"。

有时,弯曲的形状,足以让人想象它动起来的样子。鲍伊斯***(《索棱》,卷1,第204页)写道:"他的目光停在一条粗大的桤木根上,根缠绕在水边的花盆里。他仿佛在植物蛇的顽强柔韧中,看到了自己隐秘的生命……"像于斯曼这样一位喜欢推陈出新的作家,却甘愿顺从根-蛇这个原始想象意象,很是让人吃惊。"在被整块花岗岩蹭破的"山峦上,他看到"一些让人无法想象的橡树,它们的根……仿佛让人惊慌失措的大蛇巢穴"。谁害怕,谁想恐吓?大蛇不会遁入地下?橡树不是"让人无法想象"吗?我们根本无法设想,于斯曼会以布尔乔亚的日常风格写下"让人无法想象"(formidable)这个词。要想解释这个形象,必须找到一个恐吓之物,以传达出它的氛围来。否则,隐喻若以不为人知的稀有形象为参考,就会显得奇怪。谁见过蛇的巢穴?但是,读者若能对文本最初的硬度比较敏感,他就可能感到,这片被整块花岗岩蹭破的土地,真会唤起他潜意识中某些噩梦般的滑游动作,将所有的原始意象席卷进来。蛇,根-蛇,蛇穴,根的纽结,这些形状,相差无几,都属于同一种遐想形象。这个文学形象藉由它的梦想主义,让作家与读者得以沟通。

---

* 贡扎莱斯(Joaquín Víctor González,1863-1923),阿根廷作家、历史学家、哲学家等。——译注

** 鲁康(Lucain,拉丁文 Marcus Annaeus Lucanus,39-65),拉丁文诗人,仅有《法尔撒勒战争》传世。——译注

*** 鲍伊斯(John Cowper Powys,1872-1963),英国作家、哲学家。——译注

第九章 根

可是这种沟通在于斯曼的例子中很难建立，因为根与蛇这两个形象的相互渗透，作家仅点到为止。他没能抓住时机，用心描绘物质形象。同样，塔恩作品中的形象也是如此，他写道：橡树的根，"挤进石缝，把石头举起来，又像一群蛇那样，爬到石头上"（《比利牛斯游记》，第235页）。这位作家觉得柏树"奄奄一息"，其笔触之冷就不会让我们奇怪了，而另一位一直追求简单形式的作家，却写道（第236页）：柏树"全身是个锥体，锥尖是根裸针"。树整个就是锥体，它在一片针叶林的世界里，折断了自己的针尖。

要想实现并激活综合性，仅添一笔即可。比如，我们记得，物质想象的世界中，蛇会吃土，[①] 橡树的贫瘠立即获得诸多形象。真正吃土的，其实是根，它是万物中最属土的蛇。物化遐想实现了根与土、土与根之间无穷无尽的同化。根吃土，土吃根。萨特不经意地写道[②]："根的一半，已跟养育它的泥土合二为一，根是土地的生命具象；根仅在化成土的时候，才能用到土，也就是说，它必须在某种意义上顺从它要用的物质。"这句话中存在一个巨大的遐想真理。当然，醒着的生活，杂食的习惯，使得我们对滋养（nourrir）这个词的理解变得寻常。潜意识中，这个词是所有动词中最直截的，是潜意识逻辑的第一个系词。科学思想自然可以详尽列出一个名单，标明根在土壤中汲取的化学物质，指出根切开后的颜色，从白萝卜耀眼的白、胡萝卜温柔的珊瑚红，到波罗门参完美的象牙色。所有这些科学细节，这些捉弄着纯洁性的明晰遐想，对深在的潜意识来说，

[①] 尼采在《快乐的认知》（Le Gai Savoir，Albert 法译本，第19页）中写道："蛇的食物，土！"

[②] 萨特：《存在与虚无》（L'Etre et le Néant），第673页。

仅是死去的文字,因为潜意识总是闭着眼睛吃东西。被滋养的存在这个深在梦想,会吃土的根-蛇这个形象,拥有直截的能动与物质品质。我们在此也看到一个延迟、虚假、艰难的形象。我们不会把它写出来。但是,根的梦想者都会碰到它。人没吃过土,不是根,也不是蛇,却能写出属土的食物,显然是用廉价的游戏,欺骗了想象生活的巨大需求。吃土的行为,在根的内在生命里,把自己指定成一个原型。它主宰着我们的植物存在,人也想成为植物。如果参与到根的形象中,如果保留住食用原始食物的欲望,潜意识就会在突然间让经验与形象变多,我们也就能更深刻地理解克洛代尔的这行诗:①

  嚼过泥土的人,颊齿间留有泥土的余味。

九

  扎下根生活,或如无根者那样生活,这两个速成形象总能被人理解。但是如果作家不为之注入积极能动性的话,它们就显得很贫瘠。有许多种激活它们的方式。克洛代尔,通过一个简单的数字游戏,就让这个惰怠形象有了生命(《五大颂歌》,第147页):"如同一棵上路寻找岩石的大树,找着凝灰岩,好缠绕并拧紧自己的八十二条根须……""八十二"(quatre-vingt-deux)的发音,如螺旋

---

① 克洛代尔:《五大颂歌》(*Cinq Grandes Odes*),第147页。

般,楔入"岩石"(roc)与"凝灰岩"(tuf)的坚硬发音中。不会爆裂,一切都在嘎吱作响,树抓住土,道德隐喻准备好了。形象化植物故事的寓意,不言自明。

实际上,为固定流沙而植树的风俗,不仅只有朗德地区*才有。圣马丁直接写道:"我要在生命的田野里播上这些强壮之树的种籽;让它们在谎言河畔生长,这些河常常淹没在河边冒险停留的人们。树根缠绕,好撑住河床上的泥土,防止它们滚落或被河水卷走。"树是稳固器,是公正与坚定的典型。隐喻生命中,有行为与反应的规律:怀着想坚固的巨大欲望,去寻找一片结实的土地,就是想固定住流动的土地。最流动的存在,渴望生根。诺瓦利斯写道(转引自斯宾莱的博士论文,第216页):"在世界的尽头,把四肢插入土中,让它们长出根须来,我们感动得掉下眼泪。"

这种坚固性自然呼唤着固定与坚硬的形象。如同我们在上本书开头提到的,伍尔夫的小说《奥兰多》中,贯穿着一条潜在的线索:橡树形象。主人公奥兰多,如橡树般,穿越了整整四个世纪。小说开头,奥兰多是一个男人,叙述结尾则成了一个女人——这种不自然,若无双重性,肯定不会被读者理解,——小说末尾,她骑在橡树的大根上(法译本,第257页):"奥兰多扑到地上,感受着身体下面脊椎般的大树骨骼。她觉得自己骑在世界的背脊上,开心不已。依附着这种硬感,她心满意足。"

可见,最不同的形象却拥有某些物质上的一致性:坚硬,坚固,稳固。这样,看到一位形而上学家把基本之硬赋予根,我们就不会

---

* 朗德地区(Landes),法国西南省区。——译注

惊讶了。黑格尔发现，根是某种意义上的绝对之木。对他来说，根是"无茎无髓之木"(《自然哲学》，法译本，三，第131页)。木的全部特征，在根那里找到基本涵义，即"易燃性"。黑格尔认为这种可燃性"甚至能产出硫酸质"，而这肯定是在根中产生的，他说："有些根能生出真正的硫"。

知道选用最粗大的瘤根来作圣诞夜木柴的人，会原谅火之强力的丰富想象。在黑格尔看来，根就是"一种拧扭的物质，持久、结实"；"根几乎要成为彻底的非有机物质"。与在植物纤维中看到神经的奥肯*相反，黑格尔写道(卷3，第132页)："线状纤维不是神经，是骨质。"

观念若能在细节中尾随形象，那么一位思想者的理念建构中燃烧的，该是怎样伟大的自由之火！一位热爱梦想的哲学家，仅会观察一截刚刚锯倒的树干来推算树的年轮，而不会给每个年轮添上"圈绕"的意志。黑格尔引用过植物学家林克**的话，他说，"我觉得，年轮源于树木骤然之间的收缩，这种收缩会在每年的圣让节***前后来临，与树自身的生长年份并无关系"(黑格尔，卷3，第136页)。

还是让黑格尔去享受他那箍桶匠般的快乐吧。一般来讲，哲学家爱向人阐述他们的思想。如果哲学家某天突然向人讲起他们的

---

*　奥肯(Lorenz Oken，真名Lorenz Ockenfuss，1779-1851)，德国自然学家。——译注

**　林克(Johann Heinrich Friedrich Link，1767-1851)，德国植物学家、医生。——译注

***　圣让节(Saint-Jean)，基督教节日，人们会事先在野外一层层地叠好巨大的木堆，于该夜点燃，可以想象熊熊火焰燃烧在黑色夜空下的壮观场景，一般为每年的6月21日，也有个别年份会提前或推后一天。——译注

形象,那我们对理性潜意识材料的考察将永无止尽。

十

本书及我们讨论想象的其它著作,仅想为一套文学想象理论做准备。我们从而不会强调那些天然形象或天然象征的性欲特征,这些形象和象征随潜意识生活的发展而出现,并维持着原状。文学形象,尽管天真率直,却终究是反思后的一个形象,受到监护,仅当超越审核后,才会获得自由。实际上,书写形象的性特征通常被遮蔽。书写,即自我遮蔽。形象的唯一之美,让作家看到一种全新生活的敞开。如果我们告诉作家,被他"升华"的那个梦,精神分析学家早已了如指掌,这肯定会吓着他——甚至颜面尽失。就树与根的主题,若展开它们关于阳具形象的讨论,那么一本书根本不够,因为那需要涉及神话、原始思想还有神经思想这些无边的领域。所以,本书仅限于讨论几份以根为主题的文学材料。

于斯曼在《那儿》中展现了两个主要人物图尔塔勒和吉乐的辩证关系,充满幻想,他说吉乐(卷1,第19页,Crès版)"懂得树木不变的淫秽,在乔木林中发现了异常勃起症"。

于斯曼也有他活生生的置反之树的形象,一个树状的分叉形象,如此寻常,对他来说却充满性感!树枝不再是胳膊,而是大腿。"在他看来,这儿的树有如生物,它们直立着,头朝下,根须缠绕成头发,双腿倒立在空中,劈开成叉,岔成一个个张开的臀部,变得越来越小,一点点离开树干;那儿的大腿间插入了另一条树枝,一成不变的爱欲状,反反复复,从一个枝杈到另一个枝杈,最后化为枝尖；那儿也是，枝尖仿佛阳具，一直上升着，消失在树叶短裙内，或是相反，枝尖从绿色毛皮中升出，插入长满绒毛的大地肚腹中。"

夸张勃起的阳具形象，在原始象征主义中十分常见，于斯曼没有用到，他通过传统象征的某种乱伦，把树形象化为阳具，甚至把它插入母性大地的中心。他难道是要描绘道德败坏者最具虐待性的幻想？不可思议的淫荡念头，能影响最天真的沉思。盖兰描绘树将花粉传播到蓝色天空的场景时，曾提到宇宙之爱，于斯曼则是描绘了一幅遍地均是肉欲之爱的图画。对他来说，树不是温柔缓慢的扩张，树的力根本不憧憬天空，而是一种地狱之力，它的爱也不会开出花朵，不会发出芬芳。于斯曼眼中的根是对大地的奸暴。[①]

有不少材料认为从土中拔出的根有阳具涵义。可以从这个意义来解读曼德拉草的神话：一个人只要见过它的根，就会死。为逃过惩罚，人把狗系在草上，让它拔根。根被拔出地面，狗死了。这条尽头分叉的长根，有如人形。它是炼金术士梦寐以求的小人。如同所有炼金小人一样，它具有阳具象征的所有价值。许多江湖骗子用普通的胡萝卜雕成曼德拉草根形状。可是为何有如此之多的矫作成分？许多寻常的根也能激起类似的厌恶与欲望。腼腆的灵魂要掩耳盗铃。田野生活，甚至田野中的植物存在，就是一本爱欲生活图集。

然而，园圃生活过于温柔；蔬菜的根，也有梦，却不够恐怖；提

---

① 空中叉开腿的树干形象，在拉伯雷的《震耳欲聋的岛屿》(*L'Ile sonnante*)中也可见到。但戏谑语调与激情语调带来的潜意识共鸣不一样。精神分析学家会说，爱开玩笑的想象与精神压抑达成了妥协。

早上市的蔬果,显露出极弱的初倪。裸露癖患者的梦中,春季的胡萝卜是不值一提的阳具。我记得,布卢耶尔*曾经说过:"园丁,仅在修女眼中才是个人。"

---

* 布卢耶尔(Jean de La Bruyère,1645-1696),法国道德学家。——译注

第十章　酒与炼金士的葡萄树

> 卢浦奈尔告诉我说，葡萄养育一切，甚至它的土壤。"葡萄把自己的碎屑和残余物堆积成自己的乡土，再用土中高贵而微妙的菁华来滋育它的水果。"
>
> ——卢浦奈尔*：《法国乡村史》，第248页

一

即使在不可穷尽的探索细节上，炼金术也热切追求着对世界的宏观看法。炼金术在微不足道的物质深处，看到一个正在运作的宇宙；在最缓慢的经验中，衡量着遥远的多重之力的影响。尽管这种深度最终会是一个眩晕，尽管这种宇宙视野与现代科学的基本原则相比，显然是一个梦想的视野，但它却没有摧毁梦想和伟大形象的心理强力，那些梦想如此令人信服，那些伟大形象始终以坚定的信念为重。美妙之物：金子和水银，蜂蜜和面包，油和酒，积累出天然融洽的梦想，藉由这些梦想，可揭示出梦的规律，还有梦想生活的原则。一个美妙之物，一颗甜美的水果，常会告诉我们梦的整体，

---

*　卢浦奈尔（Gaston Roupnel, 1871-1946），法国历史学家、乡村学者。

还有最坚固的诗意整体。对一位物质梦想者来说，一粒饱满的葡萄，难道不由植物的遐想之力构成，难道不已是葡萄树做的一个美好梦想？大自然在万物中梦想。

由此，一种物质若从大自然中拣选，从大自然中采集而来，我们如果忠实追随对它的炼金沉思，就能抵达这样一个充满诗意的形象信念，即诗歌不是一个游戏，而是自然的力量。它能彰显物的梦想。我们就会理解什么是拥有双重真实性的真隐喻：经验为真，遐想跃动为真。我们可以在炼金士的葡萄树中找到此类证据，它既可解读为植物经验，也可解读为宝石世界的遐想。葡萄树满怀诚挚，结出葡萄，结出红宝石，结出金色麝香葡萄，结出"绿玉石葡萄"（于斯曼）。

但是，在指出经验与梦的这种过渡之前，先不妨体验一下炼金士熟悉不过的自然炼金术，试着摆脱文本材料，把自己全身心交给形象的凝聚之力。

二

对一种被人以言说之爱相爱的物质凝聚起来的遐想来说，酒到底是什么？它是一个有生命的物体，"精神"争锋相对，却于此维持住平衡，飞翔的精神和沉着的精神，天空与乡土的融合。葡萄树胜过其它所有植物，它与土中的水银签下协议，让自己的酒重量合适。葡萄树追随太阳，穿越黄道十二宫，一年四季都在变。酒永远不会忘记，它会在地窖深处重新开始太阳在天空之"屋"的这种运行。酒在辨别季节的同时，发现了最不可思议的技艺：变陈。以一种完全物化的方式，葡萄树从月亮、太阳和星宿处，提取到纯净的硫,"滋养着"所有生物的火苗。因此,真正的酒呼唤着最灵敏的占星术。

天空有彗星飞过,那一年的葡萄必不同一般!我们的配方已在概念中枯干,如今仅能用一张标签来指明名酒的日期,如今这种小记忆术已完全遗忘了那个阳光普照年份的微妙个性。但是激情洋溢的酿酒者,整整一年都在观察酒的符号,永远不会忘记新的彗星能为酒带来一种质料,因为从天空落到地上的彗星极为稀少。彗星是一种气体而不是一个星球。这个从苍茫天穹飘落的长长的软尾巴,本质上是潮湿的,饱含馥郁的液体之火,饱含苍穹经年累月间提炼的精妙的本质之水。葡萄树吸引着这种属天的水——葡萄树仅能容忍这种水——它从作为主宰者的诸天而来。彗星之酒由此获得一种不会减损力道的醇和。①

在自然中梦想酒的人,会顾及一年当中的天际影响,他以太阳和星宿运行为参照,雨是有生命的大气层患上的一种病。葡萄坡若被阴雨笼罩,酒的颜色就会变淡,失去阳光的成分。热爱葡萄树的所有梦想者都知道,葡萄藤蔓对属土的水及河流之水保持着高度警觉。树桩是阻止水升到葡萄果粒的一股腕力。树桩从葡萄根里挤出汁液的菁华。分枝,把每条纤维吸干,阻止潮湿的存在来污染葡萄。笛卡尔时代的一位医生曾经写道:"葡萄树液上升的通道是如此狭窄,以致只有泥土中最纯最精的成分能够经过,不像苹果或梨树,它们的汁液管道是那么粗,不管粗糙还是精致的成分都能上

---

① 也有说法认为葡萄树害怕雷声(瓦尼埃尔神甫:《归田园居》,前揭,卷2,第163页):"雷声咆哮,葡萄树就怕得不行,这种恐惧会一直渗入装有葡萄汁液的酒桶,能改变酒的颜色。"

升。"大自然就这样——好母亲！——禁止了对立液体、水与酒、沼泽与葡萄坡的联姻。

现代化学肯定会大笑着命令我们停止这些虚妄的梦想。它会用简单的分析告诉我们，葡萄是一种多汁的水果，农艺学有一些能让葡萄丰收的措施：平原地区的葡萄种植者会给葡萄浇水。酒的梦想不会造访这些地区。对在物质深层行为中梦想的人来说，水与酒是敌对液体。水掺酒，会是一种药方。但勾兑之酒，用水勾兑的酒——无法骗过考究的法国人的舌头——的确就是失去了力道的一份酒。

三

下面浏览几本旧书，它们追随世界的故事，一直到物质中心，在这些书中，我们有时会幸运地碰到一种植物炼金学。这种处于中间领域的炼金学，用不着智者费心。金属力量于此放松，金属间的蜕变也相对柔和。炼金生命有三个领域：矿物界、植物界、动物界，每个领域有它自己的王。本章篇幅不长，仅能思考这些主宰存在。金子是金属之王，狮子是动物之王。葡萄则是中介世界的王后。要想真正考察植物等级，必须向炼金生活的伟大真理请教。但是需要整整一部书来描绘这种高贵的植物学，才能让人理解炼金士对草本植物的蔑视。

接下来简单看看三种基本液体的亲和力。

水银在矿物界发挥作用，它是液化的原则，能为水带来重感和精致性。哲人的水银是智慧之水，能融化让泉水措手无策的东西。

动物生命也有它的高贵之水，那就是血液，血是生命的成分，是生命力和生命维持的原则，也是动物种类的法则。自从生理学让我们习惯了神经生命的概念，我们就根本无法再来体会血液的至上地位了。如奥迪修*指出的，① 诗人们不再忠诚于物质梦想的原初性，常常扭曲了血的形象。炼金形象则有另一套衡量标准！

植物生命，尽管常因热诚的水性原则而变得疲惫不堪、淡然无味，变成一种几乎总是没有力量、没有活力、没有敌意的生命，但它却在它的女王——葡萄——身上彰显出创造之液的启示。

相信活在隐喻世界中的诗人，才会将酒颂为植物之血！炼金术用另一种口气来谈论它。真正的隐喻在这里展示了它所有的交易品质。可以说：酒是葡萄的血，血是动物的酒。在极端领域之间，在含有两种极端的高贵品性的对立液体之间，在可饮用的金子和血之间，酒是天然中介。旧书说，②"一种菁华主动与另一种菁华相联。要想让金子这种金属菁华与植物的生命之水［即烧酒］相联，而后又通过生命之水与人相联，必须有一个工具或中介；如果金子与酒存在巨大的差异，那么金子与人的差异则更大，但酒与人的差距很小，因为酒是人日常饮食的一部分。所以，金子必须通过哲学道路以及酒的精神，来靠近动物的品性，让自己变得万能……否则，最结实的物体（金子）能用怎样的外表……作用于最弱生物的恢复与维持。"

---

* 奥迪修（Gabriel Audisio, 1900-1978），法国作家、诗人。——译注

① 奥迪修：《血的味道……》(*Le Goût du Sang...*)，见《南方札记》(*Cahiers du Sud*)，1943 年 2 月。

② 勒克鲁姆（Le Crom）：《哲学手册……为科学之子而作》(*Vade-mecum philosophique...en faveur des Enfants de la Science*)，Paris, 1718, 第 88 页。

第十章　酒与炼金士的葡萄树

认为可以通过植物女王寻找永生之水的信徒，他们相信酒的万能，相信它的宇宙力量，它的宇宙功能，这种技艺最终就是要将金子和酒融合。可对炼金士来说，太阳，就其深刻涵义来说，就是苍穹的金子，我们难道忘记了？太阳之金，比土地之金拥有更精细的"基本性"，它们成群结队地涌入正变熟的葡萄中！葡萄树是磁石。它吸着太阳之金，诱惑着星宿之金，来完成炼金的婚礼。葡萄树能把酒变成吸引土地之金的磁石，它难道没有把这技艺传给炼金士？这里，我们处于吸引住所有隐喻蜜蜂的物质形象的中心。

然而炼金士之酒仍有不知多少奥秘！一个最大最不可解的奥秘：酒为何能有如此之多的色彩？它如何变红，金黄色从何而来？确切说来，它何以有金子或血的标志？酒的确处于最伟大的物质变换的两极，从古老之金到人类青春的转换。

四

炼金时代，隐喻是物质变换的孤独者。心理经验能补充炼金经验。炼金思想向我们证明了隐喻的可置反性。白酒是可饮用的金子。红酒是血。这已不是形象，而是宇宙经验。一位炼金士寻找矿物菁华时，会倾听大自然透过酒这个植物菁华对我们的教导。为了更具说服力，下面来看看勒克鲁姆*《手册》(第23页)中的这个片段：

---

* 勒克鲁姆(Francesco Maria Pompeo Colonna, 1646-1726)，法文名 Le Crom，在罗马出生，1668年后在巴黎生活，数学家、物理学家、炼金士，用法语和拉丁语写作。书藏见法国国家图书馆：https://data.bnf.fr/en/11897397/francesco_maria_pompeo_colonna/。——译注

"蒂玛吉纳：求求您，告诉我，哪种植物能给出最出色的菁华？

阿里斯提普：药草女王——葡萄！它用最卓越的液体酒向我们展示这种菁华。酒的菁华比其它植物更适合我们的体质，因为它与我们的体温一致，几乎让人无法察觉它的属土性：酿造精良的美酒能藉这些品质，治愈人的疾病，提高体热。它是万能的，可让潮湿寒冷的体质变暖，让干热的体质变凉。"

接下来的对话中，阿里斯提普在谈到酒永葆青春的品质后，无意间想到了分离物质成分以将之重新组合提炼的炼金妙药。物质形象延续的好例子！酒能暖人，能解渴，拥有所有的对立品质，在视温和热度为最明显的健康标志的时代，酒被置于万灵药的原始意象行列。但酒拥有的对立性可能极其微妙，这些对立性能激发出最冗长的辩证，它们会无止尽地交换价值。对我们来说，能在酒杯中发现微妙与确凿的辩证，已足以令人陶醉了。面对这样一种矛盾，我们确信自己把握住了土地的一大善物，一个天然而深在的物质本体，质料世界的原始意象！

五

是的，物质如形式一样，都拥有原始类型。酒是质料世界的原始物质意象。它可大可小，可粗可细，可浓可淡，但总是精纯无比。好比一位炼金士说的，葡萄树把"被诅咒的污垢"留在了土里。如果说酒在沸腾起泡的发酵激情中裹进了"乌合之众"，它则把净化原则带到自己的实存之中。地窖的心脏中，静脉变成了动脉，变得明快、活跃、流畅，准备更新人的心脏。这的确是一种等级分明的物质实存,很清楚自己的妙处。

这些物质化形象,实存的这些物质化形象,与法语搭配得天衣无缝!好像我们需要这些原始物质来言谈,来歌唱;好让大家相互了解,和睦相处。米洛茨在沉思"某些基本语词"时,梦想的正是物质的原始意象:

> 面包、盐、血、太阳、土地、水、光、黑暗,
> 以及所有的金属名称。
> 这些名词是感性物体的父亲,
> 而不是它们的兄弟或子女。
>
> ——《认知赞美诗》

立陶宛诗人列出的物质范型名单,他列出的母性物质中,缺的正是酒。可是大地为不同语言的语词安下了住所。大雪弥漫的国度,酒也许是个原始语词。没有比酒这个名词及其存在更地域化、更方言化的了。法国南部海岸的葡萄很沉,地中海盛行红酒,那里是酒神狄奥尼索斯的中心王国。被传统教养压倒,我们忘记了旺盛的酒神精神,忘记了白酒的酒神精神;面对背景更复杂的酒,面对带有葡萄坡特殊味道的酒,我们已不再能梦想。

炼金医术却知道如何将普遍与特殊联合起来,能在特殊之酒中认出宇宙之酒。它通常会将酒与一个器官对应起来;根据确定反应呈现出的酒色,来诊断病情。白酒能唤醒器官的敏锐度!

谁又会向我们歌颂目光之酒:温柔又狡黠,酒一边逗弄着你,一边疼爱着你,噢,我的故乡之酒!它能让诸国国君结成联盟,在

一场地理微醺中,将奥布河与卢瓦尔河汇合起来。"巴尔*酒接近昂儒**酒的色泽、芬芳与友善……有淡淡的红、浅浅的黄,精致、清淡,惹人喜爱,口感极舒适,接近覆盆子。"① 不知多少次,葡萄树这位药草女王,不仅获取了她的温柔侍女——覆盆子——的芬芳,还获得了她的粗暴侍女——火石——的芳香。酒的确是万能之物,碰到一位懂得品酒的哲人,会让自己变得独特。

第戎,1947 年 10 月

---

* 巴尔(Bar-sur-Aube),作者故乡。——译注

** 昂儒(l'Anjou),法国旧行省名,除东部和北部被削去一小部分外,大致对应于如今的曼恩-卢瓦尔省(Maine-et-Loire)。——译注

① 阿伯拉罕(Nicolas Abraham,覆盆子公爵[sieur de la Framboisière]):《健康长寿手册》(*Le Gouvernement nécessaire à chacun pour vivre longuement en santé*),Paris, 1608。[译按] La Framboisière,法国旧地名。

人名索引

(本索引页码为原书页码,即本书的页边码)

Allendy, 阿兰第, 278
Anaxagore, 阿那克萨戈拉, 26
Annunzio (d'), 邓南遮, 37, 109, 187, 300
Apollinaire, 阿波里奈尔, 199
Apulée, 阿普列尤思, 288
Arland, 阿尔朗, 83
Arnyvelde, 阿尔尼维尔德, 270
Artaud (Antonin), 阿尔托, 253
Audiberti, 奥蒂贝尔提, 23, 25, 26
Audisio, 奥迪修, 328
Augé, 奥杰, 257
Autran, 奥特朗, 261

Baader (F. von), 巴阿德尔, 7
Bacon (Francis), 培根, 296
Bacon (Roger), 培根, 34
Badin, 巴旦, 221, 223, 224
Balzac, 巴尔扎克, 278
Bar, 巴尔, 239
Barbarin, 巴尔巴汗, 134
Bartas (du), 杜巴达斯, 67

Baudelaire, 波德莱尔, 204
Baudouin, 波都安, 160, 172, 186, 201, 251, 265
Baum (Vicki), 包姆, 248
Bay (André), 巴艾, 132, 133, 220, 252
Becker, 贝克, 91, 290
Béguin (Albert), 白艮, 201
Belgiojoso (princesse de), 拜勒吉奥角索公主, 188
Berkeley, 贝克莱, 38
Bernardin de Saint-Pierre, 圣皮埃尔, 116, 117
Bertall, 贝尔塔勒, 159
Bertholon (abbé), 贝尔托龙神甫, 37, 69
Biely, 别雷, 27, 240, 241, 285, 286, 287
Binswanger (Ludwig), 宾斯万格, 60, 76, 77
Bladé, 布拉岱, 143
Blake, 布莱克, 89, 180, 217, 240,

275
Blok, 布洛克, 268
Boehme, 波墨, 24, 43, 64, 285
Bonneau (Sophie), 博诺, 268
Bonnet, 伯奈, 173
Bordeaux, 波尔多, 120
Bosch (Jérôme), 博什, 134
Bosco, 博斯珂, 42
Bosio, 波希奥, 216
Boucher (Maurice), 布切, 67
Bourges, 布尔日, 24, 275, 279
Bousquet (Joë), 布斯奎, 24, 174-177
Bréal, 布莱耶尔, 157
Brentano (Clemens), 布伦塔诺, 55, 56, 57
Breton (André), 布列东, 189
Brod, 布罗德, 99
Browning, 勃朗宁, 269
Bureau (Noël), 布卢, 162

Cardan, 加尔丹, 142, 271
Carnaut, 卡尔诺, 37
Carossa, 卡洛萨, 7, 31
Casteret, 卡斯特莱, 196, 216, 242, 243
Cazamian, 加赞缅, 222, 269
Cervantès, 塞万提斯, 183
Char (René), 夏尔, 95
Charas, 萨拉斯, 282
Chateaubriand, 夏多布里昂, 263, 313

Choisy (Maryse), 乔伊赛, 307
Claudel, 克洛代尔, 161, 162, 174, 244, 317
Clermont, 克莱蒙特, 16
Cocteau, 古克多, 20
Coleridge, 柯勒律治, 222
Collin de Plancy, 德普朗希, 142, 145, 159
Conan Doyle, 柯南·道尔, 269
Courbet, 古尔拜, 121

Darwin, 达尔文, 265
Daudin, 都单, 134, 265
Decaunes (Luc), 德康纳, 48, 234, 291
Delétang-Tardif (Yanette), 德莱唐-塔尔迪夫, 111, 294
Delille (abbé), 德里勒神甫, 216
Desoille, 德索瓦伊, 13, 211, 216, 226
Dieterich, 迪特里希, 297
Diodore de Sicile, 西西里, 257
Dolto (Françoise), 多尔托, 8
Dorn, 都昂, 4
Duhamel, 杜哈梅勒, 101
Dumas, 大仲马, 105, 106, 135, 140, 195
Duncan, 敦康, 60, 69, 159
Dürler, 丢尔勒, 143

334

Eluard, 艾吕雅, 12, 210
Essenine, 叶赛宁, 143
Estang (Luc), 埃斯唐, 218, 219
Euringer, 厄兰杰尔, 12

Fabre (Pierre-Jean), 法布尔, 29, 30, 31, 71, 73
Fierz-David, 费兹-大卫, 46
Filliozat, 费力奥扎特, 122
Flaubert, 福楼拜, 13, 60, 263
Florian, 弗洛里昂, 21, 185
Flournoy (Henri), 弗洛尔诺依, 152
Fournier (Alain-), 阿兰-傅尼埃, 110
Fraenkel, 弗莱恩克勒, 65, 258, 259
Frénaud (André), 弗雷诺, 23, 270
Freud, 弗洛伊德, 229
Frobenius, 弗洛布尼斯, 144

Gadenne (Paul), 高德纳, 86, 219, 220
Gennep (van), 格奈普, 143
Geoffroy, 吉奥弗洛瓦, 17
Gide, 纪德, 89
Giono, 吉奥诺, 109
Giraudoux, 吉罗杜, 130
Gœthe, 歌德, 35, 203
Gogh (Van), 梵高, 101
Gonzalez, 贡扎莱斯, 314
Gossard, 高萨, 134
Green (Julien), 格里, 198

Grimm, 格林, 138, 145, 259
Gros (L.-G.), 格罗, 218, 219, 291
Guéguen (Pierre), 盖更, 16, 23, 24, 107, 307
Guérin (Maurice de), 盖兰, 189, 192, 305-307, 321
Guignard, 基内亚, 55, 56
Guillaume (Paul), 纪尧姆, 169
Guillevic, 吉尔维克, 27, 163, 294, 308
Guilly, 吉里, 219

Hardy (Thomas), 哈代, 87, 88
Hauksbee, 霍克斯贝, 13
Hawthorne, 霍桑, 158, 159
Hegel, 黑格尔, 26, 318, 319
Heisenberg, 海森堡, 17
Helmont (van), 海勒蒙, 280, 281
Hemsterhuis, 艾姆斯特尔惠, 61
Henry (Victor), 亨利, 118, 281
Herman, 赫尔曼, 265
Hérodote, 希罗多德, 178, 288
Hippocrate, 希波克拉底, 65
Hoefer, 霍夫尔, 46
Hoffmann, 霍夫曼, 239
Homère, 荷马, 192
Hugo, 雨果, 66, 136, 160, 168, 172, 335 173, 186, 193, 198, 199, 230, 231, 250, 252, 253, 254, 267, 268, 269, 270, 271, 275, 294,

308, 310, 311, 314
Huguet, 雨更, 267
Humboldt (A. von), 洪堡, 88
Huysmans, 于斯曼, 59, 111, 227, 228, 229, 230, 231, 232, 269, 314, 315, 320, 324

Issac de Hollandais, 勒浩龙, 34

Jacob (Max), 雅格伯, 13
Jaffard, 贾法, 212
Jaloux, 雅鲁, 91, 92, 121
James (W.), 詹姆斯, 39
Jammes (F.), 弗朗西斯·詹姆斯, 22
Jarry (Alfred), 贾里, 18, 72, 129, 259
Jaspers, 雅斯贝尔斯, 6
Johnson (Joséphine), 乔塞芬·约翰逊, 200
Jouve (P.-J.), 约芙, 235
Jung (C. G.), 荣格, 4, 50, 51, 119, 146-149, 153, 157, 211, 263

Kafka, 卡夫卡, 15, 98, 99, 108, 212, 243, 245, 246
Kahn (Gustave), 卡恩, 117, 122, 218
Kassner, 卡斯奈, 281, 282
Keyserling (de), 凯瑟林, 245
Knight, 奈特, 178
Kuhn (Roland), 库恩, 76

La Bruyère, 布卢耶尔, 322
La Chambre (de), 肖姆布尔, 261
La Fontaine, 拉封丹, 132
La Framboisière (de), 阿伯拉罕（覆盆子公爵）, 332
Langlois, 隆戈鲁瓦, 20, 141, 281, 288
Lanza del Vasto, 德勒·瓦斯托, 170
La Tour et Taxis (la princesse de), 图尔达克斯（公主）, 32
Lautréamont, 洛特雷阿蒙, 14, 284
Lawrence (D. H.), 劳伦斯, 27, 28, 36, 90, 115, 194, 204-206, 248, 263, 265, 273, 274, 275, 276, 278, 282, 306, 307
Le Crom, 勒克鲁姆, 328, 330
Leenhardt, 林哈特, 164
Leïa, 莱雅, 131
Leiris (Michel), 莱日斯, 27, 125-128, 232
Lémery, 莱美里, 134
Le Pelletier, 佩乐提埃, 280
Lequenne, 勒奎纳, 292, 293
Leroux (Pierre), 勒鲁, 63
Leeuwenhock, 列文虎克, 61
Levi (Eliphas), 莱维, 224, 225
Link, 林克, 319
Loeffler-Delachaux, 罗芬勒尔-德拉肖, 149
Lönnrot, 罗若特, 137

人名索引

Loti, 洛蒂, 85, 102, 105, 111, 113, 166, 189, 190, 191, 198, 230, 234
Lucain, 鲁康, 314
Lulle (Baymond), 鲁乐, 34

Mallarmé, 马拉美, 22
Mandiargues (P. de), 曼迪阿尔戈, 283, 284
Masson-Oursel, 马松-胡塞勒, 186
Maupassant (Guy de), 莫泊桑, 85, 107, 129, 164, 166, 188
Melville, 梅尔维尔, 131
Mérimée, 梅里美, 236, 238
Michaux (Henri), 米肖, 13, 58, 79, 222
Michelet (Jules), 居勒·米什莱, 197, 306, 313
Michelet (Victor-Émile), 维克多-埃米勒·米什莱, 64
Milosz, 米洛茨, 20, 121, 140, 331
Minder, 明德尔, 200, 201
Moreno, 莫莱诺, 77, 284
Morgan (Charles), 莫尔干, 312

Nerval, 内尔瓦勒, 227, 230-233
Newton, 牛顿, 35
Nietzsche, 尼采, 247, 315
Novalis, 诺瓦利斯, 318

Oken, 奥肯, 319

Papini, 帕比尼, 7
Paracelse, 帕拉塞勒斯, 44, 70, 71
Parain (Brice), 巴冉, 24, 26
Parménide, 巴门尼德, 150
Pauly-Wissowa, 潘里-维索瓦, 262
Pausanias, 珀萨尼亚, 223
Pergaud, 佩尔高, 135, 136, 245, 246
Perrault, 佩罗, 145
Picard (Charles), 比卡, 178
Picasso, 毕加索, 199
Platon, 柏拉图, 203
Pline, 普林, 117, 155
Ploix, 普罗瓦, 156
Poe, 坡, 86, 88, 89, 92, 105, 163, 257
Ponge, 蓬日, 11, 19, 182, 245
Porphyre, 波斐利, 183, 192
Pouqueville (de), 普克维勒, 224, 225
Powys, 鲍伊斯, 314
Prévert, 普莱威赫, 89
Prichvine, 普利希维, 296
Proust, 普鲁斯特, 80
Przyluski, 普鲁兹鲁斯基, 204

Rabelais, 拉伯雷, 131, 321
Radcliffe, 拉德克里夫, 235
Rank (Otto), 朗科, 265
Raspail, 拉斯帕伊, 142, 154, 155,

159

Régnier (H. de), 雷尼埃尔, 85, 86, 99, 163, 186, 207, 246

Remizov, 莱米佐夫, 260

Renard (Jules), 雷纳尔, 25, 170

Renauld, 雷诺尔德, 254

Renou, 雷努, 95, 108

Reul (P. de), 德瑞勒, 90

Reverdy, 雷威尔第, 109, 211, 218, 295

Reynaud (Ernest), 雷诺, 164

Ribemont-Dessaignes, 里布蒙-德赛尼, 153, 174

Richter (Jean-Paul), 里希特, 18

Rilke, 里尔克, 24, 32, 53, 89, 96, 97, 98, 108, 120, 220, 233

Rimbaud, 兰波, 71, 106, 126, 271

Rivera, 李维拉, 167

Rohde, 罗德, 207–209, 238

Romains (Jules), 罗曼, 103

Rorschach, 罗夏, 76

Rouhier, 卢晔, 14

Roupnel, 卢浦奈尔, 323

Rousseau (J.-J.), 卢梭, 100

Rozanov, 罗扎诺夫, 180, 181, 247

Ruskin, 罗斯金, 111, 187, 248, 249

Ruysbroek l'Admirable, 吕斯布鲁克, 289

Saillet, 撒耶, 259

Saintine, 圣汀, 277

Saint John Perse, 佩尔斯, 113

Saint-Martin (Claude de), 圣马丁, 44, 317

Saintyves, 圣提弗, 166, 183, 191, 202, 203

Sand (George), 乔治·桑, 185, 187, 212, 225, 235

Sartre, 萨特, 23, 25, 169, 170, 182, 300–305, 316

Saurat, 梭拉, 227

Schelling, 谢林, 52

Schlegel (F.), 施莱格尔, 66, 67, 271

Schlœzer (B. de), 施乐扎尔, 247

Schopenhauer, 叔本华, 35, 284, 310

Schuhl, 舒勒, 17, 178, 179, 203, 204

Sébillot, 塞必尤, 143

Seghers, 塞盖尔, 96

Sénancour (de), 德·赛南库尔, 187

Silberer (Herbert), 希勒贝尔, 41, 49, 144, 147, 151, 152, 281

Shakespeare, 莎士比亚, 15

Solger, 索勒吉尔, 67

Souvestre (Émile), 苏维斯特, 102

Spenlé, 斯宾莱, 318

Spenser, 斯宾塞, 36

Spinoza, 斯宾诺莎, 134

Spitteler, 斯皮特勒, 15

Staël (Mme de), 斯塔尔夫人, 197

Stekel, 斯特凯勒, 151

Stephens, 斯蒂芬斯, 187
Stilling, 斯蒂林, 225
Strindberg, 斯特林堡, 32, 114, 181, 251
Sue (Eugène), 苏威, 84, 92
Swift, 斯威夫特, 14, 37, 38
Swinburne, 斯温伯恩, 180, 217, 275

Tailhade, 泰以哈德, 285
Taine, 塔恩, 22, 128, 315
Tardieu (Jean), 塔尔蒂欧, 194
Teillard (Ania), 泰雅, 104, 228
Thierry (Augustin), 梯叶里, 188
Thoreau, 梭罗, 100, 101, 187
Tieck, 蒂克, 200, 201
Tzara (Tristan), 扎拉, 18, 20, 123, 139, 234

Valéry, 瓦莱里, 273, 309, 310, 311

Vanière (le P.), 瓦尼埃尔神甫, 17, 325
Vendryès, 范德里耶, 207
Verne (Jules), 凡尔纳, 192, 255
Vincelot, 范斯洛神甫, 145
Vogel, 沃节勒, 261, 268, 289

Wagner, 瓦格纳, 104
Wahl (Jean), 瓦勒, 176, 260, 306
Wall, 瓦勒医生, 14
Webb (Mary), 韦布, 89, 109, 113, 114
Weeks, 维更斯, 267
Woolf (Virginia), 伍尔夫, 89, 113, 118, 187, 189, 294, 295, 318
Woolman, 伍乐曼, 39–41

Zola, 左拉, 161, 281, 297

附录　巴什拉研究主要参考文献（法文）*

2004 年以前
专著类

BARSOTTI, Bernard, *Bachelard critique de Husserl: aux racines de la fracture épistémologie-phénoménologie*（《巴什拉评胡塞尔：论现象学-认识论的断裂之根》）; préf. de Jean Gayon（序）. Paris: L'Harmattan, 2002.

BENDA, Julien, *De quelques constantes de l'esprit humain : critique du mobilisme contemporain (Bergson, Brunschvicg, Boutroux, Le Roy, Bachelard, Rougier)*（《论人类精神的几个常数：评现当代流动学说》）. Paris: Gallimard, 1950.

BEST, Henry, *Quelques pas avec Bachelard*（《与巴什拉同行》）. Annemasse: C.T.R, 1977.

CARIOU, Marie. *Bergson et Bachelard*（《柏格森与巴什拉》）. Paris : PUF, 1995.

CASTILLO-ROJAS, Roberto, *L'Ontologie de l'imagination chez Gaston*

---

* 附录以"巴什拉国际协会"（Association Internationale Gaston Bachelard）官网资料为参考，整理出这份单薄的书目，与大家分享。所引文献以法文论著为主（截至 2008 年，略显陈旧），也列入了法国高校以巴什拉为题的博士论文，引用顺序未重新调整（或按年份或按人名字母顺序）。若想具体了解学术论文或其它语种研究文献，请见 https://gastonbachelard.org/bibliographie/etudes-sur-bachelard/。——译注

Bachelard(《巴什拉的想象本体论》). Lille 3: ANRT, 1987.

Centre Gaston Bachelard(巴什拉研究中心), *Les Mots du rêveur : sur la Poétique de la rêverie de Gaston Bachelard: lexique informatisé*(《梦想者的语词：论巴什拉的梦想诗学（词汇库）》). Dijon: EUD, 1987.

Centre Gaston Bachelard, *La Chandelle et le rêveur : sur La Flamme d'une chandelle de Gaston Bachelard : lexique informatisé*(《烛与梦想者：论巴什拉的〈烛之火〉》（词汇库）). Dijon: EUD, 1988.

CHERNI BEN SAÏD, N., *Comte et Bachelard ou les vertus cognitives et morales des raisons prouvées*(《孔德与巴什拉：论已知理性的意识与道德德性》). Paris: L'Harmattan, 2000.(Les Chemins de la raison,"理性之路"丛书).

CHOE, Hyondok, *Gaston Bachelard, épistémologie : bibliographie*(《巴什拉认识论书目》). Frankfurt am Main, Berlin [etc]: Peter Lang, 1994.(Philosophie und Geschichte der Wissenschaften. Studien und Quellen, 27)

COUTELIER, G., *Lexique Gaston Bachelard*(《巴什拉词汇表》). Lyon : Médiations, 1995.

COUTELIER, G., *Bachelard et la dialectique de la vie*(《巴什拉和生活的辩证》). Lyon : Médiations, 2000.

DAGOGNET, François, *Gaston Bachelard: sa vie, son œuvre avec un exposé de sa philosophie*(《巴什拉：生活、著作及哲学》). Paris: PUF, 1965.

FABRE, Michel, *Bachelard éducateur*(《教育家巴什拉》). Paris: PUF, 1995.

FABRE, Michel, *Gaston Bachelard : la formation de l'homme moderne*(《巴什拉：现代人的形成》). Paris: Hachette éducation, 2002.(Portraits d'éducateurs,"教育者肖像"丛书).

GAGEY, Jacques, *Gaston Bachelard ou la Conversion à l'imaginaire*(《巴什拉或想象的对话》). Paris: Rivière et Cie., 1969.

GAYON, Jean, *Bachelard: Le rationalisme appliqué*(《巴什拉：实践理性主义》). Vanves: Centre National d'Enseignement à Distance, 1995.

GIL, Didier, *Bachelard et la culture scientifique*(《巴什拉与科学文化》). Paris: PUF, 1993.

GINESTIER, Paul, *La Pensée de Bachelard*(《巴什拉的思想》). Paris: Bordas,

1981.(Pour connaître la pensée, "认识思想"丛书).

GINESTIER, Paul, *Bachelard*(《巴什拉》). Paris: Bordas, 1987.(Pour connaître, "认知"丛书).

JEAN, Georges, *Bachelard, l'enfance et la pédagogie*(《巴什拉：童年与教育》). Paris: éd. du Scarabée, 1983.(Pédagogies nouvelles, "新教育"丛书).

JONES, Robert Emmet, *Panorama de la nouvelle critique en France: de Gaston Bachelard à Jean-Paul Weber*(《法国新评论纵览：从巴什拉到魏布》). Paris: Sedes, 1968.

LALONDE, Maurice, *La théorie de la connaissance scientifique selon Gaston Bachelard*(《巴什拉科学认知理论》). Montréal: Fides, 1996.

LECOURT, Dominique, *Pour une critique de l'épistémologie: Bachelard, Canguilhem, Foucault*(《认识论评析：巴什拉、康吉莱姆、福柯》). Paris: Maspero, 1972.

LECOURT, Dominique, *Bachelard ou le Jour et la nuit : un essai du matérialisme dialectique*(《巴什拉或白昼与黑夜：谈辩证物质论》). Paris: Grasset, 1974.

LECOURT, Dominique, *L'Épistémologie historique de Gaston Bachelard*(《巴什拉的历史认识论》). Paris: J. Vrin, 1978.(Bibliothèque d'histoire de la philosophie, "哲学史图书馆"丛书).

LIBIS, Jean, *Bachelard et la mélancolie : l'ombre de Schopenhauer dans la philosophie de Gaston Bachelard*(《巴什拉与忧愁：巴什拉哲学中叔本华的身影》). Villeneuve d'Ascq: Presses universitaires du Septentrion, 2000.

MANSUY, Michel, *Gaston Bachelard et les éléments*(《巴什拉与元素》). Paris: José Corti, 1967.

MARGOLIN, Jean-Claude, *Bachelard*(《巴什拉》). Paris: Seuil, 1983.

MARIE, Charles P., *De Bergson à Bachelard: essai de poétique essentialiste*(《从柏格森到巴什拉：论本体诗学》). Dijon: Centre Gaston Bachelard : Éd. universitaires de Dijon, 1995.(Figures libres, "自由人物"丛书).

MEYER, Michel, *Revue Internationale de Philosophie*(《国际哲学期刊》巴什拉专刊). Paris: PUF, 1992. (Revue Internationale de Philosophie; n°150).

MONDZO, Jean Chrysostome, *La Phénoménotechnique dans l'épistémologie de Gaston Bachelard*(《巴什拉认识论中的现象学技巧》). Lille 3: ANRT, 1986.

NAUD, Julien, *Structure et sens du symbole: l'imaginaire chez Gaston Bachelard*(《象征的结构与意义：论巴什拉作品中的想象》). Montréal: Bellarmin, 1971.

PARIENTE, Jean-Claude, *Le vocabulaire de Bachelard*(《巴什拉词汇》). Paris: Ellipses, 2001.

PARINAUD, André, *Bachelard*(《巴什拉》). Paris: Flammarion, 1996.(Grandes biographies, "伟人生平"丛书).

PERROT, Maryvonne, *Bachelard et la poétique du temps*(《巴什拉与时间诗学》). Frankfurt am Main, Bern, New York: P. Lang, 2000.(Miroir et image, "镜像"丛书, 5).

PIRE, François, *De l'imagination poétique dans l'oeuvre de Gaston Bachelard* (《论巴什拉作品中的诗意想象》). Paris: José Corti, 1967.

PRECLAIRE, Madeleine, *Une poétique de l'homme : essai sur l'imagination d'après l'œuvre de Gaston Bachelard*(《人的诗意：论巴什拉作品中的想象》). Montréal: Bellarmin, 1971.

QUILLET, Pierre, *Bachelard: présentation, choix de textes, bibliographie*(《巴什拉：简介、文选、书目》). Paris: Seghers, 1964.(Philosophes de tous les temps, "各时代哲学家"丛书; 13).

ROY, Jean-Pierre, *Bachelard ou le concept contre l'image*(《巴什拉：概念与形象对立》). Montréal: Les Presses de l'université de Montréal, 1977.

RUBY, Christian, *Bachelard*. Paris : Quintette, 1998.(Philosopher, "爱智慧"丛书, n°45).

SANNER, Michel, *Du concept au fantasme : psychologie de la connaissance et pédagogie: de Bachelard à Piaget et à Freud*(《从概念到幻想：教育认知心理学——从巴什拉到比阿杰再到弗洛伊德》). Paris: Presses universitaires de France, 1983.(L'Éducateur, "教育者"丛书, 87).

SCHAETTEL, Marcel, *Gaston Bachelard : le rêve et la raison*(《巴什拉：梦与理智》). Ed. de Saint-Seine-l'Abbaye, 1984.

SCHAETTEL, Marcel, *Bachelard critique ou l'alchimie du rêve: un art de lire et de rêver*(《巴什拉评论或梦的炼金学:阅读与梦想的艺术》). Lyon: L'Hermès, 1977.(Les Hommes et les lettres,"人与文字"丛书).

SOUVILLE, Odile, *L'homme imaginatif: de la philosophie esthétique de Bachelard*(《想象之人:论巴什拉的美学哲学》). Paris: Lettres Modernes, 1995.(Circé).

THERRIEN, Viencent, *La révolution de Gaston Bachelard en critique littéraire: ses fondements, ses techniques, sa portée. Du nouvel esprit scientifique à un nouvel esprit littéraire*(《巴什拉的文学批评革命:基础、方法、范围——从新科学精神到新文学精神》). Paris: Klincksieck, 1970.

VADÉÉ, Michel, *Gaston Bachelard ou le nouvel idéalisme épistémologique*(《巴什拉或新认识理念》). Paris: Éditions sociales, 1975.

VOISIN, Marcel, *Bachelard: essai suivi de textes choisis*(《巴什拉:评论及文选》). Bruxelles: Labor, 1967.(Problèmes,"问题"丛书).

WETSHINGOLO, Ndjate-Lotanga, *La nature de la connaissance scientifique: l'épistémologie meyersonienne face à la critique de Gaston Bachelard*(《科学认知的本性:巴什拉批评的梅耶松(1859—1933)认知论》). Bern, New York: P. Lang, 1996.(Europaische Hochschulschriften. Reihe XX, Philosophie, Bd.497).

合著类

ATIAS, Christian (dir.), LE MOIGNE, Jean-Louis (dir.), *Présence de Gaston Bachelard: épistémologie pour une anthropologie complète*(《巴什拉的存在:完整人类学意义上的认识论》). Aix-en-Provence: librairie de l'université, 1988.(Cheminements interdisciplinaires,"交叉学科"丛书).

Centre Culturel Internatuional de Cerizy-La-Salle, *Bachelard: actes du Colloque de Cerisy*(《巴什拉学术讨论会文集》). Paris: Union générale d'éditions, 1974.

T. Castelao-Lawless, A. Guyard, M.-H. Hong,...[et.al.], *Cahiers Gaston*

Bachelard : numéro 1《巴什拉学刊 1》. Dijon: EUD (Edition Universitaire de Dijon), 1998. (Cahiers Bachelard ; n°1).

M.R. Abramo, H. Ajerar, S. Ali,...[et.al.], *Cahiers Gaston Bachelard: numéro 2*. Dijon : EUD (Edition Universitaire de Dijon), 2000. (Cahiers Bachelard, n° 2).

Y. Bonnefoy, R. Dadoun, F.R. Daillie,...[et.al.], *Cahiers Gaston Bachelard numéro 3: Témoignages*(《巴什拉学刊3：见证》). Dijon: EUD (Edition Universitaire de Dijon), 2001. (Cahiers Bachelard, n° 3).

M. De Oliveira, N. Fabre, M. Bulcao,...[et.al.], *Cahiers Gaston Bachelard numéro 4 : Bachelard au Brésil*(《巴什拉学刊4：巴什拉在巴西》). Dijon: EUD (Edition Universitaire de Dijon), 2001. (Cahiers Bachelard, n° 4).

C. Auzole, B. Puthomme, M. Garrau,...[et.al.], *Cahiers Gaston Bachelard numéro 5: Bachelard et les arts plastiques*(《巴什拉学刊5：巴什拉与美术》). Dijon: EUD (Edition Universitaire de Dijon), 2003. (Cahiers Bachelard, n° 5).

Solaire (HS, 1983), *Bachelard ou Le Droit de rêver*(《巴什拉或梦想的权利》). Saint-Juliende-Peyrolas, 1983.

Gaston Bachelard: du rêveur ironiste au pédagogue inspiré(《巴什拉：从自嘲的梦想者到受启发的教育者》). Dijon: CRDP, 1984.

Gaston Bachelard: l'homme du poème et du théorème: actes du Colloque du Centenaire(《巴什拉：属于诗歌与科学定理的人——百年诞辰学术讨论会文集》), Dijon, 1984. Dijon : EUD, 1986.

Sous la dir. de Pascal Nouvel, *Actualité et postérités de Gaston Bachelard*(《巴什拉研究现状与未来》). Paris: PUF, 1997. (Science, histoire et société, "科学、历史和社会"丛书).

GAYON, Jean. WUNENBURGER, Jean-Jacques. (s. dir.), *Bachelard dans le monde*(《所有人的巴什拉》). Paris: PUF, 2000.

LAFRANCE, Guy (s. dir.), *Gaston Bachelard : profils épistémologiques*(《巴什拉：认识论的侧面》). Ottawa: Presses Universitaires d'Ottawa, 1987.

Ecole normale supérieure 高师院校 (Fontenay-aux-Roses, Hauts-de-Seine),

Etude d'épistémologie : Képler, Galilée, Newton, Leibniz, Bachelard(《认识论研究：开普勒、伽利略、牛顿、莱布尼茨、巴什拉》). Fontenay-aux-Roses: [s.n.], 1975.(Les Cahiers de Fontenay, 1).

M. Onfray, B. Pagès, P. Rebeyrolle..., [et.al.], *Hommage à Bachelard*(《致敬巴什拉》). Paris: Le Regard, 1998.(Arts Plastiques).

P. Bouligand, G. Ganguilhem, F. Courtès,..., [et.al.], *Hommage à Gaston Bachelard : Etudes de philosophie et d'histoire des sciences*(《致敬巴什拉：哲学与科学史研究》). Paris: Presses universitaires de France, 1957.

L'Intuition de l'instant : centenaire de la naissance de Gaston Bachelard(《当下直觉：巴什拉百年诞辰纪念文集》). Troyes: Ecole des Beaux-Arts, 1984.

C. Backes, B. Pingaud, D. Lecourt,... [et al], *Bachelard*. Paris : Duponchelle, 1990.(L'Arc, 42).

J. Lescure, P. Sansot, C. Delacampagne,... [et al], *Bachelard aujourd'hui*(《巴什拉研究现状》). Paris: Clancier-Guénaud, 1986.

Bachelard et la métaphore(《巴什拉与隐喻》). Mons: Centre interdisciplinaire d'études philosophiques de l'Université de Mons, 1986.

INSTITUT DE FRANCE, Académie des sciences morales et politiques 法兰西研究院，道德与政治科学学院. *Notice sur la vie et les travaux de Gaston Bachelard: (1884-1962)*(《巴什拉(1884-1962)生平与著作索引》). Paris: Firmin-Didot et Cie., 1965.(Institut de France. Académie des sciences morales et politiques).(Séance du 10 mai 1965).

2004

Coordonné par Jean-Jacques Wunenburger, *Gaston Bachelard et l'épistémologie française*(《巴什拉与法国认识论》). Paris: PUF, 2004.("Débats").

La science, la création littéraire et l'image visuelle(《科学、文学创作和视觉形象》). Ahuy: Edité par l'Association des Amis de Gaston Bachelard, 2004.("Bulletin", n° 6).

C. Thiboutot, J. Poirier, A. Ghita,... [et.al.], *Cahiers Gaston Bachelard numéro*

6: Bachelard et la psychanalyse(《巴什拉学刊6：巴什拉与精神分析》). Dijon: EUD (Edition Universitaire de Dijon), 2004. (Cahiers Bachelard, n° 6).

C. Thiboutot, R-A Ghita, J. Krob,...[et.al.], *Cahiers Gaston Bachelard: Bachelard et l'écriture*(《巴什拉学刊特刊：巴什拉与写作》). Dijon: EUD (Edition Universitaire de Dijon), 2004. (numéro spécial).

2005

G. Chazal, F. De Almeida, J. Lamy,...[et.al.], *Cahiers Gaston Bachelard numéro 7: Bachelard et la physique*(《巴什拉学刊7：巴什拉与物理学》). Dijon: EUD (Edition Universitaire de Dijon), 2005. (Cahiers Bachelard, n° 7).

Ligne de partage : du rationalisme engagé à la maison du rêve(《分享之线：从参与的理性主义到梦想之屋》). Ahuy : Edité par l'Association des Amis de Gaston Bachelard, 2005. ("Bulletin", n° 7).

2006

Bachelard et la phénoménologie. Cahiers Bachelard(《巴什拉学刊：巴什拉与现象学》), Dijon, UB/Centre Gaston Bachelard, 2006.

Des atomes et poisons à l'oiseau-phénix(《论凤凰的原子与毒药》). Ahuy: Edité par l'Association des Amis de Gaston Bachelard, 2006. ("Bulletin", n° 8).

Sous la direction de Robert Damien et Benoît Hufschmitt, *Bachelard: confiance raisonnée et défiance rationnelle*(《巴什拉：理智的信任与理性的怀疑》). Presses universitaires de Franche-Comté, 2006. (Annales Littéraires de l'université de Franche-Comté, 弗朗西-孔德大学文学年刊).

BLETON-RUGET, Annie; POIRRIER, Philippe, *Le temps des sciences* humaines. *Gaston Roupnel et les années trente*(《人文科学时代：卢浦奈尔与三十年代》). Paris: Editions le Manuscrit-MSH de Dijon. —— 2006.［巴什拉协会注：该书可能会引起所有巴什拉读者的兴趣，巴什拉曾承认卢浦奈尔的"当下直觉"说对他的影响。］

2007

La formation de l'esprit scientifique et la séduction des images(《新科学精神的形成与形象的诱惑》). Ahuy: Edité par l'Association des Amis de Gaston Bachelard, 2007. ("Bulletin", n° 9)

POULIQUEN, Jean-Luc; préface de Marly Bulcao, *Gaston Bachelard ou le rêve des origines*(《巴什拉或源初之梦》). L'Harmattan, 2007.

LIBIS, Jean, *Gaston Bachelard ou la solitude inspirée*(《巴什拉或灵感的孤独》). Berg International Editeurs, 2007.

2008

WORMS, Frédéric; WUNENBURGER, Jean-Jacques (s. dir.), *Bachelard et Bergson: continuité et discontinuité*(《巴什拉与柏格森：连续性与非连续性》). Paris: Presses Universitaires de France, 2008.

Les métamorphoses de Janus; Lettres à Pierre Jean Jouve(《雅努斯变形记；写给约芙的信》). Ahuy: Edité par l'Association des Amis de Gaston Bachelard, 2008. ("Bulletin", n° 10).

以巴什拉为题的博士论文

FCT(Fichier Central des Thèses de l'Université Paris X Nanterre 巴黎十大博士论文文献中心)巴什拉研究专栏文献

Recherches sur le signe poétique selon Gaston Bachelard : approche de l'oeuvre de Victor Hugo de Gabriel Celaya(《论巴什拉的诗学符号：策拉亚论雨果作品》). CARON, Francine. Littérature et civiliations comparées(比较文学专业). 1978/06 (1978 年 6 月答辩). Université de Paris 3.

La conception bachelardienne de la connaissance scientifique. Le rationalisme de Bachelard(《巴什拉的科学认知概念：巴什拉的理性主义》). MINKO-M'OBAME, Jean-François. Philosophie(哲学专业). 1980/11. Université de Toulouse 2.

Recherches sur les perspectives pédagogiques de l'oeuvre de Gaston Bachelard (《巴什拉作品中的教育视角研究》). THUMERELLE, Georges. Sciences de l'éducation(教育科学专业). 1983/06. Université de Paris 13.

Epistémologie, pédagogie, psychologie : la dialectique du rationnel et de l'imaginaire chez Bachelard(《认识论、教育学、心理学：巴什拉作品中的理性与想象辩证》). RUBINO, Louise. Philosophie. 1989/12. Université de Paris 8.

Bachelard: d'une philosophie de l'imagination à une philosophie du progrès (《巴什拉：从想象哲学到衍变哲学》). KOREK, Sana. Philosophie. 1989/02. Université de Paris 4.

Résurgence de l'imagination magico religieuse chez Bachelard ou Bachelard le passeur d'Hermès(《巴什拉作品中宗教魔力想象的复现：赫尔墨斯的使者巴什拉》). GUYARD, Alain. Philosophie. 1990/11. Université de Dijon.

Imagination et épistémologie chez Gaston Bachelard , ou la réconciliation de la physique(《巴什拉作品中的想象与认识论：与物理学的和解》). KANGERO, Mzirai. Philosophie. 1990/12. Université de Paris 8.

L'analyse de la perception de la matière d'après Descartes et Bachelard(《笛卡尔和巴什拉眼中的物质知觉分析》). NGATSONGO, Gérard. Philosophie. 1992/01. Université de Paris 12.

Bachelard, lecteur de Schopenhauer ou les stratégies du pessimisme(《巴什拉：叔本华的读者或悲观主义的策略》). LIBIS, Jean. Philosophie. 1993/11. Université de Dijon.

La lumière et la figure (le problème de l'espace chez Bachelard)(《光与面容（巴什拉作品中的空间问题）》). LEE, Kkyung-Hwa. Littérature et civiliation françaises(法语文学与法国文明专业). 1994/12. Université de Paris 8.

Gaston Bachelard, penseur de l'art contemporain(《巴什拉：现当代艺术思想者》). PUTHOMME, Barbara. Philosophie. 1996/09. Université de Dijon.

Bergson et Bachelard dans la philosophie française à l'époque de la IIIe République(《柏格森与巴什拉之于第三共和国时期的法国哲学》). TOYAMA, Miro. Philosophie. 1996/11. Université de Paris 7.

L'herméneutique littérale : subversion du discours chrétien, modélisation scientifique et religion de la parole dans l'œuvre de Francis Ponge(《文学解读：蓬日作品中基督教言论、科学模型化与言语宗教的颠覆》). CUILLE, Lionel. Littérature et civiliation francaises(法语文学与法国文明专业). 2000/01. ENS Lettres & sciences humaines de Lyon.

La méthode de Bachelard en esthétique et philosophie des sciences(《巴什拉的美学与科学哲学方法》). LE BAO, Ngoc. Philosophie. 2000/02. Université de Montpellier 3.

De Comte à Bachelard : mutation et continuité de l'esprit scientifique(《从孔德到巴什拉：科学精神的衍变与沿续》). KISSEZOUNON, Gervais. Philosophie. 2001/02. Université de Dijon.

L'imagination scientifique chez Gaston Bachelard(《巴什拉作品中的科学想象》). SEYED, Hosseini Babak. Philosophie. 2001/11. Université de Paris 1.

La phénoménologie de la séduction(《诱惑现象学》). BARRERA, Claudia. Philosophie. 2003/03. Université de Paris 8.

La nouvelle rationalité ouverte et plurielle chez Gaston Bachelard. Lecture, interprétation et enjeux pour la culture contemporaine(《巴什拉作品中敞开与繁复的新理性：阅读、解释及其对新文化的意义》). LAMY, Julien. Philosophie. 2003/11. Université de Lyon 3.

L'ontologie de la science chez Aristote, Descartes et Bachelard ou Bachelard le neveu de Descartes(《亚里士多德、笛卡尔、巴什拉作品中的科学本体论，或巴什拉与笛卡尔的关系》). LAALAÏ, Chiheb. Philosophie. 2002/03.

Université de Clermont 2.

Le temps dans les philosophies d'Henri Bergson et de Gaston Bachelard. Conséquences métaphysiques et esthétiques(《柏格森与巴什拉哲学中的时间：形而上学与美学后果》). KYVELOS, Ilias. Philosophie. 2003/06. Université de Lille 3.

其它法语博士论文

ABOU-DIWAN, Mariam, sous la direction de Jean-Toussaint Desanti. *La rationalité des théories physiques d'après G. Bachelard*(《巴什拉物理学说中的理性》). Thèse de 3e cycle : Philosophie. Paris 1, 1978.

ALISON, Aurosa; sous la direction de Monsieur Jean-Jacques Wunenburger. *Science et Poétique de l'espace chez Gaston Bachelard*(《巴什拉作品中的科学与空间诗学》). Thèse de Doctorat, Lyon, 2014.

ANGUIMATE, Elois, sous la direction de Jean-Claude Beaune. *Le rôle de l'existence des phénomènes dans la philosophie des sciences de Gaston Bachelard : une épistémologie inactuelle ?*(《巴什拉科学哲学中现象存在的角色：非现实的认识论？》)Thèse de Doctorat de 3e cycle Ancien Régime : Philosophie. Dijon, 1984.

BERNARD, Michel, sous la direction de Clémence Ramnoux. *La réalité de l'imaginaire selon Gaston Bachelard*(《巴什拉的想象现实》). Thèse de Doctorat de 3e cycle. Ancien Régime : Philosophie. Paris 10, 1970.

CASTILLO ROJAS, Roberto, sous la direction de Robert Lamblin. *L'ontologie de l'imagination chez Gaston Bachelard*(《巴什拉作品中的想象本体论》). Thèse de Doctorat de 3e cycle : Philosophie. Aix-Marseille 1, 1986.

GAGEY, Jacques, *Gaston Bachelard ou la conversion de l'imaginaire*(《巴什拉或想象的皈依》). Thèse : Lettres. Paris-Nanterre, 1969.

GARCIA, Nestor, *Imagination et expression selon Gaston Bachelard*(《巴什拉的想象与表述》). Thèse Universitaire : Philosophie. Paris, 1968.

HONG, Myung-Hee, sous la direction de Jean-Jacques Wunenburger. *Approche bachelardienne de la critique littéraire*(《巴什拉论文学批评》). Thèse universitaire : Philosophie. Dijon, 1999.

KANAMORI, Osamu. *Etude sur l'épistémologie de Gaston Bachelard*(《论巴什拉的认识论》). Thèse de 3e cycle : Histoire de la philosophie. Paris 1, 1984.

MARTINEZ, Jean-Baptiste, sous la direction de Gilles-Gaston Granger. *Bachelard ou la volonté de parler : essai sur l'unité du discours des sciences et de la parole poétique dans l'œuvre de Gaston Bachelard*(《巴什拉或言说意志:论巴什拉作品中科学言论与诗学言论的融合》). Thèse de Doctorat de 3e cycle : Philosophie. Aix-Marseille 1, 1981.

MONDZO, J. Chrysost., sous la direction de Jean-Claude Beaune. *La phénoménotechnique dans l'épistémologie de Gaston Bachelard*(《巴什拉认识论中的现象学技巧》). Thèse de Doctorat (Nouveau Doctorat) : Philosophie. Dijon, 1986.(已版,前揭)

NGAH ATEBA, Alice Salomé, sous la direction de François Dagognet. *De la matière nouménale et du matérialisme nouménologique: essai d'un nouménologisme pour une re-vision des concepts de matière et de phénomène dans la philosophie de Gaston Bachelard (1884-1962)*(《物自体与本体物论:论藉物本体论重探物质与现象概念的巴什拉哲学》). Thèse de Doctorat : Philosophie. Paris 1, 1995.

PUTHOMME, Barbara, sous la direction de Jean-Jacques Wunenburger. *Bachelard, penseur de l'art contemporain? La matière contre la forme*(《巴什拉:现当代艺术思想者? 质料对形式》). Thèse de Doctorat : Philosophie. Dijon, 1999.(已版,前揭)

ROCHE Daniel, sous la direction de François Meyer. *Essais théoriques et pratiques sur la méthode critique de Bachelard appliquée à "Moravagine" de B. Cendras*(《论宋德拉斯的〈摩拉瓦金〉:藉巴什拉文学批评方法》). Thèse de Doctorat de 3e cycle. Ancien Régime : Littérature Française. Aix-Marseille 1, 1974.

SCHAETTEL, Marcel, sous la direction de Jean Richard. *Gaston Bachelard et la lecture de l'œuvre d'art*(《巴什拉与艺术作品解读》). Thèse : Lettres. Dijon,

1972.

SOUVILLE, Odile, sous la direction de François Dagognet. *Actualité de la théorie de Gaston Bachelard sur l'imagination*(《现今的巴什拉想象理论》). Thèse de Doctorat : Philosophie. Paris 1, 1990.

VAZQUEZ TORRES, Jésus; sous la direction de Nicolas Tertulian. *Bachelard et Hartmann: de l'épistémologie à l'ontologie*(《巴什拉与哈特曼：从认识论到本体论》). Thèse de Doctorat: Philosophie. EHESS, 1996.

TAM, Thomas, sous la direction de Michel Guiomar. *Le psychisme et le langage: étude sur la théorie bachelardienne de l'image*(《精神与语言：论巴什拉的形象学说》). Thèse de Doctorat : Philosophie. Paris 4, 1989.

TCHAPDA, Daniel, *Gaston Bachelard et le matérialisme : une interprétation épistémologique de la critique dialectique*(《巴什拉与物质论：辩证批评的认识论解读》). Thèse de 3e cycle : Philosophie. Paris 1, 1986.

THERRIEN, Vincent, sous la direction de Guy Michaud. *Gaston Bachelard et la critique littéraire. Du nouvel esprit scientifique à un nouvel esprit littéraire* (《巴什拉与文学批评：从新科学精神到新文学精神》). Thèse de Doctorat de 3e Cycle Ancien Régime : Littérature. Paris 10, 1967.（已刊，前揭）

THUMERELLE, George, sous la direction de Julia Kristeva. *Epistémologie et poétique dans l'oeuvre de Gaston Bachelard*(《巴什拉作品中的认识论与诗学》). Thèse de Doctorat de 3e Cycle Ancien Régime : Littérature Française. Paris 7, 1974.

TIDJANI, Ahmed, sous la direction de Dominique Lecourt. *Karl Popper, Gaston Bachelard : rationalité et vérité*(《波普、巴什拉：理性与真理》). Thèse de 3e Cycle : Philosophie. Amiens, 1989.

ZEINI, Sana Korek, sous la direction de Maurice Clavelin. *Une philosophie de l'évolution de la connaissance scientifique selon Gaston Bachelard*(《巴什拉的科学认知衍变哲学》). Thèse de 3e Cycle : Philosophie. Paris 4, 1983.

译 后 记

本书作为《土地与意志的遐想》的姊妹篇，中文译稿承蒙商务笑纳，特于"巴什拉文集"已定目录上新增一卷，补全了作者的论"土"系列，也且算是我们对巴什拉这位哲学老人的遥远致敬。

译者并非巴什拉研究专家，只因学生时代与巴什拉著作的一场美好"邂逅"，才不自量力，续译出作者的这本"憩息遐想"。如某位译界前辈所说，翻译挺麻烦、挺费劲，也挺有意义。倘若遇到巴什拉这样的作者，翻译的欣悦甚于辛苦。译作若能传出原著的六分神采，译者也就满足了。

本译稿对部分人名、书名和术语的翻译，与上本"意志遐想"相比，有所改动。另外，原著用第三人称代词统称时，常据法语习惯，只给出单数阳性"他"，译稿有些地方用"他／她"代替，但为行文方便，大多还是保留了法语的单数阳性用法。

特别感谢商务印书馆关群德先生。

译者

2021年8月于寂溪山居

图书在版编目(CIP)数据

巴什拉文集.第12卷,土地与憩息的遐想:论内在性形象/(法)巴什拉著;(法)冬一译.—北京:商务印书馆,2022
ISBN 978-7-100-20864-2

Ⅰ.①巴… Ⅱ.①巴…②冬… Ⅲ.①巴什拉(Bachelard,Gaston 1884-1962)—文集②哲学理论—法国—现代 Ⅳ.①B565.59-53

中国版本图书馆CIP数据核字(2022)第041622号

权利保留,侵权必究。

巴什拉文集

第12卷

土地与憩息的遐想

——论内在性形象

冬一 译

商 务 印 书 馆 出 版
(北京王府井大街36号 邮政编码100710)
商 务 印 书 馆 发 行
北京通州皇家印刷厂印刷
ISBN 978-7-100-20864-2

2022年8月第1版　开本850×1168　1/32
2022年8月北京第1次印刷　印张10¼
定价:65.00元